湖南省社会科学成果评审委员会一般项目：长株潭
与新型城镇化耦合机制及调控对策研究（XSP22YBZ043）
湖南省新型城镇化与住房保障研究基地开放课题：新型城镇化背景下湘江
流域耕地资源生态安全评价及调控对策研究（JDX202204）

新型城镇化背景下区域耕地资源评价及可持续利用研究

汤进华　著

九 州 出 版 社
JIUZHOUPRESS

图书在版编目（CIP）数据

新型城镇化背景下区域耕地资源评价及可持续利用研
究 / 汤进华著. -- 北京 : 九州出版社，2024.4
ISBN 978-7-5225-2842-7

Ⅰ. ①新… Ⅱ. ①汤… Ⅲ. ①耕地资源－资源评价－
研究－中国②耕地资源－资源利用－研究－中国 Ⅳ.
① F323.211

中国国家版本馆 CIP 数据核字 (2024) 第 080691 号

新型城镇化背景下区域耕地资源评价及可持续利用研究

作　　者	汤进华　著	
责任编辑	云岩涛	
出版发行	九州出版社	
地　　址	北京市西城区阜外大街甲 35 号 (100037)	
发行电话	(010)68992190/3/5/6	
网　　址	www.jiuzhoupress.com	
印　　刷	河北万卷印刷有限公司	
开　　本	710 毫米 ×1000 毫米　　16 开	
印　　张	16.25	
字　　数	216 千字	
版　　次	2024 年 4 月第 1 版	
印　　次	2024 年 4 月第 1 次印刷	
书　　号	ISBN 978-7-5225-2842-7	
定　　价	98.00 元	

前言

　　新型城镇化背景下的区域耕地资源可持续利用是当前我国面临的紧迫问题。耕地资源关系国家的粮食安全，是国家发展的基础性、战略性资源。然而，城镇化的快速推进，严重影响着耕地资源的可持续利用。因此，我国必须在城镇化与耕地资源保护间寻找平衡，发展一种可持续的模式。本书揭示了这一课题的紧迫性，着力研究、解析和探索我国在新型城镇化进程中如何对耕地资源进行评价及可持续利用。

　　本书共有六章。第一章是对全书的概括。本章从新型城镇化的基本概念与相关理论入手，解析我国区域耕地资源可持续利用的现状，并探讨我国耕地可持续利用的现实意义。这一章为后续各章做好了理论准备，清晰阐述了研究背景和框架。

　　第二章关注的是耕地的具体实体，即土壤和农田基础设施。理解耕地土壤的立地条件和农田基础设施的重要性，是深入研究耕地资源可持续利用的基础。

　　第三章探讨的是耕地地力调查评价的内容与方法。本章从前期准备、室内研究到野外调查与质量控制，再到样品分析与质量控制，最后讲述耕地地力评价原理与方法，一步一步揭示耕地地力评价的全过程。

　　第四章从土壤和农田基础设施及耕地地力调查出发，探讨如何构建一个合理的区域耕地资源可持续利用评价指标体系。本章根据明确的原则和目标，设立全面、科学的评价指标，采用合理的评价方法和评价标准构建综合评价模型，使评价结果更加精确和实用。

第五章从实践层面提出保护和利用区域耕地资源的有效对策。控制耕地总量动态平衡、提高耕地质量与耕地资源生产力、提升耕地资源利用效益、耕地资源节约集约利用，以及制定并完善耕地保护的政策和法律体系，都是重要的实践步骤。

第六章面向未来，重点探讨了在新型城镇化背景下如何实现区域耕地资源的可持续利用。其中，数字化和旅游业被看作区域耕地资源可持续利用的新动力，为未来的发展提供了新的方向。

全书以深入浅出的方式，从理论、方法、实践等层面全方位探讨了在城镇化深入推进背景下区域耕地资源可持续利用的路径，以期为解决这一挑战提供思路和方法。然而，区域耕地资源评价及可持续利用是一项复杂而又关键的系统工程，要解决这一问题，实现人与自然和谐共生，还需深入思考和研究。

目 录

第一章 绪论

第一节 新型城镇化的基本概念与相关理论

一、新型城镇化的基本概念

（一）新型城镇化

中国特色的城镇化是一种独特的城市化进程，它涵盖了经济和社会变迁的诸多方面。观察这一过程，人们不难发现农村社区向城镇的转变、产业结构的改变，以及农业人口向非农业人口的转化。城市规模在扩大，人口在增加，制造方式、居住习惯，以及价值观念也随之变化。"这一进程在逐步消解城乡的二元结构，促使城乡一体化的构想成为可能。"① 城镇化的推进对中国的经济社会发展起到了极其重要的推动作用。在历史的进程中，城镇化为我国的经济社会的飞速发展提供了动力。然而，正如任何事物都具有两面性一样，城镇化的进程也带来了一些问题。城市规模的无序扩张、人口与土地城镇化速度的严重失衡、城乡之间差距的

---

① 赵志敏.我国新型城镇化道路的探索[D].济南：山东财经大学，2014.

加大、生态环境的严重污染等问题逐渐显现。这些问题的出现，提醒人们要在推动城镇化的过程中，更加全面地考虑其影响，避免片面追求经济增长速度和城市人口数量及规模，牺牲农业农村发展、资源环境保护、人的全面发展。

在这种背景下，新型城镇化的理念应运而生。这种新型城镇化不再仅仅关注经济增长和人口规模，而是坚持以人为本的理念。这个理念强调农民的主体地位，确保城乡协同发展，促进产业结构的协调发展。同时，这种新型城镇化还关注公共服务、社会治理、人居环境等高质量发展要素。这些元素的协调发展，可以在推进城镇化的同时，确保人的全面发展，保护资源环境，促进农业农村的发展。不可否认的是，中国特色的城镇化，是一场涵盖经济社会全方位的深刻变革。从农村向城市的转变、产业结构的改变、农业人口向非农业人口的转化到城市规模的扩大、人口的增加，都是这场变革的重要组成部分。在这个过程中，城乡二元结构正在逐步被消解，城乡一体化的目标正在变得越来越清晰。然而，任何事物的发展都不可能一帆风顺。在过去的城镇化进程中，人们看到了许多问题。城市规模的无序扩张、人口和土地城镇化速度的失衡、城乡差距的加大、生态环境的严重污染等问题，都对中国的社会经济发展构成了威胁。这些问题的出现，让人们意识到城镇化不能只看到其经济效益，而忽视了对农业农村发展、资源环境保护、人的全面发展的影响。为了解决这些问题，新型城镇化的理念应运而生。新型城镇化将以人为本的理念贯穿其中，将农民的地位和农村的发展纳入其考虑范围，注重城乡协同发展，强调产业结构的协调发展。[1] 而且，新型城镇化致力于打造一个既能推动经济社会发展，又能保护资源环境，促进人的全面发展的城镇化模式。

新型城镇化的概念是宏大而全面的，它囊括了人口、土地、经

---

① 张许颖，黄匡时．以人为核心的新型城镇化的基本内涵、主要指标和政策框架 [J].
中国人口·资源与环境，2014（S3）：280-283.

济、社会以及空间的城镇化，还涵盖了城乡一体化。^① 这种城镇化的模式，以全面、和谐、绿色、协调、可持续作为基本的发展准则，旨在实现多方面的平衡。这些平衡包括生态环境与农业、粮食生产之间的平衡，农村、农民的需求与城镇化进程之间的平衡，农村基础设施建设与公共服务建设之间的平衡，以及城乡之间差距的缩小。在新型城镇化的模式下，生态文明建设被置于优先地位。这种模式坚持将新农村建设视为城镇化发展的重要组成部分，以此推动城乡一体化的发展。这样的发展路径，追求的是经济效益、社会效益、生态效益三者的统一，而非偏重于任何一方。新型城镇化是产业、人口、土地、社会、农村五位一体的城镇化。新型城镇化以全面、和谐、绿色、协调、可持续作为基础，推动和实现一种更加平衡、公正的发展。在这个过程中，新型城镇化没有牺牲生态环境，没有忽视农业生产，反而始终将其放在重要位置。农村、农民的需求，农村的基础设施建设和公共服务建设，以及城乡之间的差距，都成为新型城镇化所要面对和处理的问题。

新型城镇化把生态文明建设作为重要的发展目标，强调新农村建设在城镇化进程中的重要作用。以此为基础，新型城镇化走上了一条城乡一体化的发展之路。在这条路上，新型城镇化并没有只追求经济效益，而是将经济效益、社会效益、生态效益并列，努力实现这三者之间的和谐统一。新型城镇化的理念是一种广泛的、全面的城镇化理念，它包含了人口、土地、经济、社会、空间城镇化，以及城乡一体化等各个层面。这种城镇化要求在发展中达成多方面的平衡：既要保护生态环境，又要保证农业生产；既要发展城市，又要关心农村、农民；既要建设基础设施，又要提供公共服务。这种平衡的追求，不仅可以缩小城乡之间的差距，促进城乡协同发展，还可以体现共同富裕的共产主义理想。^② 而在新型城镇化的推进过程中，生态文明建设被赋予了极高的地位。新农村

① 王琴，黄大勇.新型城镇化对旅游业发展的影响效应：以长江经济带为例 [J].河南科技学院学报（社会科学版），2020，40（9）：1-8.

② 荆扬.新时代中国特色新型城镇化问题研究 [D].长春：长春理工大学，2019.

建设作为城镇化发展的重要一环，坚持走城乡一体化的发展之路，使得城镇化不再只是城市的发展，而是城乡的共同进步。而且，新型城镇化不只是追求经济的发展，它同样重视社会效益和生态效益，努力实现三者之间的平衡和统一。

（二）耕地与耕地保护

地球这个蓝色星球孕育的生命，得益于那片滋养了无数生命的土地。耕地是生命之根，代表着收获的希望。热爱土地，是对人类生存与发展的深刻理解与尊重。2005 年，国务院办公厅印发了一个重要的文件，名为《省级政府耕地保护责任目标考核办法》。[①] 这一文件对保护耕地的任务进行了明确的划分与要求。各级政府需要对其辖区的耕地现有量以及基本农田担负起保护的责任。在这个体系中，各省级政府的行政领导，如省长、主席、市长等，肩负着主导的责任[②]，他们需要确保在自己的辖区内严格执行这一保护任务。依据该文件，从 2006 年开始，每五年为一个考核周期。每个周期中，以及每个周期临近结束时，国务院都将对各地进行考核，以检查保护工作的开展情况。

对于人类来说，耕地的重要性不言而喻。为了让这一宝贵的资源在各个组织部门间得到科学分配，政府部门必须倡导与土地利益密切相关的所有主体，特别是农户，积极参与保护政策的制定。稳定的耕地资源，不仅可以为人们提供足够的食物，还能为保护生态环境、维护生物多样性做出重要贡献。这也意味着，人们必须保证这一资源的可持续使用，这既是对当代人的责任，也是对后代的承诺。不同的组织部门在耕地资源的分配上各有职责，必须让这些部门之间达到一种科学合理的平衡。

---

① 汤冰,邹礼卿.保护资源：既要金山银山，又要绿水青山 [J].国土资源导刊，2014，11（12）：18-23.

② 李继红.蔬菜甜菜夜蛾和斜纹夜蛾的识别与防治 [J].农业灾害研究，2013，3（10）：21-24，29.

那些与土地利益密切相关的主体，尤其是农户，主动参与耕地保护政策的制定，不仅可以帮助有关部门更好地理解和解决实际问题，还可以让政策的制定更加公正和公平。在保护耕地的过程中，管理的重要性不可忽视。加强管理，国家可以更好地对耕地的数量、品质和生态进行控制，从而确保这些关键指标的相对稳定。同时，严格的监督也是必要的，它可以确保有关部门的政策和行动都得到有效的执行。在推动耕地保护的过程中，还要看到一个更为重要的目标，那就是保证耕地资源的可持续使用。这一目标不仅关乎人类的生存和发展，更关乎人类的未来。

二、新型城镇化的相关理论

（一）新型城镇化理论

中国的新型城镇化理论已经从一种以人口城镇化比例和经济发展速度为主的结构主义思想，转变为一种以人为中心，更注重人地和谐，尊重人的权利，以及关注人的基本公共服务需要的人本主义思想。其真正的含义在于"人的城镇化"[①]。在城镇化进程中，人口大规模向城市集中，对城市空间的需求也随之增大，改变了城市发展强度和土地空间结构，这使得土地开发利用效率成为决定城镇化质量的关键因素。在新型城镇化的发展过程中，大中小城市同步协调发展，大城市通过发挥规模效益和市场效益，吸引资本、技术、人才，进而支持耕地的集约高效生产经营，优化了耕地利用功能。通过发挥大城市的集聚和辐射能力，新型城镇化可以实现区域内和区域间资源要素的配置和优化，这不仅在区域经济发展中起到了引领和导向的作用，还形成了合理的城市空间结构布局。这就意味着新型城镇化可以通过调整人口、产业布局和资源分布状况，提高土地开发利用效率和承载能力，提升耕地规模经营程度和集约利用

---

① 陈明星，叶超，陆大道，等.中国特色新型城镇化理论内涵的认知与建构[J].地理学报，2019，74（4）：633-647.

水平，进一步强化耕地利用功能。与此同时，大中小城市同步发展的城镇化策略为耕地资源的合理配置提供了新的动力和路径。这种发展策略对于优化耕地利用功能具有重要意义。

（二）农业多功能性理论

"农业多功能性"概念于 20 世纪 80 年代在欧盟的《农村社会的未来》以及日本的"稻米文化"中首次被提及。随后，在 20 世纪 90 年代的联合国《21 世纪议程》中[①]，这一概念在全球范围内首次被公开提出。从那时起，"农业多功能性"的定义不断得到拓展和深化。这一概念的核心含义在于，农业生产活动的目标并非仅仅局限于产出食物和农副产品，农业还承担着为社会稳定提供保障、推动社会发展、维护生态平衡以及传承历史文化等多种功能。这些功能，也就是农业多功能性的内容。人们对于农业多功能性的理解并非一蹴而就的，而是在实践和理论探索中逐渐成熟的。农业不仅是人类生存的基础，它提供的食品和农副产品是维持人类生活的必需品，这是农业的基本功能。然而，农业的功能远不止这些，它在社会经济的发展、人类文明的传承、社区的稳定、环境保护等诸多方面都发挥着不可或缺的作用。在社会稳定方面，农业是农村经济的支柱，对于农村社区的稳定和农民的生活水平提升有着极其重要的作用。农业提供的就业机会和收入，是维护农村社区稳定、防止出现社会不安定因素的重要手段。在社会发展方面，农业的发展驱动了科技进步，促进了社会的全面发展。在调节生态平衡方面，农业生态系统是地球生态系统的重要组成部分，农业活动的合理管理可以保护生物多样性，减少对环境的负面影响。在传承历史文化方面，农业是人类历史文化的载体，农业活动和农村生活方式是许多文化传统的来源。农业的多功能性，使农业成为经济、社会、环境、文化等多个维度交织的复杂系统，

---

① 房艳刚，刘本城，刘建志.农业多功能的地域类型与优化策略：以吉林省为例 [J].地理科学进展，2019，38（9）：1349-1360.

这也是农业的独特价值所在。

农业的多功能性包括粮食安全的维护、农村就业的保障、生物多样性的维系、农业文化和景观等多个维度。[①] 因此，农业不仅在经济领域发挥作用，在社会、环境、生态、文化等领域也有着至关重要的功能，与社会经济发展有着千丝万缕的联系。作为农业生产的核心，耕地的永续合理利用受到了农业多功能性概念的指引。这一概念为保护耕地的多功能性提供了理论依据，并在城镇化发展的背景下引发了对耕地多功能利用研究的重视。在新型城镇化发展的推动下，耕地的多功能性不断得到了扩展和提升。耕地不仅具备显性的经济生产功能，也有较为隐性的社会保障功能、生态服务功能，甚至包括景观文化功能。随着新型城镇化进程的不断加快，耕地的生态服务功能和景观文化功能得到了更多的关注。这些不断显现的功能开始受到人们的重视。对于生态服务功能而言，耕地通过稳定生态环境，提供清洁的水源、良好的气候、优质的土壤以及丰富的生物多样性等生态服务，成为保护生态环境、维护生物多样性的重要载体。同时，耕地提供了美化环境、提升生活质量的景观文化功能，如为人们提供了观赏美景、体验乡村生活、了解农业文化等机会，增强了城乡之间的联系，提升了人们的生活体验。耕地的这些功能是相互关联、相互促进的，每一种功能的实现都是对农业多功能性理念的实践和体现。可以说，耕地的多功能性是新型城镇化的重要支撑，也是农业多功能性在土地利用中的具体表现。随着新型城镇化的深入推进，我国应积极推动耕地的多功能利用，充分发挥其在经济、社会、环境、文化等方面的综合效应，实现城乡协调发展，推动社会经济的可持续发展。

（三）人地关系理论

从人类诞生那一刻起，人地关系便已经存在并且一直在起着决定性

---

① 谢彦明,高淑桃,张连刚.习近平农业多功能性思想：从农业现代化到乡村全面振兴的实践、理论与价值逻辑 [J].新疆农垦经济,2020（2）：1-9.

作用。一方面，人类与地理环境的相互作用形成了一种无法割裂的联系，即通过自然地理条件、资源配置的差异以及生产力的提高，地理环境对人类社会的演变施加了深远影响；另一方面，人类也通过科技的创新和生产力的发展，逐渐驾驭地理资源，以保障生存和推动社会经济发展。地理环境为人类社会的发展提供了基础物质条件，是人类活动与经济社会发展相连的纽带。这种联系打开了一扇门，为人类提供了多种利用地理环境的可能性。在人类的利用和改造过程中，地理环境对社会发展产生了深远影响。然而，随着自然环境的变化和社会经济发展的不断推进，人类对地理环境的影响也在不断演变。在历史的长河中，人类的活动对地理环境产生了既积极又消极的影响。积极的影响主要体现在人类通过科技创新和生产力发展，对地理资源的合理利用，促进了社会经济的发展。例如，人类的农业活动改变了地理环境，使其更适合种植农作物；人类的工业活动则通过利用地理资源，推动了社会经济的发展。随着工业化和城镇化的进程，人类活动对地理环境产生了巨大的消极影响。最为明显的表现就是土地过度利用导致的土地退化、沙漠化和土壤侵蚀，如过度的农业活动会使土地丧失有机质和养分，从而导致农作物产量下降，甚至导致土地荒芜。而且，大规模的工业排放和城市垃圾直接或间接地污染了水、土壤和空气，这些污染物不仅危害人类健康，而且破坏生态系统平衡。例如，大气中二氧化碳浓度的增加导致全球气温上升，这种全球变暖现象引发了极端气候、冰川融化和海平面上升等一系列问题。另外，过度的开采活动，如矿产和化石燃料的开采，容易导致自然资源的枯竭。这不仅破坏了地表和地下的生态环境，而且威胁人类后代的生存和发展。人地关系的研究对有效理解人类社会的发展和地理环境的变化具有重要意义。只有深入理解人地关系，人类才能够更好地调整自身活动，才能更加科学地利用和保护地理环境，从而实现社会经济和环境的可持续发展。

人地关系理论是研究人类和地理环境之间相互作用的重要理论框架，

它涵盖了人地系统的整体性关联和土地承载能力两个主要的方面。[①] 在城镇化进程中，人地关系理论阐释了人类与地理环境之间的时空关联性。换句话说，任何地区的自然环境或人文环境的变化，都可能触发这个地区或其他地区的自然环境和人文环境的相应变化。土地作为自然环境的重要组成部分，对于人类活动来说，具有无可替代的地位。它不仅为人类活动提供了场所和资源，还有能力吸纳和处理人类活动产生的废弃物。然而，土地资源的量和空间分布都遵循一定的规律和比例关系，这导致土地对人类活动的支持能力并非无限的。因此，土地能够容纳的人口数量和经济规模是有限的。这就意味着，人类活动必须在土地资源的承载能力范围内进行。超越这个范围，就会对土地资源造成压力，导致自然环境的退化，甚至可能引发一系列的环境问题，如土壤侵蚀、地质灾害、生物多样性丧失等。在实际的城镇化进程中，人地关系理论提醒每一位学者要注重人地系统的整体性关联，保持人地关系的和谐。同时，人类要充分认识土地资源承载能力的限度，努力实现在满足社会经济发展需求的同时，保护和改善自然环境，实现人地和谐发展。换言之，人地关系理论是指导学者理解和解决人地关系问题的重要理论工具，它为实现经济社会发展与环境保护的协调统一提供了理论指导和操作性建议。人地关系理论的应用可以帮助人类更加科学合理地利用和管理土地资源，以实现人地系统的可持续发展。

　　人地关系理论强调了人类活动和经济发展应与自然环境和谐共处。[②] 在当前中国的背景下，土地供求之间的矛盾尤为突出，耕地利用问题也变得严重。这就需要人们在城镇化的发展进程中，深入理解人与土地资源的冲突，注重耕地的保护和利用。城镇化的进程不可避免地与耕地利

① 刘彦随.现代人地关系与人地系统科学[J].地理科学，2020，40（8）：1221-1234.
② 保宏彪.鄂尔多斯高原历史时期人地关系研究的力作：《公元7—9世纪鄂尔多斯高原人类经济活动与自然环境演变研究》评介[J].西安文理学院学报（社会科学版），2014，17（5）：127-128.

用的问题紧密相连。为了更好地保护耕地，促进土地资源的可持续利用，广大学者必须从人地关系理论的视角出发，探讨耕地合理利用与城镇化发展之间的内在联系。城镇化发展和耕地合理利用的问题是紧密相连的。一个城市的发展，无论是扩张还是更新，都离不开对土地资源的需求。而耕地作为重要的土地资源，其保护与利用是城市发展中的重要环节。因此，如何在城市发展中实现耕地的合理利用，是广大学者需要深入研究的问题。这个问题的解决，需要广大学者和研究人员在深入理解人地关系理论的基础上，探讨和实践新的土地利用模式和管理方法。这就意味着，广大学者与研究人员需要在保护耕地的基础上，通过科学的土地规划和管理，实现土地资源的合理利用。同时，土地供需矛盾的解决，需要通过提高土地利用效率，实现优化土地供需结构，形成土地资源可持续利用的局面。在这个过程中，人地关系理论为广大学者和研究人员提供了理论指导和操作性建议。

（四）土地可持续利用理论

土地的可持续利用理论源于可持续发展理论，这一理论在 1990 年新德里关于土地利用的研讨会上首次提出。[①] 土地的可持续利用主张对土地资源进行合理开发、保护以及管理，旨在通过调整人与土地、人与资源环境之间的关系，以确保其对未来土地利用的影响减至最低。换句话说，这就意味着土地的利用不仅需满足当前人们对土地资源的需求，也需考虑未来几代人永续利用土地的需要。土地的可持续利用不仅指土地资源本身的高效和永续利用，也意味着土地应同其他资源一起支持经济和社会的发展。由于土地的稀缺性和可持续性，对土地的利用必须遵循可持续发展的策略，这样才能有效地发挥其在生产、生态等方面的功能。只有人们能高效且合理地利用土地，土地资源的分配和利用才能在现在

---

① 陈百明，张凤荣.中国土地可持续利用指标体系的理论与方法 [J].自然资源学报，2001，16（3）：197-203.

的人们以及未来的几代人之间实现公平，才能将资源的利用效益最大化，从而推动经济的增长以及社会的进步。在此，需要强调的是，高效的土地利用并不仅仅是物质资源的分配问题，更是环境保护和社会公平的重要环节。人们在使用土地时如果能在满足当下需求的同时，不破坏环境，不妨碍后代的需求，那么就实现了土地的可持续利用。因此，实现土地的可持续利用不仅是环境保护的要求，也是社会公平的追求。土地的可持续利用是一个复杂的系统工程，它涉及人与自然、人与社会、现代与未来的关系，涉及的问题包括资源分配、环境保护、社会公平等多个方面。因此，实现土地的可持续利用，需要有关部门整合各方面的资源，制定科学的策略，采取有效的措施，共同努力。只有这样，人们利用耕地资源才能在满足现代人需求的同时，保护环境，促进社会公平，为未来的可持续发展打下坚实的基础。

保护耕地是实现土地可持续利用的核心要求。在新型城镇化快速推进的大背景下，经济发展对耕地的需求和利用也提出了更高的标准。耕地的作用并不仅仅是保持生产力以确保粮食安全，更要关注维护生态环境，保护生物多样性，丰富文化休闲活动，以满足人类对休闲活动的需求，提升调节能力，以改善生态环境质量。只有实现耕地多功能性利用的效益，充分发挥其多重功能才能真正实现耕地资源的可持续利用。耕地作为重要的土地资源，其保护和合理利用直接关系到粮食安全、生态环境质量和人类生活质量等诸多方面。因此，保护耕地，就是保护国家的粮食来源，保护中华民族生存环境，保护人们的生活质量。

第二节 我国区域耕地资源可持续利用概况

一、耕地量少质低，分布不平衡

根据国家有关部门数据统计结果显示，相对于庞大的人口规模，我国的耕地面积却在以每年 33.3 万至 40 万公顷的速度逐年减少。[①] 在人口基数大和耕地减少的双重压力下，我国的耕地资源形势严峻。根据《中国 1 : 100 万土地资源图》的统计数据，我国的耕地质量差异明显。其中无限制、质量优良的一等耕地占总耕地面积的 41.33%；有一定限制、质量中等的二等耕地占总耕地面积的 34.55%；而质量较差、有较大限制的三等耕地则占总耕地面积的 20.47%。此外，我国还有约 507 万公顷的耕地并不适宜农业耕种，这部分耕地占总耕地面积的 3.65%。[②] 从这些数据可以看出，我国的耕地质量总体偏低，分布也不均衡。

从地理分布来看，我国人均耕地面积较多的省份主要分布在东北、西北和西南地区，但这些地区的自然条件并不理想，因此，尽管耕地面积较多，但由于自然条件的限制，粮食产量却较低。相反，人均耕地面积较少的省（自治区、直辖市）主要分布在东南沿海以及北京、天津、上海，虽然这些地区的自然条件相对优越，粮食产量较高，但也是耕地面积大幅度减少的地区。在面临耕地资源紧张和耕地质量不高的情况下，如何保护耕地资源，提高耕地利用效率，实现粮食自给自足，已经成为我国农业发展面临的重大问题。耕地是农业生产的基础，是国家粮食安全的重要保障。因此，对耕地资源的保护和利用不仅仅是农业问题，也是关系国家经济社会发展全局的大问题。在如此严峻的耕地形势下，我国必须实现耕地资源的高效利用，保护和提高耕地质量，以确保农业的可持续发展，保障国家粮食安全，促进经济社会的稳定和健康发展。人均耕地面积较多的省份应关注如何通过科技创新和改良农业生产方式，提高粮食产量，使耕地资源能够得到更好的利用，为国家粮食安全做出更大的贡献。人均耕地面积较少的省份应关注如何在保护耕地资源的同时，提高耕地利用效率，保障粮食安全。

---

① 朱小兵，朱大奎，葛晨东，等.经济发达地区土地资源可持续利用研究：以江苏省吴县市为例 [J].中国人口·资源与环境，2001，11（S1）：35-36.

② 赵济，陈传康.中国地理 [M].北京：高等教育出版社，1999：51-52.

二、耕地后备资源不足，开发难度大

作为拥有深厚农业历史的国家，我国土地开发利用的程度相当充分，可是这也意味着现在可供继续开发的耕地资源已经非常有限。当前，我国可以用于开垦和复垦的耕地后备资源总量约为 750 万公顷。这个数字看似庞大，但如果将其与现有的耕地总面积进行对比，会发现这个量仅占 6.2%。考虑到在实际开发过程中，并不是所有的地块都能达到 100% 的开垦率，即便将开垦率设定为 60%，全数开发也只能增添 450 多万公顷的耕地。这对于我国庞大的人口需求，显然是杯水车薪。如果再进一步考虑到生态环境保护的要求，那么实际可以开发利用的后备耕地数量就会更为有限。现有的后备耕地资源主要集中在东北、西北等地区，这些地方的共同特点是生态环境较为脆弱。在这些地区，很多耕地后备资源分布在经济发展水平较低、交通不便捷、无法保证水源供应的边远地区。由于这些限制性条件的存在，这些耕地资源的开发利用难度非常大。

由此可见，我国耕地资源短缺问题日益突出。在我国人口规模大、耕地资源却持续减少的大背景下，如何保护现有的耕地资源，提高耕地利用效率，成为我国农业发展的重大课题。虽然我国的后备耕地资源已经十分有限，但是这并不意味着就没有其他的途径来改善这一情况。科技创新和提高农业生产效率可以作为解决问题的途径之一，在农业生产过程中，提高种植技术、改良农业设备和优化种植结构等，可以有效提高农业生产效率，降低对耕地资源的依赖。[①] 此外，对于后备耕地资源的分布不均和开发利用难度大的问题，我国需要从多方面进行考虑和解决。那些生态环境脆弱、交通不便、经济落后的地区，可以通过引导资金和技术的投入，推动其经济发展和基础设施建设，以减少开发利用的难度。然而，在开发利用耕地资源的过程中，这些地区必须充分考虑生态环境

① 秦文臣. 商丘地区农业科技创新问题与对策研究 [D]. 南京：南京农业大学，2016.

保护的问题，不能为了追求农业生产效率的提高而忽视生态环境的保护，否则可能导致更为严重的环境问题。

三、耕地环境脆弱，退化严重

在中国，经济的高速发展似乎已经成为一把双刃剑。一方面，经济的迅猛发展为国家带来了巨大的财富和人民生活水平的提高；另一方面，这种迅猛的发展也给环境和资源带来了巨大的压力。其中，耕地资源就是承受压力最大的领域之一。伴随着经济的飞速发展，生态破坏和环境污染成为影响耕地质量的主要因素。受这些因素的影响，耕地的质量逐年下降，环境变得越来越脆弱。调查显示，许多地区的森林覆盖率普遍偏低，导致了严重的水土流失，形成了被称为"三跑地"的现象，即跑水、跑肥、跑土。此外，许多地区还受到气候影响，自然灾害频繁，如洪涝、泥石流、山崩、沙化、风蚀等，这些都严重限制了耕地的可持续利用，甚至有的地方在近期内难以恢复耕作，或者永久丧失了耕作能力。[①] 与此同时，水土流失、耕地沙化、土壤盐碱化，造成的耕地退化、地力下降的问题也十分突出。根据全国第二次土壤普查资料，中国耕地水土流失面积高达 0.45 亿公顷，约占全国耕地普查面积的 34.3%；耕地沙化面积达到了 256.21 万公顷，约占全国耕地普查面积的 1.93%；盐渍化耕地面积为 760 万公顷，约占全国耕地普查面积的 5.7%。[②]

这些数据展示了中国耕地环境的脆弱性和问题的严重性。随着生态环境的恶化，能够提供良好条件进行农业生产的耕地资源逐渐减少，而这种情况在未来的一段时间内可能会继续恶化。面对这样的问题，政府在保护耕地资源方面已经采取了一系列的措施。例如，实施粮食生产功能区和重要农产品生产保护区制度，明确了耕地保护的红线，严禁违法

① 刘玉，杨庆媛.我国耕地可持续利用的障碍因素和对策[J].地域研究与开发，2004，23（3）：102-105.
② 张维丽，张认连，张定祥.世界主要国家土壤调查工作回顾[J].中国农业科学，2022，55（18）：3565-3583.

占用耕地。另外，政府还出台了一系列的法规，加大了对违法占用耕地的惩罚力度。不可否认的一点是，科技创新也为解决这些问题提供了可能性。推广农业新科技，可以提高农业生产效率，降低对耕地资源的依赖。例如，使用高效的灌溉技术、使用节水型的农业设备、开发高产高效的农作物种类等，都可以在一定程度上减少对耕地资源的需求。

第三节 我国耕地可持续利用的现实意义

一、保障国民经济的稳定发展

（一）对农业生产的保障

耕地资源是农业生产的主要基础，决定农业的发展速度、质量和方向。世界上任何一块丰饶的土地都离不开人类的辛勤耕耘，但农业生产需要在保持产出的同时保护土地的生产能力，确保其长久的肥沃。对耕地的科学管理和保护，可以避免土地资源的浪费和退化，从而实现农业生产的可持续性。不可否认，耕地的质量与数量直接决定着农产品的产量，因为在保证农产品供应的同时，耕地的质量直接影响农产品的质量，进而影响食品安全和公众健康。因此，确保耕地的质量和数量，是确保食品供应和安全的关键。

另外，耕地也是农民赖以生存的重要资源。农民的收入大部分来自农业生产，而农业生产又直接依赖耕地。耕地的稳定供应和质量保障，能够维持农民的收入水平，减轻因土地退化和流失导致的农民生活压力。农业作为国民经济的重要部分，其稳定与否直接影响整个国民经济的稳定。如果耕地的质量和数量无法得到保障，农业生产就可能出现下滑，这将对国民经济造成重大冲击。因此，实现耕地的可持续利用，是保障国民经济稳定的重要途径。耕地资源的可持续利用还可以推动农业生产方式的改革，促进农业的现代化进程。科学管理和合理利用耕地，可以提高农业生产的效率和水平，促进农业结构的调整，以适应现代农业生产的需求。

（二）对工业和服务业的影响

耕地资源不仅是农业生产的基础，对工业和服务业的发展也有重要影响。在我国，农业不仅是农民的生计保障，也是工业和服务业的重要支撑。[①] 因此，农产品的稳定和质量，对保障工业和服务业的稳定发展有至关重要的作用。在工业领域，农产品是许多工业产品的主要原料。例如，食品工业、纺织工业、烟草工业、皮革工业等，都离不开农产品的供应。耕地资源的稳定和可持续利用，可以保障农产品的稳定供应，避免因为耕地问题导致的原料供应不稳定，从而保障相关工业的稳定发展。在服务业领域，农业也起着至关重要的作用。例如，农业旅游、农家乐、农产品直销等服务业，都需要依赖农业的稳定发展。耕地资源的稳定和可持续利用，可以提供稳定的农业生态环境，提升农业服务业的吸引力，从而推动农业服务业的发展。

而且，农产品不仅是工业和服务业的原材料，也是人们日常生活的必需品。无论是食品、衣物，还是家居用品，都离不开农产品。耕地资源的稳定和可持续利用，可以保障农产品的稳定供应，满足人们日常生活的需求，满足工业和服务业的需求，从而维护社会稳定，促进经济的持续发展；还可以避免因为耕地问题导致的社会问题。例如，土地退化、水土流失等都会对农业生产造成影响，进而影响到工业和服务业的发展。因此，实现耕地资源的可持续利用，是保障工业和服务业稳定发展的重要手段。

---

① 冉敏芳.武陵山区农民生计型农业转型机遇、挑战和路径选择 [J].南方农业，2017，11（30）：50，53.

（三）对基础设施建设的制约

基础设施建设对一个国家的发展来说是必不可少的，它对社会经济的稳定增长、人民生活的改善都有至关重要的影响。然而，基础设施的建设往往需要占用大量的土地资源，包括耕地。这就对耕地的可持续利用提出了挑战，因为如何在推进基础设施建设和保护耕地资源之间找到一个平衡点，是我国当前面临的一个重要问题。

在城镇化进程中，基础设施建设往往需要占用大量的耕地。这既会破坏耕地资源，也会对农业生产产生影响，进一步影响到食品安全和社会稳定。因此，要实现耕地的可持续利用，就需要正确处理基础设施建设和耕地保护之间的关系。合理的土地规划是实现这二者之间平衡的一个重要手段，因为合理的土地规划可以在满足基础设施建设需求的同时，最大限度地保护耕地资源，避免对耕地资源的过度开发。这就需要有关部门在进行土地规划时充分考虑耕地资源的保护，将耕地的可持续利用纳入土地规划之中。由此可见，实现耕地的可持续利用，不仅可以保护耕地资源，也可以为基础设施建设提供制约。对基础设施建设的规划和制约，可以避免对耕地资源的过度开发，从而保护耕地资源。同时，耕地的保护可以为基础设施建设提供稳定的土地资源，为基础设施建设的稳定发展提供保障。

（四）对国民经济宏观调控的支持

这一点体现于各个方面，如政府可以通过对耕地的管理和规划，调节农业生产、调整工业布局、引导城乡发展等，从而实现国民经济的持续稳定发展。在宏观经济调控中，耕地资源的利用是一项基础性的工作。有效的管理和规划可以使耕地资源的利用更加科学和合理，从而为农业生产提供稳定的物质基础，进一步推动农业经济的发展，有助于国民经济总体的稳定运行。

耕地的管理和规划也有助于调整工业布局。工业布局的优化调整需要考虑各种因素，其中包括土地资源的分布和使用状况。耕地作为最重要的土地资源之一，其可持续利用的实现，为工业布局的调整提供了可能。同时，耕地的管理和规划对于引导城乡发展起到了重要的作用。随着城镇化进程的加快，城市和农村的发展问题越来越受到关注。耕地的可持续利用有助于实现城乡之间的均衡发展，有助于缓解城乡矛盾，促进了国民经济的整体发展。再者，国家在进行宏观经济调控时，也需要通过土地政策对农业生产进行引导，以确保食品安全，稳定市场供需。耕地的可持续利用为这种宏观经济调控提供了有力的支持，有助于实现国民经济的持续稳定发展。

（五）对未来经济发展的保障

耕地是不可再生的资源，只有保证其可持续利用，才能为未来的经济发展提供坚实的基础。耕地资源是农业生产和经济发展的基石，是未来经济增长的前提。在社会经济持续发展的进程中，为了保持农业生产的稳定和满足人们基本生活的需要，对耕地的保护和合理利用就显得尤为重要。且在全球化的背景下，我国在全球食品供应链中占据重要地位，这也对我国耕地的持久利用提出了更高的要求。

耕地资源作为我国经济发展的重要支柱，也是支撑我国未来经济发展的基础。在当前我国经济转型的大背景下，我国正在从以工业为主导的时代向以服务业为主导的时代转变，耕地资源的合理利用和保护对于实现这一转变起到至关重要的作用。只有确保耕地资源的可持续利用，才能满足未来以服务业为主导的经济发展的需要，保障国民经济的持续稳定发展。在城镇化的浪潮中，耕地的保护和合理利用显得尤为重要。城镇化进程的加快对耕地提出了更高的要求，城镇化不仅需要土地，还需要耕地资源的高效利用。因此，合理利用耕地资源，既可以满足城镇化的需要，又可以保障耕地资源的可持续利用。环保和绿色发展也是未来经济发展的重要方向，而耕地资源的可持续利用则是实现这一目标的重要保障。提高耕地的利用效率，改善耕地的生态环境，将有助于提升我国的绿色发展水平。

二、保障食品安全

（一）保障粮食供应

由于耕地资源是农业生产的基础，也是粮食生产的重要基础，因此它对确保国家粮食安全有着至关重要的作用。具体而言，耕地资源的管理、利用与保护直接关系到粮食产量。一方面，优化耕地资源利用，提高农田质量，可推动农业生产力提高，进一步保障粮食供应；另一方面，适度扩大粮食种植面积，也是增加粮食供应的一种策略。然而，这需要在耕地资源保护与利用之间找到适当的平衡，以避免短期决策导致长期耕地资源的流失。当然，仅有足够的耕地并不能全面保障粮食供应。耕地的质量和农作物的产量紧密相关，只有优质的耕地，才能产出优质的农产品，从而实现粮食的持续稳定供应。因此，提高耕地的质量和产量是保障粮食供应的关键。

不可否认，改进耕地的管理方式也能提升粮食产量，包括但不限于采取现代化的农业技术，如精准农业和智能农业，这些都能大幅提升农田的使用效率，进一步保障粮食供应。耕地资源的可持续利用还关乎食品的安全，良好的耕地管理有利于避免土壤污染，这不仅可以维护农作物的产量，还有利于保障食品的安全。其中，对农药和化肥的合理使用，也是防止农田污染、保障食品安全的重要环节。另外，耕地资源的保护与可持续利用，也为农业生态系统的稳定提供了支持。一个稳定的农业生态系统，有利于维持农作物的多样性，增强农业对病虫害和气候变化的抵抗力，从而保障长期稳定的粮食供应。

（二）避免土壤贫瘠

土壤是耕地的基础，其健康状况直接关系农作物的生长与产量。土壤贫瘠就意味着农作物获取不到足够的营养，进而影响农作物的产量和质量。因此，防止土壤贫瘠是维护食品安全、保障粮食供应的重要一环。过度开发和使用耕地资源，可能会导致土壤肥力下降，结构破坏，甚至产生盐碱化，导致土壤贫瘠。这种情况下，农作物的产量会大大降低，甚至无法生长，无疑会对食品供应产生严重影响。此外，土壤贫瘠还可能引发一系列的环境问题，如水土流失，进一步加剧了土地的退化。而耕地的可持续利用可以有效地避免土壤贫瘠。所谓的可持续利用，就是在不破坏土壤结构、不降低土壤肥力，甚至不产生其他环境问题的前提下，合理使用耕地资源。实现这一目标，需要综合采用多种策略。例如，采用合理的农业耕作方式，如轮作、间作等，既能满足农作物的生长需求，又能维护土壤的肥力；再如，科学地使用化肥和农药，既能提高农作物的产量和质量，又能避免过度使用导致的土壤污染；还可以采用现代农业技术，如农业信息化、精准农业等，这些都能提高农业生产效率，减轻土壤负担。

（三）提升食品质量

农作物生长在健康、肥沃的土壤中，能更好地吸收各种营养素，进而生产出高质量的食品。反之，如果耕地资源质量差，土壤污染严重，那么其产出的农作物质量也会受到影响，食品质量难以得到保证。其中，优化农业生产方式，科学管理耕地，是提高食品质量的有效途径。科学的施肥、灌溉方式不仅可以提高农作物的产量，还能保障农产品的质量。例如，合理的施肥方式能够确保农作物得到充足的营养，而过度使用化肥可能导致土壤酸化，影响农作物的生长。科学的灌溉方式能够保证农作物得到足够的水分，过度或者不足的灌溉都会影响农作物的生长。

实现耕地的可持续利用，需要广大从业人员不断探索和尝试新的农业生产和管理方式。例如，采用有机农业、生态农业等新型农业模式，这些模式都注重保护土壤环境，减少化肥和农药的使用，使得农作物生长在更加自然、健康的环境中，从而提高食品质量。而且，现代农业科技的应用有助于提升食品质量，如通过农业信息化、精准农业等手段，可以更准确地掌握农田土壤的状况，从而制订更科学的农业生产方案。这些高科技手段的应用，不仅能提高农业生产效率，还能有效提升食品质量。

（四）对抗气候变化的影响

在当前全球气候变化加剧的大环境下，农业面临巨大的挑战。各类极端气候事件频发，如暴雨、干旱、热浪等，对农作物的生长产生严重影响，进而威胁到食品的安全供应。但是，借助耕地的可持续利用，农业可以提升对气候变化的适应能力，从而减轻这种威胁造成的影响。

实现耕地的可持续利用，可以采取一系列措施应对气候变化。其中，调整农作物种植结构和种植时间是一个重要的方法。例如，那些常常遭受干旱影响的地区，可以考虑种植耐旱性强的作物，以降低气候灾害对农业生产的影响。而那些季节性气候变化较大的地区，可以通过调整种植时间，使农作物的生长阶段避开极端气候的发生期。另外，农业水利设施的建设也是应对气候变化的重要手段。建设灌溉设施可以有效地应对干旱带来的水源短缺问题。在多雨季节，灌溉设施还可以用于排水，避免因暴雨引起的水浸灾害。农业生态环境的保护和恢复也是缓解气候变化影响的重要措施，如通过植树造林、改善农田环境等方式，可以改善微气候，减少极端气候事件的发生。同时，健康的农田生态环境能为农作物提供更好的生长条件，从而提高农作物应对气候变化的抵抗力。

（五）维护生态平衡

生态平衡是地球上所有生命体共存的基础，这个平衡体系在某种程

度上决定了食品链的稳定，对食品安全有着深远的影响。耕地的可持续
利用，有助于维护这个重要的平衡。农田是生物多样性的重要载体，多
样的生物种群共同构成了农田的生态系统。这个系统的稳定性，很大程
度上取决于其中生物种群的多样性。保持生物多样性，不仅可以使农田
生态系统更加稳定，还可以提高农田的生态服务功能，如抑制害虫、调
节气候等。而要实现耕地生态多样性的保护，关键在于可持续的耕地管
理。例如，实行轮作制度，可以增加农田的生物多样性，有效地防止病
虫害的暴发。再如，混种即在一块耕地上种植多种农作物，这样可以提
高耕地的生物多样性，提高农作物的产量和稳定性。

保护生物多样性还可以通过合理的施肥和灌溉管理来实现。过度施
肥和灌溉可能会导致农田生态系统的破坏，降低生物多样性。因此，采
取科学的施肥和灌溉方式，可以保护农田的生态系统，维护生物多样性。
在这里，还有一点需要引起高度重视，即农田边缘地带的生态保护也
是维护生态平衡的重要措施。农田边缘地带的生态环境可以为农田提供
多样的生态服务，如捕食害虫、调节微气候等。保护农田边缘地带的生
态环境，可以提高农田的生态服务功能，从而提高农业生产的效率和稳
定性。

三、维护社会稳定

（一）保护农民利益

农民生计的基础，无疑在于耕地。为了维护农民的基本生存和发展
权益，可持续利用耕地显得尤为重要。这不仅是保障农民经济利益的实
质性行动，也是为了社会的和谐稳定，减少可能出现的社会矛盾。国家
的稳定和社会的和谐，关键在于每一位公民的利益是否得到妥善的保护。
农民作为社会的重要组成部分，其权益的保护更是影响社会稳定的关键
因素。耕地是农民的主要财产，也是其生活的基础，可持续的耕地利用，

能够保障其经济来源的稳定，提升其生活质量。

农民的经济利益是由其耕地产出的农产品所决定的。耕地的可持续利用能够保证农产品的长期稳定产出，避免因耕地质量下降而导致农产品产量的下滑，从而保护农民的经济利益。耕地的可持续利用除了可以保证农产品产量的稳定，还可以提高农产品的质量。科学的农田管理，如合理的施肥和灌溉，可以提高农产品的质量，进一步提升农产品的市场价值，为农民带来更高的收入，从而提升农民的经济利益。社会矛盾往往来源于经济利益的分配不均，而农民的经济利益主要依赖于耕地。因此，耕地的可持续利用，不仅可以保护农民的经济利益，也可以在一定程度上减少社会矛盾，有利于维护社会的稳定。由此可见，耕地的可持续利用为农民提供了一个稳定的生活基础，保障了其经济利益，为维护社会的稳定奠定了坚实的基础。

（二）维护生态环境

过度的耕地开发和使用，往往带来土地退化、水源枯竭等一系列问题，对生态环境造成了破坏，也威胁社会的稳定。因此，如何在满足人类需求的同时，保护和改善生态环境，实现耕地的可持续利用，成为一项重要的任务。耕地的可持续利用，就是在农业生产与生态保护之间找到一个平衡，实现人与自然的和谐共生。在这个过程中，科学的耕地管理方法发挥着重要的作用，它可以帮助农民提高农业生产效率，减少对土地的过度开发和使用，从而保护土地资源，防止土地退化。同时，科学的耕地管理方法可以帮助农民节省水资源，防止水源枯竭。

维护生态环境不仅仅是为了保护自然，更是为了保障人类社会的稳定。生态环境的破坏往往带来社会问题，如土地退化和水源枯竭可能导致农民失去生存和发展的基础，引发社会矛盾。而耕地的可持续利用，可以避免这些问题的发生，有利于社会的稳定。社会的稳定需要从经济、环境、社会三方面同时考虑，而耕地的可持续利用正好能够同时满足这三方面的需求。它不仅可以保障农民的经济利益，提高农产品的产量和质量，也可以保护生态环境，同时可以减少社会矛盾，促进社会稳定。

（三）保障经济发展

经济发展是社会稳定的重要支撑，农业作为经济发展的基础，其重要性不言而喻。而耕地则是农业生产的基础，无论是从农业生产的直接产出，还是从农业带动的相关产业，如农机、化肥、种子、食品加工等，耕地都起着不可替代的作用。因此，保证耕地资源的可持续利用，就是保证国民经济发展的基础。

在现代社会，随着科技的发展和产业结构的调整，虽然工业和服务业的比重日益增加，但农业仍然是经济发展的重要组成部分，特别是对于我国这样的大国而言，农业更是经济安全和社会稳定的重要保障。如果不能有效地利用和保护耕地资源，就可能会对农业生产产生不利影响，进而影响经济的稳定发展。耕地的可持续利用不仅可以保障农业生产的稳定，还可以通过改善耕地的生态环境，提高农产品的质量，进而提高农业的经济效益。同时，耕地的可持续利用可以通过促进相关产业的发展，如有机农业、生态旅游等，进一步推动经济的发展。

（四）促进社区和谐

在耕地资源可持续利用的过程中，耕地资源的公正、公平、透明的管理和分配机制对于稳固社区和谐具有极其重要的作用。在各种资源中，耕地是特别关键的一种，它是农民的基本生计来源，也是农村经济发展的重要支撑。对耕地的分配和管理决定了农民的生活质量，涉及农民的基本生活权益，对于农民的幸福感和社区的稳定有着直接影响。任何不公正、不公平的资源分配，都可能引发农民之间的矛盾和纠纷，进而影响社区的稳定。

公正的耕地资源管理保证了每一位农民都可以得到公平的待遇，没有任何的偏袒和压迫。在此前提下，农民可以安心从事农业生产，从而保障了自身的基本生活，也保障了农村经济的稳定发展。而公平的耕地资源管理可以有效地减少农民之间的矛盾和纠纷。这些矛盾和纠纷往往会引发社区不稳定，影响农村社区的和谐。透明的资源管理机制可以增进农民对于社区管理者的信任，这对于维护社区稳定、维护农民利益至关重要。农民对耕地资源的管理和分配有所了解，对社区管理者的信任度就会提高，他们也会更愿意参与农村社区的建设。对于耕地的可持续利用，社区还应该注重环境效应，确保耕地使用的环境友好性。这不仅对提升农民生活质量和保护农村环境有利，也会对社区和谐产生积极影响。

四、促进生态环境的保护

（一）防止土壤侵蚀

耕地的利用不可或缺地关系到土壤的保护。合理的耕地利用可以有效防止过度耕作，这对于避免水土流失和土壤侵蚀有着重要的影响。如同河水冲刷河床，过度的耕作就如同猛烈的河流不断侵蚀土壤，降低土壤的肥沃度和生产力，使得土壤变得贫瘠无力。而适度耕作则如同平静的小溪，轻轻地滋润土壤，让土壤的肥沃度和生产力得以保持，有利于长期的农业生产。

不论是广袤的田野，还是狭窄的山地，只要有了合理的耕地利用，就可以有效防止土壤侵蚀，保持土壤的肥沃度和生产力。这是一个长期的过程，需要时间的积累，需要人们的共同努力。每一次合理的耕地利用，都是对土壤的一次护航，都是对生态环境保护的一次支持。[①] 正因为有了土壤，生命才得以生存；正因为有了合理的耕地利用，土壤才得以保护。而防止土壤侵蚀，不仅仅是为了保持土壤的肥沃度和生产力，

[①] 张大德.吉林省耕地资源保护与利用的对策研究[D].北京：中国农业科学院，2007.

更是为了保护生态环境，为了生态的可持续发展，为了下一代的生存环境，为了地球的未来。可见，耕地的可持续利用与防止土壤侵蚀紧密相连，两者相辅相成，相互促进。因此，只有重视耕地的可持续利用，注重防止土壤侵蚀，才能真正实现生态环境的保护，才能让生命得以延续，让生态在保护中得以发展。总的来说，防止土壤侵蚀，让生命得以延续，让生态得以发展，这是耕地可持续利用的现实意义，也是每一个人都应该关注和实践的重要任务。

（二）保护生物多样性

生物多样性是宝贵的自然遗产，涵盖了所有生物形态和生态系统类型，展现了生命的绚丽和奇妙。耕地是生物多样性的重要载体，耕地的可持续利用有着至关重要的作用，其中尤以对农田生态系统中生物多样性的保护尤为关键。农田生态系统是一个复杂的网络，是由众多生物种群和环境因素相互作用而形成的。生物多样性，包括物种多样性、基因多样性和生态系统多样性，是农田生态系统健康的核心。生物多样性对农田生态系统的抵抗力稳定性和恢复力稳定性具有重要意义，可以提高农田生态系统对环境变化的适应性和抵抗力，为农田生态系统提供更强大的生命力。

然而，过度的耕地开发会对生物多样性造成威胁，因此，耕地的可持续利用显得尤为重要。它能避免对耕地的过度开发，减少对土地的破坏，以尽可能多地保存原有的生物种群，保护农田生态系统的完整性。这就需要人们采取科学的耕地管理措施，合理规划耕地，采用绿色的农业生产方式，减少化肥和农药的使用，保护农田生态系统的生物多样性。生物多样性的保护，是全球面临的一项重大挑战。只有实施可持续的耕地利用，才能在维护生物多样性的同时保护农田生态系统的健康。这也充分说明可持续利用耕地，保护生物多样性，是实现生态环境保护的关键，也是促进生态文明建设的重要手段。

（三）降低化学品的使用

在过去几十年里，化肥和农药的广泛使用为提高农业生产效率、提高粮食产量做出了巨大的贡献。然而，这些化学品的过度使用也带来了诸多问题，包括土壤污染、水源污染、生物多样性下降等环境问题，以及对人类健康的潜在威胁。耕地的可持续利用对于降低化学品的使用和减少环境污染至关重要。土壤是农业生产的基础，农田的健康状况直接关系到人类社会的食品安全和生存环境。化肥和农药的过度使用会导致土壤质地破坏、微生物活动减弱、土壤肥力下降、农田生态系统破坏等，影响耕地的生产力和生态环境的健康。而耕地的可持续利用能够在保持高产高效的同时，确保土壤质量和保护农田生态环境。

耕地的可持续利用需要对农业生产模式进行转变，需要大力推广绿色农业、生态农业、循环农业等新型农业模式，以降低化肥和农药的使用。① 在实际操作中，这可能包括改进种植模式、优化化肥配方、提高农药使用效率、采用生物防治方法等多种方式。从长远看，降低化肥和农药的使用，不仅可以保护土壤和水资源，减少环境污染，还有助于提高农业生产的可持续性和农产品的质量。这既是应对当前环境挑战的有效措施，也是为了保障未来人类的生存环境和食品安全。

（四）保护水源

水资源是地球生命的源泉，是农业生产的基础。对于农业生产，其实质就是一种对水资源的利用。耕地的可持续利用，便是在保持农业生产效率的同时，确保水资源的保护和持续供应。从历史发展的角度来看，农业一直是全球水资源使用的主要部门，消耗了大约70%的淡水资源。随着人口的增长和生活水平的提高，人类对水资源的需求日益增加，农

---

① 林孝丽.南方稻区循环农业实施效果及其发展研究：以稻－鱼种养结合模式为例[D].南京：南京农业大学，2010.

业用水的压力也在不断加大。在这种背景下，如何在保持农业生产的同时，确保水资源的可持续利用，是一个亟待解决的问题。

农田的灌溉方式对农田水分利用效率和水资源保护有着重要影响。传统的灌溉方式往往效率较低，会导致大量水资源的浪费。而改进的灌溉方式，如滴灌、微灌等高效的灌溉方式，可以显著提高农田水分利用效率，减少水资源的浪费。除了提高农田水分利用效率，耕地的可持续利用还可以通过减少农业污染来保护水资源。农业生产中使用的化肥、农药等，如果管理不当，很容易污染土壤和水源。推广绿色农业、生态农业等可持续农业模式，可以降低这些化学品的使用，从而减少农业污染，保护水资源。农田也是重要的水源保护区，通过保护和改良农田土壤，可以增加土壤的水分持久性，提高农田对雨水的吸收和保持能力，有助于维护水源。

（五）促进碳封存

所谓的碳封存，是指植物通过光合作用吸收大气中的二氧化碳，并将其转化为有机物质储存在植物体内或土壤中的过程。耕地的可持续利用，能够显著提高农田生态系统对二氧化碳的吸收和封存能力，为抵御全球气候变化提供重要手段。土壤是地球陆地生态系统中最大的有机碳库，含有大约 1 500 亿吨～2 400 亿吨有机碳，这几乎是大气中和生物体内有机碳总和的两倍。然而，由于过度开发和不合理的农业管理，全球范围内土壤有机碳含量正在快速减少。这不仅影响到土壤的生产力，也增加了大气中的二氧化碳浓度，加剧了全球气候变化。

农田是土壤有机碳库的重要组成部分，通过改进农业管理，提高农田土壤有机质含量，可以增加土壤对二氧化碳的封存能力，有利于缓解气候变化。具体措施包括优化农田管理，减少土壤耕作，避免土壤碳库的损失；通过种植绿肥和覆盖作物，增加土壤有机质含量，提高土壤对二氧化碳的封存能力；推广有机农业和生态农业，减少化学肥料的使用，降低农业生产过程中的二氧化碳排放。而且，农田土壤的碳封存还有利于提高农田生产力。农田土壤中的有机质能够提高土壤肥力和改良土壤结构，提高土壤的水分和养分保持能力，有利于农作物的生长。因此，提高农田土壤的碳封存能力，既能够缓解全球气候变化，也能够保障农业生产和食品安全。

五、应对人口压力和城镇化进程

（一）稳定土地供应

随着社会的发展和人口的增长，人类对土地的需求也在不断增加，耕地资源是人类社会生活的基础，而耕地的可持续利用则是确保食品安全，满足人类生存和发展需求的关键。耕地的可持续利用能够保证在满足社会和经济发展需求的同时，不破坏土地的生产力和生态功能。这是因为土地不仅是农业生产的基础，也是维持生物多样性、调节气候、存储和循环养分等多种生态功能的关键。过度利用土地会导致土地质量的下降、土壤侵蚀、生物多样性的丧失，以及气候变化等一系列环境问题，这些问题不仅影响土地的生产力，也威胁人类的生存和发展。因此，实现耕地的可持续利用不仅是农业发展的需要，也是应对环境变化和社会挑战的必要手段。

在人口增长和城镇化进程中，稳定的土地供应的重要性愈发突出。耕地的可持续利用可以通过改进农业管理提高土地利用效率，减少土地的过度开发，从而满足社会和经济发展的需求，保持土地的生产力和生态功能。实现耕地的可持续利用需要全社会的共同努力。政策层面，国家应建立完善的土地管理和保护制度，严格控制耕地的转用，优化土地利用结构，保护耕地资源。技术层面，国家应推广适应地方特点的农业管理和耕作方式，提高土地利用效率，减少对土地的负面影响。教育层面，国家应提高公众对土地保护和可持续利用的认识，培养公众的土地保护意识。

（二）平衡农业与城镇化的关系

面临城镇化进程对耕地资源的需求，如何在保护这些宝贵资源的同时，满足城镇化的发展需求，是一项充满挑战的课题。随着城镇化的步伐加快，耕地资源的流失情况也日益严重。城镇化的发展过程，包含住宅建设、公路铺设、工业园区设立等基础设施的建设，这些都需要大量的土地资源。而随着城市人口的增长，食品和水源等基础资源的需求也在不断上升，这无疑给耕地资源带来了更大的压力。与此同时，农业的发展同样需要足够的耕地资源。耕地资源是农业生产的基础，也是保障食品安全和社会稳定的重要前提。一旦耕地资源遭受破坏，不仅会对农业生产产生影响，也会对社会的稳定和发展带来冲击。

所以，如何在城镇化和农业发展之间形成平衡，成为当前的重要议题。为此，政府相关部门需要从优化城乡布局、进行科学规划以及开展土地整理等方面入手，以找到这两者之间的平衡。优化城乡布局，意味着需要合理规划城市的发展，以减少对耕地资源的占用。城市的发展需要科学规划和管理，以合理利用和保护土地资源，从而防止因城市的过度扩张，导致耕地资源被无序开发，进而影响农业生产和社会稳定。为了实现城市的科学规划，政府相关部门需要考虑城市的实际情况，包括城市的经济发展、人口规模、地理环境等因素，从而制订符合实际需求的城市规划方案。城市规划应尽可能减少对耕地资源的占用，如优化土地利用，提高土地使用效率，避免因城市扩张而导致耕地资源的浪费。土地整理指的是通过科学的方法，对土地进行改良，以提高土地的质量和利用率。例如，通过土壤改良，可以改善土地的肥力，提高农作物的产量；通过优化田间排水系统，可以提高土地的排水能力，避免水分过多导致的土地盐碱化；通过整理土地形状，可以提高土地的耕作效率，减少农业机械的磨损等。

（三）保护农业发展空间

农业是一个国家生存和发展的基础，保护好农业发展空间是维护国家食品安全、生态环境以及社会稳定的重要手段。在人口持续增长、城镇化快速发展的情况下，农业内部结构需要调整，非农业建设用地规模迅速增加，这些都对耕地资源提出了更高的要求。耕地资源的稀缺性和不可再生性决定了其不可替代的地位，因此如何在满足城市和工业发展的土地需求的同时，保护好农业发展空间，避免耕地资源的过度开发，成为一个重要课题。

农业的发展离不开稳定的耕地资源。可持续利用耕地，不仅能维护农业发展空间，也能保障农业生产的可持续性。改善农业管理方式、提高耕地利用效率、实施土地保护政策等措施，可以有效避免耕地资源的过度开发，保护农业发展空间。具体而言，改善农业管理方式主要是推广科学的农业生产技术，提高农业生产效率，降低对耕地资源的依赖度。例如，采用精准农业技术，通过精确的田间管理，使农业生产效益最大化，既可以提高农产品的产量和质量，也可以减少对耕地资源的压力。提高耕地利用效率主要是通过土地整治、提升土地质量等方式，实现用更少的土地产出更多的农产品。例如，进行农田水利设施的建设和改造，可以提高灌溉效率，减少水资源的浪费，也能够提高土地的产出效率。实施土地保护政策主要是制定和执行严格的土地利用政策和法规，限制非农业建设用地的扩张，保护耕地资源。这包括实施严格的耕地保护制度，限制非农业用地对耕地的侵占，同时采取激励措施，鼓励农民合理利用和保护耕地资源。

（四）提升农业生产效率

在人口增长和城镇化进程的压力下，对粮食需求的提高是不可避免的。因此，提高农业生产效率，以实现更高的产出，是解决这一问题的关键。这就需要合理、可持续地利用耕地，倡导节水、节肥、节草的农业生产方式，不断提升农业生产效率，以满足人口增长和城镇化进程对粮食的需求。农业生产效率的提升不仅仅是提高单位面积的产量，更是通过科学管理和技术进步提高整个农业系统的效率。这包括精准农业技术的应用、农业机械化程度的提高、良种的选用、土地整治等方面。精准农业技术的应用，可以通过科学的农田管理和优化的种植方式实现精确施肥、精确灌溉、精确防病等，从而降低耕地的污染，提高农业生产效率。农业机械化程度的提高，可以提高农田作业的效率，减少人力消耗。良种的选用，是通过科学的品种改良，选用适应当地气候、土壤的优质品种，提高单产。土地整治，通过水土保持、改良土壤结构等方式，提高土地的生产力。节水、节肥、节草的农业生产方式，不仅可以提高农业生产效率，还能减少对环境的影响。节水，是通过提高灌溉效率，合理使用水资源，既保证了农田的水分供应，又减少了水资源的浪费。节肥，是通过科学施肥，避免过度使用化肥，保护了土壤和水资源。节草，是通过科学的草地管理，避免草地的过度开发，保护草地资源。

（五）促进农村经济发展

城镇化进程加快是对农村经济发展的新挑战，这可从两个方面看：一是由于人口向城市集中，农村的劳动力资源有所减少，这对农业生产构成了压力；二是随着农村的人口减少和农田转化为城市用地，农村经济面临转型的压力。[1] 这就需要通过可持续利用耕地，优化农村经济结构，实现农村经济的可持续发展，逐步缩小城乡发展差距。

农业是农村经济的基础，是农村经济的重要组成部分。可持续利用耕地，可以保障农业生产的可持续性，保障农产品供应，有利于稳定农村经济。合理的农田水利管理，科学的农田肥料施用，高效的农田耕作

① 郭爱萍.乡村振兴战略背景下农村经济发展路径 [J]. 数字农业与智能农机，2022（18）：97-99.

方式，都可以提高农业生产效率，提高农田的产出，有利于增强农村经济的活力。优化农村经济结构，是实现农村经济可持续发展的关键。这需要从农村产业结构和农村就业结构两个方面进行优化。在农村产业结构方面，发展多元化经济，如发展农业观光旅游、特色农产品深加工等，既可以增加农民收入，又可以增加农田的利用价值。在农村就业结构方面，提供技能培训，提升农民的就业能力，有利于稳定农村劳动力，有助于稳定农村经济。农村经济的可持续发展，不仅对农村自身发展有利，也有助于缩小城乡发展差距。农村经济的发展可以提供就业机会，吸引农民在本地就业，减少农民外出务工，有助于稳定农村社会。农村经济的发展也可以提高农民的收入，改善农民的生活。

第二章 耕地土壤立地条件
与农田基础设施

第一节 耕地土壤立地条件

一、耕地土壤立地条件的组成因子

(一)环境因子的复合性

需要明确的是,耕地土壤立地条件是多元化的环境因素相互交织、相互影响的结果。这些环境因素,包括地形、土壤、水文、生物和人为活动等,形成了一个整体的系统,这就是农业领域所说的耕地立地条件。如同一个生态系统,每个环境因子都在其中发挥着特定的作用,它们就像生态系统中的各种生物一样,共生共存,相互影响,形成了复杂而独特的农田环境。每个环境因子都对耕地的状态有所影响,但它们并不是孤立存在的,它们之间的相互作用会使耕地的状态变得更加复杂。例如,地形对于土壤的排水性和被侵蚀程度有着重要的影响,而这些因素又会影响农作物的生长。所以,有关部门和学者不能仅从一个环境因子来考虑耕地的状态，而需要将所有的环境因子都纳入考虑范围。

地形因素对耕地的特性具有显著的影响，它决定了耕地的地貌特征和坡度，从而影响了耕地的排水性和被侵蚀程度。高山、平原、丘陵、低洼地等各种不同的地形都有各自的特性。例如，坡度较大的地形可能会使得雨水流动速度加快，导致土壤水分流失，这会影响耕地的生产效率。相反，低洼地由于排水不良，可能会使得土壤中的水分过多，导致土壤盐渍化，影响农作物的生长。而土壤则是农作物生长的基础，其肥力和保水性是影响农作物生长的重要因素。如果土壤中富含有机物和微量元素，将有利于农作物的生长。除此之外，水文因子也是决定耕地质量的重要环节，它决定了耕地的水源供应和湿度条件，是生物生存和生长的必要条件。生物因素，包括植被覆盖和生物种类，也会影响土壤的养分循环和稳定性。人为活动，如耕作方式和管理水平，是影响耕地的重要因子。如果能够采用科学的耕作方式和高效的管理方式，那么将能够提高土壤的使用效益，有利于维护良好的生态环境。

（二）环境因子的再分配作用

各环境因子对植物所需的生活因子（光、热、气、养分）起着再分配作用。例如，地形对阳光的照射和热量的分布起重要作用，土壤对养分的供应起主导作用，水文条件对水分的供应具有决定性影响。环境因子的再分配作用指的是这些环境因子可以通过各种方式调整植物所需的生活因子，包括光、热、气和养分等的分配。地形的特点会影响阳光的照射和热量的分布，如山坡面向阳光的一面会比背阴面得到更多的阳光，其高低也会影响气温的分布。土壤的质地和构成则是决定养分供应情况的重要因素，沙质土壤排水性强，但养分保持性差；而黏土保水保肥性强，但排水性差。水文条件则直接影响了水分的供应，地下水丰富的地方可以为植物提供稳定的水源，而地下水稀少的地方则需要人工灌溉。生物活动会改变土壤结构和有机质含量，促进土壤中养分的循环和更新。

而人为活动则通过农业技术措施调控这些生活因子，如施肥、灌溉等，都是为了改善植物的生长环境。因此，不同的立地条件会导致生活因子的分配存在差异，进而影响植物的生长发育水平。

（三）环境因子的异质性

在所有的环境因子中，风口方向、冰雹带、大气污染源、地下水位等因素尤为关键。以风口方向为例，不同的风口方向可能会对农作物的生长造成不同的影响。例如，一些植物可能需要较强的风力以帮助其散播种子，但过于强烈的风力又可能会对其造成损害。因此，风口方向对于耕地的利用具有重要影响。同样，冰雹带、大气污染源、地下水位等因素也会对耕地产生影响。在冰雹频发的地区，农作物可能需要额外的保护措施以抵抗冰雹的损害。而大气污染则可能对农作物的生长环境造成破坏，严重时甚至可能导致农作物的死亡。至于地下水位，过高的水位可能导致植物根部的淹水，而过低的水位则可能导致植物缺水。

因此，在进行耕地的利用和管理时，这些环境因子必须得到充分的考虑。考虑的方式主要包括两个方面：一方面，要对这些环境因子进行详细的调查和研究，了解其对耕地的具体影响；另一方面，要根据这些环境因子的特性，制订适应当地环境的农业生产方案。具体来说，农田管理者要对农业生产进行适当的调整，如选择适应当地环境的作物种类，或者改变农业生产的方式和方法，同时要采取一些保护措施，以降低环境因子对耕地的不利影响。这些措施包括建立防风林、设置冰雹网、进行土壤改良等。

（四）环境因子的动态性

环境因子的动态性是建立在时间变化的基础上的，这意味着耕地的立地条件不是静止不变的，而是会随着时间的推移产生变化。环境因子动态性的概念透露出一个事实，即耕地并非静态存在的。相反，它是一个充满生命力的、动态变化的生态系统。这个生态系统不断地与环境因子进行互动，形成了各种各样的立地条件，这些立地条件反过来又影响了耕地的生产力。这种动态变化可能来自自然因素，如气候变化和地质活动。气候变化会改变耕地所在地的降雨量、温度等气候条件，而这些条件又是影响植物生长的关键因素。地质活动，如地震、山体滑坡等可能改变耕地的地形，从而影响耕地的利用。人为因素也是一个重要的影响因素，耕作方式的改变，如引入新的耕作技术或者改变耕作模式，都可能改变耕地的土壤结构和肥力，进而影响其立地条件。污染排放，特别是农业生产中的化肥、农药等污染物的排放，会对耕地的生态环境造成破坏，改变其立地条件。

二、农作物生长发育的主导因子

（一）定性分析法的应用

关于主导因子的确定，定性分析法是一种有重要价值的方法。该方法通过观察和经验比较不同环境因子对农作物生长的影响，从而推断出主导因子。例如，光照是农作物进行光合作用进而生长发育的必要条件。如果在观察过程中发现某块耕地因为地形原因，如山脚、山谷，导致光照不足，那么就可以初步认为地形是影响这块耕地上农作物生长的主导因子。同样，对于水分需求量大的农作物，如果某块耕地的排水条件不良，导致水分过多，可能导致农作物的根部得不到足够的氧气，影响其生长，那么水分管理就可能是这块耕地上农作物生长的主导因子。

然而，定性分析法不可能一蹴而就，需要经验积累和对农田环境的深入理解。研究者需要对农作物的生长需求有全面的认识，包括光照、水分、温度、养分等多方面的需求，同时需要对农田环境因子如何影响这些需求有深入的理解，如土壤的质地、pH、有机质含量等是如何影响农作物对养分和水分吸收的。而这种理解是需要在实际农田环境中，通过长期观察和体验来获取的。可以说，定性分析法是对农业生产经验和传统农业知识的一种科学化、系统化的处理和提炼。

（二）定量分析法的应用

解析农业生产的复杂性，尤其是决定农作物生长的主导因子，一直是农业科学研究的重要议题。定量分析法因其科学性和精确性，已经成为找出这些主导因子的关键工具。为了预测和分析环境因子对农作物生长的影响，定量分析法通过对环境因子进行量化处理不仅具有科学性，而且精确度高，更能反映因素之间的关系。例如，研究者可以采集农田土壤样品，分析土壤的各种属性，包括养分含量、水分含量、pH 等。这些都是影响农作物生长的关键因素，对它们的分析和调整对农业生产有着至关重要的影响。

在进行定量分析时，研究者可以运用统计学习或机器学习的方法。通过这些方法，研究者能够对环境因子的各项属性和农作物的生长情况进行深入的关联性分析。这种关联性分析有助于发现那些对农作物生长影响最大的因素。因此，使用定量分析法可以更精确地确定主导因子，为农业生产的优化提供有力的支持。同时，定量分析法也可以通过设置特定的实验来发现和确定主导因子。例如，可以改变土壤的养分含量、水分含量、pH 等，然后观察这些改变如何影响农作物的生长。通过这种实验，人们可以从实际操作中发现和确定影响农作物生长的主导因子。更重要的是，定量分析法的优点在于它能够通过数字和图表清晰直观地展示出不同因素对农作物生长的影响。这种清晰直观的展示方式可以让人们更好地理解和把握主导因子。这样的理解和把握无疑对农业生产决策的科学性和精确性有着极大的帮助。

（三）主导因子对农作物生长发育的影响

明确了主导因子之后，就能进一步揭示它对农作物生长发育的关键作用。作为影响农作物生长的决定性因素，主导因子直接决定了农作物的产量以及品质，这是一个无法忽视的事实。对此，人们需要对各种主导因子的特性有深入的理解，以便更好地把握农作物的生长规律，提高农作物的生产效率和品质。

假如某种农作物的生长发育主要受光照影响，那么，在农业生产过程中，就需要尽可能地延长光照的时间和提高光照的强度。这样做是为了促进农作物的光合作用，使其充分吸收光能，再转化为化学能，进一步提高农作物的生长速度和产量。这就充分说明了主导因子对提高农作物的生长速度和产量有着至关重要的作用。与此同时，如果土壤的 pH 被确定为主导因子，那么在农业生产过程中，就需要适时调整土壤的 pH，使其达到最适宜农作物生长的范围，以有利于农作物更好地吸收土壤中的养分，从而提高农作物的生长质量。这进一步证明通过对主导因子的精准把握和科学调控，可以有效地提高农作物的生长质量。

所以无论是通过延长光照的时间和提高光照的强度，还是通过调整土壤的 pH，都可以看出，对主导因子的精确认识和科学调控，是提高农作物产量和品质的关键手段。对主导因子的科学管理和改善，不仅可以提高农作物的生长速度和产量，还可以提高农作物的生长质量，进而大幅提升农业生产效率和农作物品质，为农业生产带来更大的经济效益。这也充分证明，主导因子对农作物生长的影响是全方位的，是决定农作物生长发育的重要因素，对农业生产有着深远的影响。

（四）主导因子的变化性

对主导因子的认识并不能止步于定性分析，更需要对主导因子的变化性有深入的理解。每一种农作物，每一个生长阶段，乃至每一片土地，主导因子都可能会有所不同。这种不同并非偶然，而是随着环境条件、农作物种类和生长阶段的变化而变化的。因此，对主导因子的理解必须基于具体的实际情况，具备动态性，以适应农作物生长发育的需要，从而提升农业生产的效率。

　　由于不同种类的农作物在生长发育过程中存在着多样性和变化性，所以其主导因子往往会有所不同。以水稻和玉米为例，两者生长需求的差异就在于主导因子的不同。水稻在生长过程中需要大量的水分，所以水分管理在水稻生长中占据主导地位。相反，玉米则更依赖光照，因为光照对玉米的光合作用和能量转化至关重要。而且即使是同一种农作物，在不同的生长阶段，主导因子也可能会发生变化。以小麦为例，其不同生长阶段对环境条件的需求并不相同。在小麦的萌发阶段，水分是至关重要的因素，可以促进小麦种子的萌发和幼苗的生长。然而，当小麦进入成熟阶段，光照的作用变得更为突出，因为此时光照对于小麦的光合作用和能量转化更为重要。因此，在农业生产过程中，根据农作物的种类和生长阶段，以及环境条件的变化，确定和调整主导因子是至关重要的。理解主导因子的动态性，可以帮助人们更精准地把握农作物的生长规律，更科学地管理农作物的生长，从而提高农作物的生产效率，为农业生产带来更大的经济效益。只有这样，人们才能真正地理解和掌握主导因子的真谛，才能让农业生产真正地获得更大的效益。

三、主导地形因子和土壤因子对农作物生长影响的验证

（一）主导地形因子的影响概述

　　主导地形因子对农作物生长的影响在农业生产中被广泛认知，这些地形因子主要包括地貌、坡度以及朝向。这些因素对农作物生长的影响主要体现在对水分分布和保持、光照强度和时间等方面的直接影响。地貌和坡度会影响到水分的流动方向和保持情况，进而决定土壤的湿润程度。在一块坡度较大的地方，如果没有合适的水分管理措施，过多的雨水可能会流失，使土壤缺水，影响农作物的生长。而在平地或者凹地，雨水容易在地表停留，形成过湿的环境，可能导致农作物的根部得不到

足够的氧气。因此，地貌和坡度对于决定农田的水分管理具有重要意义。地形因子中的朝向对于决定农田的光照条件也具有重要作用。在北半球，南坡受阳光照射的时间长，温度高，适合种植对光照和温度要求高的农作物；而北坡受阳光照射的时间短，温度低，适合种植对光照和温度要求较低的农作物。因此，熟悉和掌握这些地形因子，可以帮助农业生产者制订更为科学合理的种植方案，提高农田的生产效率。

（二）主导土壤因子的影响概述

在全球各地的农田里，每一块土地都有其独特的属性和条件，决定了哪种农作物可以在这里茁壮生长。其中，土壤因子起着至关重要的作用，这些因子包括土壤类型、肥力、pH 以及含水量等。通过深入分析和研究这些土壤因子，研究人员可以更好地理解它们如何影响农作物的生长，从而制定更科学、合理的农田管理策略，创造更优良的农作物生长环境。对于农作物生长来说，土壤类型无疑是最关键的一个因素。土壤类型主要由土壤的物理、化学和生物特性决定，这些特性包括土壤的质地、矿物质含量、有机质含量等。不同的土壤类型，这些特性都会有所不同，从而对农作物生长产生不同的影响。例如，沙质土壤，由于其颗粒较大，结构较疏松，所以通气性和排水性都较好。但是，其保水性和保肥性相对较差。因此，沙质土壤更适合种植对水分需求不高、根系发达的农作物。相反，黏质土壤，由于其颗粒较小，结构紧密，保水性和保肥性较好，但通气性和排水性较差。因此，黏质土壤更适合种植对水分和养分需求较高的农作物。

当然，土壤的肥力和 pH 是另外两个关键的土壤因子。土壤的肥力主要取决于其含有的养分种类和数量，养分越丰富，肥力越强。强肥力的土壤可以提供更丰富的营养，从而促进农作物的生长。pH 则影响植物对土壤中营养元素的吸收。不同的农作物对 pH 的需求不同，一般来说，大多数农作物更适应 pH 为 6～7 的中性或偏碱性土壤。在这种 pH

范围内，土壤中的多数营养元素的可供性更高，农作物也可以得到更好的生长。

（三）农作物生长情况的验证

由于水分是农作物生长的基本需求，土壤含水量直接影响农作物的水分供应，所以农作物生长情况的验证是农业生产过程中的一个重要环节。在这个过程中，水分是对农作物生长产生重要影响的因素之一。这是因为水分能够在物质循环和能量转换中发挥作用，是生物生存和生长的基本需求。在农业生产中，通过灌溉、降雨等方式，农田土壤就能够得到水分的补充。

土壤含水量是决定农田水分供应的重要参数，它直接影响农作物的水分供应情况。土壤含水量适中，就能够为农作物提供充足的水分，满足其正常生长的需要。在这种条件下，农作物可以茁壮生长，且生长速度较快，这对提高农作物的产量和质量都有着非常重要的影响。土壤含水量过高或过低，都可能对农作物的生长产生负面影响。例如，土壤含水量过高，会导致农作物根部的通气性降低，影响其对水分和养分的吸收，且可能使农作物根部长时间处于水分饱和状态，导致根系无法获取足够的氧气，影响农作物的生长发育。如果土壤含水量过低，农作物就可能会因为缺水而无法正常生长。这是因为在水分不足的条件下，农作物的叶片会关闭气孔以减少水分的蒸散，进而影响光合作用，最终导致农作物生长受阻。此外，缺水还可能导致农作物的生理活动受到影响，如影响养分的吸收和转移，也会对农作物的生长造成影响。

（四）选择适合的方法

由于这些因子对农作物的生长有着重要的影响，所以需要用实际的农作物生长情况来对这些理解和分析进行验证，以确保科学的农业生产决策。在进行验证时，可以选择使用对照试验的方式。在这种方式下，可以在同样的地形和土壤条件下种植预测的适宜种植农作物，同时种植其他类型的农作物。这样做的目的是在同一环境条件下比较不同农作物的生长情况，从而得出更有说服力的结论。

在对照试验中，农作物的生长状况可以通过观察和记录植株高度、叶片大小、果实数量和质量等来获取。植株高度和叶片大小可以反映出农作物的生长情况，而果实数量和质量则直接影响农作物的产量。人们通过这些指标就能够详细了解农作物在特定环境下的生长情况。在获取了这些数据后，可以将其与其他地方同种农作物的生长数据进行比较。这种比较可以让人们更清楚地看到在特定环境条件下，预测的适宜种植农作物与其他农作物相比有什么优势。如果预测的适宜种植农作物在试验地块上的生长状况明显优于其他农作物，那么可以认为对主导因子的理解和分析是准确的。还有一点需要高度重视，即选择适合的方法进行验证是非常重要的。只有通过严谨的科学试验，才能真正验证农业生产中的理论和假设。同时，这种验证有助于进一步优化农作物种植策略，提高农业生产效率，进而提高农业生产的经济效益。

四、通过农耕调查确定耕地土壤立地条件

（一）地貌调查

地貌调查的作用在于为农作物生长提供必要的地理环境信息。其涵盖的内容广泛，包括地形特征（如坡度和朝向）和地貌类型（如平原、山地等）。这些地理环境信息直接或间接地影响农作物的生长，具有深远的影响力。

坡度是地形特征中的一个重要指标。不同的坡度对水分流向和滞留的影响显著，这进一步会影响土壤的湿度和农作物的生长。在坡度较大的地区，雨水的径流速度快，其对土壤水分的保留能力相对较差。这种环境条件需要农业生产者在种植过程中进行相应的调整，如增加灌溉频

次，以确保土壤有足够的湿度来维持农作物的生长。而且针对这种地形，农业生产者还需要采取相应的防蚀措施，以减少水土流失，保护土壤质量和农作物的生长环境。而朝向的影响则体现在阳光照射的强度和持续时间上。朝向不同，阳光直射的强度和时间也会有所变化，这对农作物的光照需求有着直接的影响。对于一些光照需求高的农作物，如某些蔬菜和水果，向阳的坡面显然是更为理想的种植位置，因为这样可以获得更充足的阳光，从而满足其对光照的需求，促进其健康生长。通过全面而细致的地貌调查，农业生产者可以了解农田的地理位置和地貌特征，以及这些因素对农作物生长的影响。农业生产者可以根据这些信息，选择适合的农作物种植，制定适应地形条件的种植策略，以使农作物的生长潜力最大化，提高农作物的产量和品质。可以说，地貌调查是实现高效、科学农业生产的重要手段。

（二）土壤调查

土壤作为农作物生长的主要载体，其特性，如类型、肥力、pH 和含水量等都对农作物生长有着至关重要的影响。人们对各种土壤特性的了解和掌握，无疑能为农作物的种植提供更为精准的决策依据。例如，土壤的类型，这是决定土壤通气性、排水性、保水性和保肥性的关键因素。如果土壤为黏土，黏性较大，其通气性和排水性通常欠佳，但是对水分和肥料的保持能力往往优于其他土壤类型。相对地，沙质土壤的特性则与黏土完全相反，它的通气性和排水性一般较好，但对水分和肥料的保持能力不如黏土。另外，土壤的肥力和 pH 则是影响土壤养分供应情况的直接因素。不同的农作物对土壤养分的需求各不相同，因此农业生产者需要针对土壤的肥力状态以及农作物的需求制订适合的种植方案：对于肥力较高的土壤，适宜种植那些对养分需求量大的农作物；反之，如果土壤肥力较低，就需要选择对养分需求量较小的农作物，或者在种植前对土壤进行改良，提高其肥力。

农业生产者通过进行全面的土壤调查，能够详细了解土壤的各种物理性质（如土壤类型、土壤结构、含水量等）、化学性质（如土壤肥力、pH 等）以及生物性质（如土壤微生物活性等）。这些信息对于农作物的种植是至关重要的。在了解了这些信息后，农业生产者就能根据土壤条件，选择适合种植的农作物品种，也可以根据土壤调查的结果对土壤进行改良，如调整土壤的 pH、改善土壤结构、增加有机质等，以提高土壤肥力，从而提高农作物的产量和品质。在这个过程中，土壤调查起着关键的引导和决策支持的作用。

（三）水文和植被调查

水文条件包括地下水位、降水量、河流分布等因素，这些都是决定农田灌溉水源和农作物水分供应的基本条件。例如，地下水位的高低在很大程度上决定了农田对灌溉的依赖程度。如果地下水位较高，则灌溉的需求可能会相对较低，因为地下水能为农田提供大部分需要的水分；相反，如果地下水位较低，农田就得更频繁地灌溉，以确保农作物获得充足的水分供应。降水量和河流分布也是影响农田灌溉水源获取的重要因素。如果某地降水量丰富，那么雨水就可以成为农田的主要灌溉水源，减少对地下水或河水的依赖；相反，如果降水量较少，农田就需要依赖地下水或河流进行灌溉。此外，河流的分布情况也会对农田的灌溉造成影响，如果农田附近有河流流过，那么河水就可以成为灌溉的主要水源。水源紧缺的地方需要进行合理的水资源调配和利用，以确保农田的灌溉需求。

植被调查则主要是了解农田周围的植被种类和分布情况，因为植被种类和分布会对农田的微气候、土壤养分以及病虫害的情况产生影响。某些植物可能会改善土壤结构，增加土壤中的有机质，使土壤更加肥沃，有利于农作物生长；然而，也有一些植物可能会成为害虫的藏身之处，对农田的生产造成威胁。因此，了解农田周围的植被种类和分布情况，对于农作物的种植和农田的管理有着重要的意义。

通过全面的水文和植被调查，农业生产者可以对农田的生态环境有更深入的了解，知道农田的水源情况，了解农田周围的植被对农田的影响，这些信息为农田的管理和农作物的种植提供了科学的依据，有助于制定更加合理的农业生产策略，提高农业生产效率，保证农作物的产量和质量。

（四）参照立地类型表

由于立地类型表是农业生产中的一个重要参考工具，它将各种立地条件以及这些条件对农作物生长的影响进行了详尽的分类和总结。立地类型表的出现体现了科学研究的精准性和系统性，它能在很大程度上帮助理解和分析地貌、土壤、水文和植被等多方面的调查数据。立地类型表详尽而精细的划分，将多种复杂因素进行了科学归类，这为全面理解农田的特性和需求提供了重要的帮助。更重要的是，立地类型表还能为科学、合理的种植策略提供实用的指导。它详细指出了在不同立地条件下，哪些农作物品种适宜种植，以及在种植过程中可能需要采取的管理措施。

举例来说，如果某一区域的土壤肥力较高，水分充足，那么根据立地类型表，可以在这样的地方选择种植对水分和养分需求较高的农作物。反之，如果某个地方偏干旱，土壤肥力较低，那么就需要在这样的地方选择种植耐旱、对养分需求较低的农作物。对于农业生产者来说，立地类型表可以帮助他们根据实际情况选择最适合的种植策略，从而使农作物的产量和质量达到最优。立地类型表的指导和运用，有助于实现农作物的高产和优质，还能够保证农作物的种植过程更加科学和有序，减少农业生产中的不必要的浪费，提高农业生产的效率。这样不仅能满足农作物的生长需求，还能为农田的合理利用提供科学的依据，达到农业生产的最佳效果。

第二节 农田基础设施

一、农田灌溉设施

（一）表面灌溉设施

表面灌溉设施是农田灌溉的传统方式，它的操作和管理较为简单，而且在一些特定的地理环境和气候条件下具有很高的适应性。表面灌溉设施包括渠道、堰坝、水闸等主要设备，这些设备组成了灌溉水的供应、分配和排放系统。渠道的设计和建设需要考虑水源、地形、土壤、作物等多个因素，目的是将水有效地输送到每一块农田。堰坝是水库和灌溉渠道的重要组成部分，它可以蓄水，用于干旱季节或需水量较大的时期。水闸是控制灌溉水流量和灌溉时间的关键设备，它可以根据作物的水分需求和天气条件调整灌溉流量的大小和灌溉时间。表面灌溉设施依赖于地形，尤其是利用地势高低进行重力灌溉。这种灌溉方式在一些地形复杂、地势高低差大的地区更为常见。它能够利用地理优势减少抽水设备的使用，节省能源，降低灌溉成本。然而，这种方式也有其局限性。例如，灌溉的均匀性和精准性较差，可能会造成水的浪费或农田的水肥不均。同时，表面灌溉设施需要配套防洪、排水设施，以应对气候变化和灾害风险。防洪设施包括堤坝、水库等，用于防止灾害性洪水对农田造成损害；排水设施则主要用于排除多余的降雨或灌溉水，保持土壤适宜的水分条件，防止盐渍化。

（二）喷灌设施

喷灌作为一种创新的高效灌溉手段，利用了先进的技术将水以高压方式分散到空气中，由此形成雨滴，而后降落到农田。喷灌模拟了自然降雨的过程，因此有人工降雨的称呼。无论是对于农业的发展，还是对于水资源的保护,喷灌都显得尤为重要。它提升了水的使用效率,缓解了水资源的压力,为现代农业发展提供了有力的支持。

在喷灌设施中,各部分设备都起着不可或缺的作用。具体包括喷头、管道,以及泵站等部分。这些设备的协同工作使得喷灌设施可以高效、准确地完成灌溉工作。喷头可以说是喷灌设施中的灵魂部件。它直接影响着喷灌设施的工作效果,负责将水以高压方式喷洒成雨滴,进而均匀覆盖在农田上。它的工作原理就像是大自然中的降雨过程,将水源化为微小的雨滴,然后均匀地落在农田上。管道则是喷灌设施中的运输部件,承担着输送水源的任务。它就像是农田的动脉,将生命之水源源不断地输送到每一块农田。没有了管道,喷灌设施就无法将水有效地输送到喷头,无法完成高效灌溉的任务。而泵站则是喷灌设施中的动力部件,为整个喷灌设施提供必要的压力,将水推送到喷头。没有足够的压力,喷头无法将水以高压的方式喷洒出去,自然也就不能形成模拟自然降雨的喷灌效果。

喷灌设施的优势在于它能有效提升水的利用率,减少水资源的浪费。它还具有灵活的特点,人们可以根据农田的实际情况,调整水的分散程度和喷洒范围,以此保证灌溉的均匀性,从而在保证农作物得到充足水分的同时,避免了因为灌溉过度而造成的水资源浪费。虽然喷灌设施有诸多优点,但其建设和运营成本较高,这主要是因为喷灌设施需要专业的设备和技术支持。比如,要安装专门的泵站设备,还要铺设复杂的管道网络,更不用说维护和调整这些设备的工作了,这些都需要花费大量的人力和物力。

(三)滴灌设施

滴灌被广泛认为是一种卓越的节水灌溉方式,其在农业领域中正日益受到重视。它在保证农作物充足的水分供给的同时,能够显著减少水资源的浪费。滴灌设施主要由滴头、供水管道以及过滤设备等部分构成。滴头是滴灌设施的关键部件,其功能在于将水以水滴的形式释放到土壤中，直接滋润作物的根部。这种方式不仅提供了作物生长所需的水分，而且因为水直接滴至作物根部，避免了大量水分的蒸发和流失，从而提升了灌溉水利用的效率。

供水管道在滴灌设施中也扮演着重要的角色，其主要职责是输送水源，将水从灌溉水源地输送到滴头，保证滴灌系统的正常运行。无论是在平原还是在山区，只要有供水管道，水就可以被输送到任何需要的地方，无须人工搬运，极大地节省了人力资源。此外，过滤设备也是一个重要的设备，它的职责在于处理灌溉水，保证水质，防止因为杂质等原因造成的滴头堵塞。这就使得滴灌设施能够在各种水源条件下都能正常工作，确保农田的灌溉需求得到满足。滴灌设施的设计和运营需要考虑多种因素，包括土壤类型、作物需求以及气候条件等。对于不同的土壤类型，如沙质土壤、黏土、壤土等，其对水分的需求和吸收能力都是不同的。因此，滴灌设施必须选择适合的滴头，还需要调整适宜的滴灌频率和量，以便能有效满足作物的水分需求，减少水分的蒸发和流失。虽然滴灌设施的初始投资成本相对较高，但是其运营成本和维护成本相对较低，这主要是因为滴灌设施的使用大大节省了水资源，而且减少了因为浇水不均造成的水资源浪费。长期来看，滴灌设施无疑能够带来显著的经济效益。

（四）地下灌溉设施

地下灌溉这一灌溉方式把水直接输送到土壤下层，深受农业领域人士的喜爱。其使用的主要设备包括微灌管、灌溉带以及灌溉软管等。这些设备共同形成了一个连贯的系统。在所有设备中，微灌管与灌溉带负责将水输送到土壤下层的关键任务。水被从水源处引入微灌管，然后通过灌溉带输送到土壤下层，精确滴入作物的根部。这一精心设计的流程，使得水分能够被准确地送到作物所需的位置，极大地提高了灌溉的效率和精确性。灌溉软管在这一系统中也扮演着重要角色，它用于连接微灌管和灌溉带，从而构成完整的灌溉系统。无论是平地还是斜坡，只需通过灌溉软管就能把水精确输送到需要的地方，避免了人工灌溉的辛劳，而且准确度也远超传统的灌溉方式。

地下灌溉设施因其高效和精准而著称，它能够根据作物的生长状况和土壤条件，精确控制灌溉的时机和水量。这样既可以避免因灌溉不足而导致的作物生长受限，也可以防止因灌溉过量造成的水资源浪费。这种高效和精准的灌溉方式，是地下灌溉设施在农业领域中广受欢迎的重要原因。另外，地下灌溉设施将水直接输送到土壤下层，大大减少了水分在地表的蒸发和流失，极大地提高了水的使用效率。这对于水资源稀缺的地区进行农业生产具有重要的意义。

不可否认的一点是，地下灌溉设施的建设和运营需要专业的设备和技术。例如，微灌管、灌溉带和灌溉软管的制作和安装，都需要具有专业知识的技术人员进行。此外，地下灌溉设施的运行可能会受到土壤类型和地下水位的影响，如在沙质土壤和黏土中，地下灌溉设施的运行方式和效果会有所不同。使用地下灌溉设施还需要密切关注土壤的盐分含量。盐分含量过高可能会导致土壤结构破坏，对作物的生长产生不良影响。因此，在使用地下灌溉设施时，人们需要定期对土壤的盐分含量进行检测，并根据检测结果调整灌溉策略。尽管地下灌溉设施在使用中存在一些需要注意的问题，但是只要妥善解决这些问题，地下灌溉设施无疑能够在农业生产中发挥重要的作用。精确的灌溉方式、高效的水资源利用率，以及对不同土壤条件的适应性，都使得地下灌溉设施成为现代农业中不可或缺的灌溉工具。

二、农田排水设施

（一）排水沟

排水沟是农田排水设施的重要组成部分，负责将农田中的过量水分导出，防止农田积水对农作物的不利影响。开放式沟渠和地下排水管线是排水沟的两种常见形式。开放式沟渠结构简单，能直接接收并排放田地表面的积水，对于大面积的农田，特别是降雨丰富的区域，这种排水方式直接有效，极大地降低了农作物因积水而引发的病虫害。然而，开放式沟渠也存在一些问题，如容易受到风化、侵蚀等自然因素的影响，沟渠内的泥土可能被雨水冲刷，需要定期进行疏通和整修。与开放式沟渠相比，地下排水管线更像是农田下的一张排水网。这种隐形的排水网络将田地下的过量水分汇集到一起，通过管线将水引出，防止土壤酸化和农作物根部呼吸困难，以此维护农田的生态环境和促进农作物的生长。地下排水管线的设计更加考究，需要根据地形、土质、作物种植情况等因素进行科学规划，以保证排水效率。而且，这种方式对农田的破坏性小，更加环保。

（二）泵 站

泵站与农田排水系统的关系非常紧密，因为它是农田排水设施的重要组成部分，尤其对于地势较低或水文条件复杂的地区，泵站的作用尤为显著。泵站能够人工控制水的流向和流量，将农田的积水有计划、有节制地排出，达到快速降低农田水位、防止积水和涝害的目的。这种防涝排水功能在某些特殊情况下，如暴雨或洪水，会发挥至关重要的作用，从而保护农田免受水灾的影响。不可否认的是，泵站的建设和运行并非简单的工程，而是需要根据地形、气候、作物需求等多种因素进行综合考虑的复杂项目。地形因素决定了泵站的位置和建设规模；气候因素则决定了泵站的运行模式和排水能力；作物需求因素则决定了泵站的排水标准和频率。例如，对于雨水丰富的地区，可能需要设置更多的泵站和更大的排水能力，以确保雨季期间农田的排水需求。而对于旱季较长的地区，则需要考虑泵站的分布问题，避免因排水设施闲置带来的浪费。

（三）闸门和涵洞

闸门负责调节农田内的水流，具有控制水流量和水流向的功能。通过精确的控制系统，闸门可以实现对农田排水的精确调节和控制，使得农田内的水流能够按照预定的方式进行。涵洞则主要负责连接农田内的水系，使得水能够顺利地从一个地方流向另一个地方，起到"桥梁"的作用。具体而言，在农田排水设施中，闸门和涵洞都起着至关重要的作用。它们的设计和运行需要考虑地理环境和农田需求。例如，在地形复杂或交通条件要求高的地方，涵洞的设置尤为关键。因为它既要保证农田内的水流畅通，又要保证农田的地面交通。这种矛盾在设计和建设过程中需要得到妥善的处理，以实现农田排水和地面交通之间的平衡。

（四）过滤设施

在农田排水设施中，过滤设施具有不可替代的作用。设想一下，如果沟渠或管线中的固体杂质没有被及时清除，那么就有可能会阻塞整个排水系统，从而影响其正常运行。因此，设置过滤设施以过滤这些杂质就显得尤为重要。过滤设施能够有效地阻止杂质进入排水系统，减少管线堵塞的风险，从而延长排水设施的使用寿命。过滤设施的设计和实施需要根据具体的农田环境和排水需求进行。过滤设施需要设置在合适的位置，通常是在排水系统的入口处，以便于及时捕获和处理进入排水系统的杂质。过滤设施的大小和形状也需要根据实际情况来定制，以达到最佳的过滤效果。另外，过滤设施的清洁和维护也是非常重要的。过滤设施需要定期进行清洗和更换，以保持其良好的运行状态。过滤设施不仅能够过滤掉杂质，还可以对水中的有害物质进行处理。这是因为水中可能会含有各种各样的有害物质，如农药化肥残留、重金属等。如果这些有害物质没有被及时处理，就会对农田环境和水源造成污染，影响农田产出的农产品的质量安全。因此，过滤设施可以通过吸附、沉淀、分解等方式,对水中的有害物质进行处理,从而进一步保护农田环境和水源,使农田产出的农产品更加安全、健康。

三、农田交通设施

(一)田间道路

田间道路是农田交通设施的基础和主干,具有重要作用。它像农田的"血脉"一样,将田间的各个角落紧密地联系在一起。田间道路的存在不仅方便了农业机械的通行,使得耕作、施肥、收割等一系列农业操作得以顺利进行,也使得农户的日常生活更为便捷,如出行、采购、交流等都得以顺畅。同时,农产品从田间到餐桌,无疑离不开在一条条田间道路上的运输。而随着农业现代化步伐的不断加快,农田的规模也在不断扩大,一条条宽阔、坚固的田间道路对于农田运输的作用越来越显著。田间道路可以有各种不同的规划和布局,其设计要根据农田的实际大小和地形特点尽量满足农田交通的需要。农田的地形特点决定了田间道路的形状和规模。比如,在地势平坦的农田中,可以规划直线或网格形的田间道路;而在地势较为复杂的山地农田中,则需要规划曲线或蜿蜒的田间道路,以适应地形变化。无论是直线的、弯曲的还是交错的田间道路,都需要根据土地条件、作物种植情况、农业机械使用情况等多方面的因素进行设计和规划,以便最大限度地满足农田交通的需要,也要保障农田的最大利用率和农作物的最优生长条件。

(二)桥 梁

在农田交通设施中,桥梁具有举足轻重的地位。因为受到地理环境和气候条件等各种因素的影响,沟渠、溪流等频繁地将田地划分成若干部分。在这种情况下,桥梁就起到了便利交通的作用,它连接了田地的两侧,确保农田内部与外部的交通通畅。无论是简单的木质桥梁,还是由钢铁和混凝土构成的坚固桥梁，它们都充当着连接田地、便利行人和车辆通行的关键角色。桥梁为农田的日常运作提供了基础设施支持，使得农民可以顺畅地进行农事活动。它也保证了农产品从田间到市场的顺利运输，构建了实现农产品价值的重要通道。

设计和建设桥梁的过程，需要综合考虑地形、水体宽度、交通需求等众多因素。在此基础上，设计师要寻求在保证桥梁通行性的同时确保其安全性和耐用性。例如，在确定桥梁的材质和设计时，不能忽视桥梁所处的环境条件。这些条件包括温度、湿度、土质等，它们都直接影响桥梁的稳定性和耐久性。同样，桥梁的类型和规模也是一个需要细致考虑的问题。桥梁的使用需求，如通行的车辆类型和数量，将决定桥梁的类型和规模。只有这样，桥梁才能满足人们的使用需求，保证交通的通行性。

（三）装卸区

丰收季节的到来，农产品的运输量会有明显的增长，这就给运输带来了较大的挑战。为了应对这种挑战，农田就需要设立专门的装卸区，确保农产品能够快速、高效地运输到市场。装卸区的存在大大降低了农产品运输的时间成本，提升了运输效率。装卸区通常位于靠近主要道路或收购站的地方，这样的位置能为农户的农产品运输提供便利，有效提高运输效率。同时，这也能减少农产品在运输过程中的损失，保证农产品的完好。

在设计和规划装卸区时，要充分考虑到农田的实际情况和运输需求。例如，农田的面积大小、地形特点、作物类型等，都会对装卸区的设计产生影响。对于这些因素的充分考虑，能使装卸区更好地适应农田的实际需要。而且，装卸区的规模和设施也需要根据农田的运输需求进行规划。不同规模的农田，其运输需求也会有所不同。大规模的农田由于农产品的运输量较大，需要设置多个装卸区，并配备相应的装卸设备，以满足大规模农产品的装卸需求。这样，无论是谷物、蔬菜还是水果，都能够高效装卸，保证其迅速上市。而对于小规模的农田，由于其农产品的运输量相对较小，有的只需要设置一个简单的装卸区就可以满足基本的装卸需求。这个装卸区可以是一个开阔的空地，有足够的空间供车辆进出以及装卸农产品。

（四）停车区

在现代农业生产中，停车区在农田交通设施中占据重要的位置。它的主要功能是为农业机械和其他各类车辆提供停放的场所。由于农业的现代化和机械化趋势，农田中使用的农业机械数量持续增加，这也就意味着需要一个专门的区域，即停车区，对这些农业机械进行停放和管理。农业机械为农田的运营带来了高效率，也带来了一定的管理问题。为了解决这些问题，农户通常会在农田的一侧或附近设立停车区。这样的位置一方面能保证农田的正常运营不受农业机械停放的干扰，另一方面也能有效减少农田内部的交通压力，提高农田的使用效率。

设立专门的停车区还有利于农业机械的管理和维护工作。农业机械的正常使用和维护，对于农田的生产效率和农作物的产量有着重要的影响。集中停放农业机械，可以方便地进行定期的检查和保养，预防故障的发生，确保农业机械的正常运行，从而提高农田的生产效率。农户在设计和规划停车区时，需要充分考虑农田的实际大小、农业机械的数量和规模，以及停车需求等因素。停车区的大小应根据农业机械的数量和规模进行合理规划，保证有足够的空间供所有农业机械停放。同时，农户还需要考虑农业机械的进出方向和路径，避免交通拥堵，保证农业机械的顺畅进出。另外，为了提高停车区的利用率，农户也可以将停车区设计为多功能区域，如在停车区内设立维修区域，以方便农业机械的维护和修理；或设立充电区域，以适应电动农业机械的使用需求。这样不仅能提供足够的停车空间，还能提高农田的整体使用效率，提升农业生产的现代化水平。

四、农田土地保护设施

（一）护坡设施

草皮护坡、石笼护坡、生态护坡作为农田保护设施，都以其独特的方式维护农田边缘坡度，减轻雨水冲刷对土壤的侵蚀，保持土壤稳定。草皮护坡采用自然的植物覆盖来减缓水流的速度，利用植物根系对土壤的稳定作用防止土壤流失。这种方式需要选择生长力强、抗逆性好的草种，且需要持续管理，以确保草皮健康、稠密，起到较好的保护效果。而石笼护坡则利用特定的石材，堆叠构建坚固的护坡结构，形成硬质防护屏障。这种方式对地形要求高，需要专业的设计和施工，并且耗资较大，但其稳定性和耐久性非常好，尤其适合地势陡峭、土壤疏松的地区。最后，生态护坡结合前两者的优点，不仅关注坡面的防护，还考虑生态环境的改善。它通常利用多种植被，包括树木、灌木和草皮等，形成多层次、多功能的防护网络。这种方式具有良好的生态效益，既可以防止土壤侵蚀，又有利于提高生物多样性，优化微生态环境，丰富农田景观。

（二）防蚀设施

农田是农业生产的根基，而防蚀设施正是维护这片土地的重要保障。防蚀设施可以有效地抵御风力和水力对土壤的侵蚀，保护农田的生产力。具体而言，其中的一种设施是横向沟渠。横向沟渠的设立，主要是为了实现导流的功能，即将积聚的雨水迅速排走，阻止雨水对土壤的冲刷和浸泡。这种方式对设计和施工的专业性要求较高，同时，为了确保正常运作，沟渠设施需要定期进行检修和维护，保证沟渠畅通无阻，避免因堵塞导致雨水积聚。防蚀垄是防蚀设施中的另一种方式。它利用土壤自身构建防护屏障，通过垄脊的形成，提高土壤表面的粗糙度，降低风力和水流对土壤的侵蚀力度。这种方式的优点是简单易行、适用性强。然而，垄脊的高度和间距需要根据具体的地形和土壤情况进行精准调整，以便更好地发挥防蚀作用。

除了以上两种防蚀设施，刺槐隔离带也是防止土壤侵蚀的有效手段。这种方式是利用刺槐的生命力以及其对风沙的阻隔效果，防止土壤被侵蚀。刺槐生长迅速，根系发达，可以紧紧地抓住土壤，使其不易被风沙带走，从而稳定土壤，同时它对风沙的阻隔效果极佳，可以防止风沙对土壤的侵蚀。这种方式在风沙地区效果十分显著，但是需要耗费一定的时间和精力进行植树和护林工作。这三种方式都是对抗风力和水力对农田土壤侵蚀的有力武器。它们各有所长，各有适用的环境和条件，但共同的目标都是保护农田。只有保护好土壤，农业生产才能持续、稳定地进行，农产品的产量和质量也就能得到保证。

（三）农田防护林

农田防护林担负着减轻风力、防止沙化，以及改善微气候等多重任务。被誉为"绿色屏障"的防护林，有效地守护着农田的安全和农作物的生长。然而，这是一项需要长期投入和精心策划的工程，每一个步骤都需要谨慎对待，从树种的选择到种植规划，再到后期的管理，每一步都影响着防护林的效果。

树种的选择是首要考虑的问题。因为每一种树都有自己独特的生长特性，如耐旱、耐寒、生长速度，以及抵抗病虫害的能力等，都是选树种时必须考虑的因素。选对了树种，就为防护林的长期健康发展打下了基础。此外，树种对于当地生态环境的适应性和影响力也必须考虑在内，合适的树种能够和周围环境和谐共处，发挥出较大的生态效益。而且，防护林的规模、形状和树行间距等因素也是决定防护林效果的重要部分。例如，防护林的规模决定了其可以保护的区域大小，形状则可以根据地形和风向进行设计，以达到较好的防护效果。树行间距的合理设计可以保证树木的生长空间，也可以在满足防护功能的同时较大限度地节约土地和资源。至于种植防护林后的管理工作，比如定期的修剪、疏枝，以及病虫害的防治等，这些都是为了保证防护林的健康成长，使其能持续发挥防护作用。任何一棵树都需要充足的光照和空气才能健康成长，所以修剪和疏枝就变得尤为重要，它们可以使树木更好地接受阳光，吸收空气，从而更好地生长。同时，防治病虫害也是为防护林的生长提供保障，避免由于病虫害的侵扰影响防护林的防护效果。

（四）土壤改良剂

农田的土壤，就如同人体的血液，是农业生产的生命线。然而，随着长期的农业生产和自然环境的影响，土壤贫瘠和退化问题日益突出，对农业生产形成了严重的威胁。对此，科学家们研究出了一系列的土壤改良剂，如有机肥料、石灰等，为解决这个问题提供了有效的方法。这些土壤改良剂通过向土壤中添加必要的营养元素，能够显著提升土壤的肥力，改善其物理和化学性质，使其更加适合作物的生长。此外，通过改善土壤的环境，这些土壤改良剂还可以恢复和保护土壤生态系统的健康，从而形成一个良好的农田生态环境。需要注意的是，这些土壤改良剂并非简单的"一刀切"。农田的土壤类型、养分含量、pH 等特性，以及作物的生长需求等因素，都需要在选择和使用土壤改良剂时加以考虑。举例来说，对于含有较多酸性物质的土壤，可能需要使用石灰等碱性的改良剂来中和酸碱度；而对于养分较少的土壤，则需要添加有机肥料等肥力较高的改良剂。这就需要根据实际情况，科学决定改良剂的种类和用量。

不可否认，在使用这些土壤改良剂的过程中，对土壤的持续监测和分析是极为重要的。只有了解了土壤的实际状况，才能制订有针对性的施肥方案，确保每一种改良剂都能在合适的时间、合适的地点，以合适的方式发挥效用。土壤改良并非一次性的工作，而是需要长期、持续努力。即使已经使用了改良剂，也需要定期对土壤进行检测，根据土壤状况的变化适时调整施肥方案，以确保土壤始终保持良好的肥力。可以说，只有在科学、合理地使用土壤改良剂的前提下，才能充分发挥其改善土壤贫瘠、防止土壤退化、提升农田产量的效果。这既需要农业工作者的悉心管理，也需要科研人员的深入研究，还需要政策的支持和社会的关注。只有大家共同努力，才能真正解决土壤贫瘠和退化问题，提升我国农业生产的效率和效益。

第三章　耕地地力调查评价的内容与方法

第一节　准备工作

一、组织准备

（一）成立领导小组

领导小组是一个由各相关单位主要领导组成的团队，这些单位包括农业、财政、工商、技术监督、各乡镇等。领导小组的主要职责是强化项目的组织实施、协调指导和监督检查工作。领导小组对于测土配方施肥项目至关重要，它不仅可以为项目提供行政支持和领导，还可以确保各相关单位的协调和合作。项目的成功实施很大程度上依赖于这些单位之间的良好协调和高效运作。通过强化领导力度，领导小组可以推动项目的实施，确保项目按照既定的时间表和预期的质量标准进行。如果在项目实施过程中出现问题，领导小组可以迅速调动资源，解决问题，以避免对项目进度产生不利影响。协调指导是领导小组的另一个重要职责。

项目在实施过程中，可能会出现各种不可预见的问题和挑战。领导小组通过有效的协调和指导，可以帮助项目组解决这些问题，顺利推进项目的实施。监督检查工作是保证项目质量的关键。领导小组通过定期的监督和检查，可以确保项目的实施质量，发现并解决存在的问题，保证项目的成功完成。

（二）建立专家技术顾问组

专家技术顾问组的组建是为了满足项目执行中的技术需求，提供专业的建议和指导。通常专家技术顾问组由主管局长担任组长，组员主要是土肥站及农业农村局相关科站的技术骨干。这个团队的专业性非常强，他们在土壤肥力方面有着丰富的知识和实践经验。

专家技术顾问组的首要职责是制订技术方案。他们需要针对项目的具体情况，结合他们的专业知识和经验，设计出一套适合的技术方案。这个方案应包括实地调查的方法、数据收集和分析的方法，以及后期的处理和评估方案。此外，专家技术顾问组还要负责组织技术培训，要将自己的专业知识传授给项目组成员，让他们掌握必要的技术和方法，以确保项目的顺利进行。专家技术顾问组的另一个主要职责是技术指导。专家技术顾问组要在项目执行过程中提供必要的技术支持和帮助。如果在执行过程中出现了技术问题，专家技术顾问组要及时出面，提供解决方案，保证技术措施的正确实施。

（三）组建野外调查采样队伍

野外调查采样队伍是在实际田地中进行土壤采样，以获取评价的基础数据。这些基础数据对整个评价结果起着至关重要的作用。野外调查采样队伍的组成人员需要具备丰富的实地工作经验和专业的技术知识，以便在田地中准确地选取和处理样品。他们负责执行基础采样工作，对土壤的理化性质进行初步分析，提供精确的数据，这些数据是耕地地力评价和配方施肥的依据。

　　为了确保野外调查及采样工作的质量，野外调查采样队伍需要配备一系列专业的设备。专门的交通工具是他们走访各家田地的必备设备，可以确保他们能在任何情况下迅速并安全地抵达采样地点。GPS 定位仪是另一个重要的设备，用于在野外进行精准的地理定位，帮助他们找到正确的采样点，并记录下每个样品的具体位置。这对于后期的数据分析和评价具有重要的意义。他们还需要携带专业的采样工具和调查表。采样工具保证了土壤样品能被正确和完整地取出，不会影响土壤样品的代表性。调查表则是记录采样地点、样品的基本情况以及初步分析结果的工具。野外调查采样队伍的准备工作虽然看似琐碎，却是决定整个评价工作成败的关键因素。他们的工作准确性不仅关系评价结果的准确性，更决定着耕地地力调查评价工作的科学性和可信度。

二、物资准备

（一）地理信息收集和野外调查工具

　　在耕地地力调查评价的工作中，确保准确性和高效性的关键之一在于准备充足的物质资源，其中包括地理信息收集和野外调查工具。其中，购置手持 GPS 定位仪是为了获取精准的地理位置信息。在现场采样过程中，准确的定位至关重要，这是因为地理位置是识别采样点、后续数据分析和研究的重要依据。手持 GPS 定位仪具有携带方便、操作简单等优点，可以帮助工作人员快速获取采样点的精确位置信息。

　　地理信息系统软件是现代地理信息收集不可或缺的工具，它可以有效地处理、分析和展示地理信息，以支持决策。在耕地地力调查评价中，地理信息系统软件可以用于建立耕地数据库，支持空间分析，帮助工作人员更好地理解土地资源的分布和地力状况。印制野外调查表也是物资准备的重要环节。野外调查表是记录采样点信息、样品状态、采样时间等重要信息的工具。有了这些信息，工作人员就可以对采样点进行跟踪，为后续的分析和评价提供数据支持。采购采样工具及样品袋是野外调查工作的基础。采样工具可以帮助工作人员方便快捷地获取土壤样品，而样品袋则用于存储和运输样品，防止样品在运输过程中发生污染。

（二）化验设备和试验工具

为了进行有效的土壤化验和田间试验，项目方对化验室应进行更新改造，并购置新的化验仪器设备及化学试剂、器皿，还应购置田间试验所需的工具和试验肥料。这是因为，要想对耕地地力做出准确的评估，离不开详细且精确的土壤化验和田间试验。其中，更新和改造化验室是提升化验准确性和效率的必要条件。化验室的环境和设备状态对化验结果的准确性有直接影响。适当的空间布局、恰当的室内环境和先进的设备，都能提高化验的精确度和效率。

购置新的化验仪器设备，如光谱仪、气相色谱仪、电子天平等，是为了对土壤样品进行更精确的分析。这些设备可以帮助工作人员准确测量土壤中的不同成分，包括有机质、矿物质、微生物等，从而全面了解土壤的质地、肥力、酸碱度等属性。采购化学试剂和器皿也是必要的。合适的化学试剂和器皿能确保化验过程的顺利进行，且不会引入额外的误差。这些试剂和器皿应符合相关标准，避免因质量问题影响化验结果。购置田间试验所需的工具和试验肥料是为了在实地环境中对不同施肥方案进行效果验证。具备这些工具和试验肥料，就能在田间对不同的土壤改良方案进行实证研究，从而得出更具操作性和适应性的改良建议。

三、技术准备

（一）建立评价体系和数据库

建立一个全面、准确的评价体系是评价耕地地力的基础。评价体系包括耕地类型区、耕地地力等级及耕地质量等多个方面。耕地类型区的设定有助于把握各类耕地的分布和特征，理解其生态环境和农业生产条件。耕地地力等级的划分是衡量耕地生产能力的重要依据，可以反映土地的肥力、物理条件、水分条件等对农作物生产的影响。而耕地质量则从更宽泛的角度，包括生态、环境、经济等多个方面评价耕地。这样的评价体系既全面又深入，有助于科学、客观地评价耕地地力。在收集和分析大量的数据时，建立 GIS（地理信息系统）支持的耕地资源基础数据库是非常必要的。这种数据库可以集中存储、管理和分析各种数据，包括土壤性质、耕地分布、农业生产情况等。数据库的建立不仅方便了数据的整理和查询，而且有助于深入挖掘数据的价值，能够进行多维度、多角度的分析。这对于解决耕地地力的问题，推动农业可持续发展具有重要的意义。

（二）制订采样与试验方案

关于采样方案的制订，该任务依赖于多种图像资源的集合，如土壤图和土地利用图。这些图的叠加分析可以确定用于评价的单元。另外，调查人员可以参照已有的土壤普查采样点进行综合分析，以确定调查和采样点的具体位置。这样的方法不仅可以确保采样的准确性，也能有效提高采样的效率。试验方案的制订应参考原农业部印发的《测土配方施肥技术规范（2011 年修订版）》。根据这一规范，调查人员可以制订农作物田间肥效试验及田间示范实施方案。同时，考虑到地力水平的差异，调查人员需要在高、中、低三个地力水平上确定试验地块。这样的试验方案设计可以保证试验的科学性和有效性，从而获得更可靠的试验结果。这样的采样与试验方案不仅能够满足科研工作的需要，也能够有效地保证耕地地力调查评价工作的准确性和科学性。因此，对于整个调查评价工作而言，制订采样与试验方案是至关重要的一环。

四、资料准备

（一）土地和土壤相关资料

区域土地利用现状图能呈现出特定地区土地的实际应用情况，包括耕地、林地、草地、建设用地等的分布情况，为地力评价提供实际的土地使用背景。第二次土壤普查成果图件则提供了大量有关土壤质量和特性的信息，如土壤的理化性质、营养含量以及重金属污染等状况，为土壤地力评价提供了丰富的基础数据。第二次土壤普查基础资料包含土壤类型、分布、性状、肥力状况等信息，这些都是衡量土壤地力的重要指标，是进行地力评价的必要数据。土地详查资料提供了更具体的土地使用情况和土壤条件，如土地的产权状况、土壤的厚度、地下水的状况等，这些具体的信息可以使地力评价更加精确和细致。这些资料为地力调查评价提供了全面、详尽和准确的数据支持，为评价结果的准确性和科学性提供了保障。因此，无论是进行调查、评价，还是制定土壤改良和提高地力的策略，这些土地和土壤相关的资料都是至关重要的参考。

（二）农业生产和统计资料

在准备进行耕地地力调查评价时，农业生产和统计资料是不可或缺的重要资料。这类资料为分析农作物的种植分布、生产力和土壤变化提供了数据基础，对地力评价有着深远的影响。农作物布局资料为明确当前区域内各类农作物的种植范围与比例提供了翔实的数据。各种农作物对土壤地力的需求和影响不尽相同，因此了解现行的农作物种植布局可以对评估耕地的实际地力状况起到关键作用。近几年农业生产统计年报则提供了农作物种植面积、产量、产值等详细数据，反映出耕地在农业生产中的实际表现和潜力。通过分析近年来的生产数据，调查人员可以进一步了解和评估耕地地力的水平。土壤监测等其他相关资料则提供了耕地土壤条件的长期变化情况，如营养元素的变动、土壤污染状况的演变等，这些信息有助于了解耕地地力的历史变迁，评估土壤的健康状况和提升土壤地力的可能性。这些农业生产和统计资料为评估耕地地力提供了全方位的视角和多角度的数据，为科学、准确的耕地地力调查评价提供了基础，也有助于未来有针对性的农业生产策略的制定和执行。

第二节　室内研究

一、确定采样点位

（一）布点原则

在耕地地力调查评价的过程中，确定采样点位是一个至关重要的步骤，这一步骤所遵循的原则决定了调查结果的准确性和有效性。其中，布点应具有广泛的代表性和均匀性，这是布点原则的基础。这意味着采样点位应覆盖整个评价区域，从而尽可能全面地获取和了解该区域内的土壤地力状况。在空间上分布均匀可以避免由于偏斜布点导致的结果偏误，这对确保评价结果的公正性和准确性至关重要。

另一原则是考虑在第二次土壤普查的取样点上布点，这样可以通过比较新旧数据，分析出土壤地力的动态变化，从而为未来的农业生产决策提供更准确的依据。采集样品需要具有典型性，反映所在评价单元的特征最明显、稳定、典型的性质，这样能够确保评价结果准确地反映出该区域的真实状况。非调查因素的影响，如突发性的自然事件，应尽量避免。这样可以确保评价结果的稳定性和可靠性。最后，布点和采样必须由省、市技术组及农业生产专业技术人员提供技术支持。这是因为这些人员对土壤地力有深入的理解和丰富的实践经验，能够有效地指导采样点位的确定，保证采样的科学性和准确性。

（二）布点方法

一般情况下，按照规定，大田每100亩布置一个采样点。这样做的目的是尽可能全面、均匀地覆盖评价区域，确保所采集的样品能够充分地代表该区域的土壤地力状况。同时，所有采样点都应在图上标注编号。这样可以方便后期数据分析时对采样点进行快速、准确的定位，对应相应的样品信息，提高工作效率。编号的方法可以按照地域、类型、顺序等方式进行，只要保证唯一性和明确性即可。在实际进行布点时，调查人员应细致考虑点位的均匀性。这意味着采样点之间的距离应尽量相等，以防止出现数据集中或疏漏的情况。点位的均匀性能够有效地减小由采样误差引起的结果偏差，从而提高耕地地力评价的准确性。值得注意的是，虽然有一定的布点规范，但因地制宜的原则仍然适用。根据具体的地形、土壤类型、作物种植状况等实地情况，调查人员有时需要对布点方案进行适当的调整，以确保采样的典型性和代表性。这样既能满足规定的要求，又能针对具体情况做出最佳选择。

二、确定采样方法

（一）采样时机的确定

调查人员在进行土壤采样时，一般选择在作物收获前后，秋冬施肥前进行。这个时机的选择主要基于两个方面考虑：一是在收获后，作物已经不再吸收土壤中的养分，此时的土壤养分状况可以比较真实地反映土壤的养分储备水平。二是在秋冬施肥前，土壤中尚未加入新的肥料，这样可以避免肥料对土壤测试结果的干扰，使得测试结果更为准确。

调查人员在采样过程中使用GPS定位仪可以准确地找到预定的采样点。他们在已确定的采样地块上进行现场调查，实地了解土壤质地、土壤湿度、作物生长状况等情况，并根据调查表格的内容进行逐项填写。

这种记录方式可以保证数据的准确性和完整性。需要特别强调的是，无论何种情况，采样地点必须严格遵循预定的采样点位。这样做的目的是确保采集的样品具有典型性和代表性，能够准确地反映所在评价单元的土壤地力情况，为后续的数据分析和评价提供准确的基础信息。

（二）采样方法和工具的选择

关于采样深度，一般的采样深度设定为 0～0.2 米，这是因为绝大部分作物的根系主要分布在这个深度范围内，这个深度的土壤样品可以更好地反映耕地的养分状况。在这里采样方法的选择也至关重要，如"X"法、"S"法或棋盘法等。这些方法可以保证采样的随机性和覆盖性，使得所取得的样品能全面、客观地代表整个田块的土壤状况。在田块中，调查人员要均匀随机地选择 15～20 个采样点进行取样。

采样工具的选择同样必须考虑。工具包括木铲、竹铲、塑料铲、不锈钢土钻、坏刀等，用以适应不同的土壤类型和土壤状态。采集的样品需充分混合后采用四分法取出约 1 千克样品。每袋土样在装袋时需填写两张标签，内外各一。这样做是为了防止标签丢失或损坏，从而影响样品的识别。标签内容主要包括样品的野外编号、采样深度、采样地点、采样时间、采样人等，这些信息有助于后续的样品追溯和分析工作。

三、确定调查内容

（一）立地条件

对于立地条件，这部分的调查内容主要涉及地理位置、土壤状况、地形以及地下水相关的信息。经纬度信息能够准确标定样品的地理位置，这对于后续的样品比较、GIS（地理信息系统）分析以及样品的长期跟踪研究具有重要意义。海拔高度信息则可以反映该地区的大气条件，这对于理解该地区的气候条件、作物生长情况有重要的参考价值。土壤名称是描述土壤的一种基本方式，它反映了土壤的形成环境、形成过程、成分和性质等信息。这对于了解和评价耕地地力具有十分重要的作用。地貌类型和地形部位则是描述土地表面形态特征的基本信息，这些信息能够反映土壤形成、发育以及变化的环境条件，对于土壤功能的评价和土壤管理具有重要意义。坡度信息对于了解土壤侵蚀、农田水土保持以及农业生产活动的布局等方面都具有重要作用。潜水埋深以及潜水水质等信息则与地下水相关，这部分信息对于了解和评价地下水的质量、地下水的利用以及地下水对土壤以及农业生产的影响等方面具有重要的意义。

（二）土壤属性

土壤质地指的是土壤中沙、粉沙、黏土等微观组分的比例，它是评价土壤孔隙性、通气性、保水性以及营养物质吸附能力等物理性质的重要指标。不同的土壤质地对于农作物的生长环境影响大不相同，因此，对土壤质地的准确测定和评价对于科学地评价耕地地力具有至关重要的作用。土体构型是土壤的形态特征，它是土壤物理性质和土壤生态环境的重要指标。耕层厚度是指表土的厚度，它直接影响农作物根系的分布和生长，进而影响作物的产量和质量。障碍层厚度及出现深度则与土壤排水性、通气性、根系扩展等方面的问题密切相关，不利的障碍层会限制作物的生长和发育。盐碱情况是指土壤中可溶盐和碱性物质的含量，这些物质过多或过少都会影响土壤的化学环境，进而影响农作物的生长。对盐碱情况的调查，可以帮助研究人员了解土壤的盐碱状况，对于土壤改良和农业生产管理具有重要意义。

（三）农田设施与生产性能管理

对农田设施与生产性能管理的调查，对于了解耕地的实际生产条件和农户的生产管理情况有着重要的作用，从而为评估耕地地力提供更全面的信息。农田设施调查是对农田基础设施的考察，如地面平整度、灌溉水源类型、输水方式、灌溉次数、年灌水量、灌溉保证率和排涝能力等。地面平整度是衡量土地开垦程度和土地利用效率的一个重要指标。灌溉设施是农田生产的重要保障，与灌溉设施相关的情况包括灌溉水源类型、输水方式以及灌溉次数等信息，这些信息可以反映农田的灌溉条件，进而影响耕地地力的评估。排涝能力则影响着土地的水分管理和作物生长状况。生产性能管理调查是对农户生产管理状况的考察，包括家庭人口、耕地面积、施肥情况、农药费用以及产品销售和收入等情况。这些信息可以反映农户的经营管理水平，以及农田的生产潜力和经济效益。例如，施肥情况可以反映土地肥力管理水平；农药费用则可以体现出农田的植保情况；产品销售和收入情况则可以反映农田的经济效益。

四、确定分析项目与分析方法

（一）物理性状的分析

在耕地地力调查评价的室内研究中，对土壤的物理性状分析占据重要的位置，尤其是土壤容重的测定，可以从物理属性上对土壤的质地和适宜性进行评估。土壤容重是指单位体积的土壤的重量，包括土壤固体部分和土壤孔隙中的水分和空气。其反映了土壤的紧实度，也影响着水分、空气的流动性和根系的生长。一般来说，土壤容重越小，土壤的孔隙度就越大，对作物生长更有利。在室内分析时，土壤容重的测定主要采用环刀法。环刀法是一种常用也非常准确的土壤容重测定方法，通过在田间获取固定体积的土壤样品，再在实验室中测定其质量，从而得出土壤容重的值。因为环刀法获取的土壤样品体积是固定的，因此可以有效避免体积测量误差，提高测定的准确度。

（二）化学性状分析

化学性状主要包括土壤的 pH、有机质、有效磷、速效钾、全氮、缓效钾以及有效性铜、锌、铁、锰等微量元素。此外，土壤中的水溶性硼和有效态硫也要进行测定。这些元素和指标都是决定土壤肥力及作物生长的重要因素。具体的测定方法如下。

pH 通常通过玻璃电极法来测定，这是一种准确、快速的测定土壤酸碱度的方法；有机质的测定则通常使用重铬酸钾—硫酸溶液—油溶法；有效磷的测定使用的是碳酸氢钠提取—钼锑抗比色法；速效钾则是通过乙酸铵提取—火焰光度法进行测定；全氮的测定方法为半微量凯氏法；缓效钾则采用硝酸提取—火焰光度法；对于微量元素，如有效性铜、锌、铁、锰的测定，通常采用 DTPA 提取—原子吸收光谱法；土壤中的水溶性硼通常通过甲亚胺—H 比色法测定；有效态硫的测定方法为氯化钙浸提—硫酸钡比浊法。

以上这些物理性状和化学性状的测定，可以对耕地的地力状况进行全面、深入的理解和评估。这样不仅能了解土壤的基础肥力状况，还能为后续的地力改良提供依据，有助于更精细、个性化地管理农田，提高农业生产的效率和经济效益。

五、确定技术路线

（一）确立各级耕地类型区及耕地地力等级体系

一个技术路线的核心在于确定各级耕地类型区及耕地地力等级体系。这两个要素是衡量和评价耕地地力的重要指标，可以为决策者提供参考依据，也能为地力评价提供标准。耕地类型区是指有相同或相近土壤类型、气候条件、地形和水源条件的耕地区域。这对于理解和揭示耕地地力的分布规律具有重要意义。根据耕地类型区的划定，人们可以有针对性地制定地力改善策略，从而实现农田资源的高效利用。耕地地力等级体系是对耕地地力水平的具体划分。这基于多种因素，如土壤的理化性质、生物性质、地理位置等，将耕地地力划分为几个不同的等级。耕地地力等级体系可以帮助农民和决策者了解土地的生产能力，从而做出科学的农业生产决策。这个技术路线中还需要建立一个由 GIS 支持的试点耕地资源基础数据库。这个数据库将包含所有相关的耕地信息，包括但不限于土壤类型、耕地类型区、耕地地力等级等。数据的录入和整理将由省站组织进行。这个数据库将为决策者提供方便快捷的信息查询服务，从而提高决策效率。

（二）确定采样点

在土壤研究中，确定精准的评价单元及其对应的采样点是一项至关重要的工作。这关系到对土壤的研究质量和准确性，进一步影响着对土地质量评估的精确度。要实现这一目标，就需要利用各种专业的工具，包括但不限于土壤图和土地利用现状图。土壤图和土地利用现状图是研究土壤和土地利用情况的重要参考资料，它们为研究人员提供了大量的信息，如土壤类型、土壤分布、土地利用现状等，对这些信息的深入分析和研究可以使研究人员更好地理解土壤和土地利用的现状，为确定评价单元提供基础。

需要注意的是，评价单元的确定不仅需要参考土壤和土地利用的情况，还需要考虑诸多的因素，包括土壤的物理属性、化学属性，以及土壤所处的地理位置、气候条件等。这些因素都会影响土壤的特性和功能，因此，研究人员在确定评价单元时，需要对这些因素进行全面考虑和综合分析。进一步来说，在评价单元内部，研究人员还需要对第二次土壤普查采样点进行深入的研究和分析。通过对土壤普查采样点的分析，研究人员可以了解更多关于土壤的信息，如土壤类型、地理位置、气候条件等。这些信息有助于研究人员更准确地确定采样点的位置，确保选取的采样点具有代表性。确定准确的采样点对于调查结果的准确性具有决定性的影响，只有选取具有代表性的采样点，才能保证研究结果的准确性和科学性，进而更好地指导实际的土地利用和管理。因此，在土壤研究中，研究人员一定不能忽视确定准确采样点的重要性，这是研究工作的关键环节，也是提高研究质量的重要保证。

（三）开展一系列的技术培训

田间调查技术的培训，主要涉及采样点的选择、GPS 应用技术、采样技术以及调查表的填写等内容。这一步骤关乎土壤样品的取样，是确保评价结果准确性的基础。GPS 应用技术的培训能够使调查人员精确定位采样点，而采样技术的培训则是为了保证采样的准确性和一致性。调查表的填写也需要严谨和准确，以确保采集的数据可靠。

计算机应用技术的培训，包括数据录入、图像数字化、建立数据库以及 GIS 等内容。这些技术在处理、存储和分析土壤数据时都具有重要作用，能够提高工作效率，保证数据的准确性。化验技能的培训涉及样品前处理、精密仪器的使用、化验结果的计算以及化验质量控制等方面。这些技能是进行土壤分析的基础，掌握这些技能能够确保实验结果的准确性和一致性。

最后是调查报告编写的培训。这主要是为了确保所有参与者都能够按照统一的格式和标准进行报告编写，从而保证报告的质量和一致性。

第三节　野外调查与质量控制

一、调查方法

（一）确定调查单元

调查单元是通过叠加土壤图、基本农田保护图以及土地利用现状图得到的图斑。这些图斑代表不同类型的土壤、不同保护等级的农田以及土地的当前使用情况，为了在调查中获取具有代表性的数据，每个调查单元通常覆盖大约 100 亩的粮田。

通过这样的方式确定的调查单元，可以在空间上划定明确的调查范围，有助于对区域内耕地地力的全面评估。同时，确定调查单元还可以帮助规划合理的采样点分布，以准确、全面地反映该单元内的耕地地力状况。确定总采样点数量是一个需要综合考虑多种因素的过程。主要依据是耕地的调查面积，但也需要考虑土壤类型的多样性、土地利用现状的复杂程度、资源和时间的限制等因素。确定合适的采样点数量，既可以保证调查结果的可靠性和准确性，也有利于提高调查工作的效率。在确定调查单元及采样点数量后，研究人员就可以进一步规划和实施具体的调查活动，从而全面地了解和评估耕地的地力状况。

（二）利用 GPS 设备确定采样点的地理坐标

在选定调查单元后，接下来的步骤就是在单元内选取具有代表性的地块，这些地块将作为采样点，用于后续的土壤采样和数据收集。其中，GPS 设备在这一过程中发挥了重要作用。GPS，全称全球定位系统，它可以准确地提供地理位置信息，包括经纬度和海拔等信息。GPS 设备能够精确地确定采样点的地理坐标，确保其位置的准确性。

选择一个适当的采样点并使用 GPS 设备确定其地理坐标是一项重要的工作。在这一过程中，研究人员需要考虑多种因素，包括土壤类型、地形、植被覆盖等，以确保所选取的采样点具有代表性，能够反映调查单元内的耕地地力状况。有了精确的地理坐标后，研究人员可以对采样点进行准确的定位和跟踪，以便进行连续的观测和研究。同时，这些信息也有助于建立数字化的土壤数据库，方便后续的数据分析和 GIS 的应用。

（三）进行大田调查与取样

确定了调查单元和采样点的地理坐标后，研究人员便可以进行实地的调查和土壤采样。目标是选择有代表性的地块，按照统一规程进行取样，旨在确保每个采样点的数据都能真实、准确地反映出土地的地力状况。调查过程中，研究人员需要填写采样点基本情况调查表和采样点农户调查表。这两种调查表可以收集大量的实地信息，如土壤类型、地形、植被覆盖、耕作方式、农作物种植情况等，也可以了解农户的种植经验、施肥方式、产量等信息，这些都是评估耕地地力的重要数据。其中，大田调查和取样所产生的数据，被称为一级数据。这些数据收集之后，需要经过技术负责人的审核。审核的目的是确保数据的准确性和一致性，防止因为误差和偏差导致的后续研究误差。数据审核完成后，由专业人员按照数据库要求进行编码、整理和录入，让后续的分析和评价工作有坚实的数据基础。

二、调查内容

（一）立地条件调查

立地条件是指决定植物生长的自然和人为环境，它涵盖了土地的地理位置、地貌特征、土壤类型等多方面的信息。为了准确获取这些信息，专业人员通常需要使用 GPS 定位仪进行精确的地理测量。这些测量结果包括地理坐标的经纬度和地点的海拔高度。这些都是评估耕地地力的重要因素，可以为后续的评估工作提供精准的地理参考。

接下来，需要确定土壤的名称。土壤的名称通常按照全国第二次土壤普查时的连续命名法进行确定。这样做的目的是保持对土壤分类的一致性，避免因为命名不统一导致的混乱。除了土壤名称，地貌类型的确认也是立地条件调查的一部分。地貌类型包括山地、丘陵、平原、高原、盆地等。不同的地貌类型对应着不同的土壤特性，也会影响农作物的生长条件和土地的地力状态。最后，专业人员还需要对地形部位进行分类。例如，冲积平原可以进一步分为缓岗、洼地、二坡地、小低平地、小浅平洼地、小二坡地、河漫滩等。这样的分类有助于更细致地理解土地的地力状况，为后续的耕地地力调查评价工作提供更详细的信息。

（二）土壤属性调查

在耕地地力调查评价中，土壤属性调查是一项至关重要的工作。它不仅涵盖了土壤的基本特征，如坡度、潜水埋深、潜水水质、土壤质地等，还包括了土体构型，耕层厚度，障碍层厚度、出现深度以及盐碱情况等详细信息。

其中，坡度是一个重要的考察因素，因为它直接影响着土壤的侵蚀程度和水分保持能力。坡度一般分为平地、缓坡、陡坡、极陡坡和险坡五级，每个级别都有其特定的特征和对应的耕作方式。潜水埋深和水质的测定也是必不可少的，它们与土壤的灌溉需求以及土壤中营养物质的流失情况密切相关。水质的好坏会直接影响作物的生长，因此在进行土壤属性调查时，这是一项非常重要的工作。土壤质地的判定包括沙质、沙壤、轻壤、中壤、重壤、黏质六类。不同的土壤质地对应着不同的水分和养分保持能力，直接影响耕地的地力。土体构型是对土壤的物理性质的重要描述，如薄层型、松散型等。这些特征会影响土壤的通气性、渗水性以及机械性质，从而影响土壤的地力。耕层厚度、障碍层厚度和出现深度是评估土壤地力的重要参数。耕层厚度决定了作物根系能够获取水分和养分的空间，障碍层的厚度和出现深度则可能影响根系的扩展和发育。最后，盐碱情况的记录也是必要环节，因为土壤的盐碱程度会直接影响作物的生长。过高的盐碱度会降低土壤的肥力，影响作物的生长。

（三）农田设施与生产性能管理调查

地面平整度是农田设施的一个基本要求，对于保证播种的均匀性，提高作物的产量，减少水分和肥料的浪费，以及预防病虫害都有着重要的意义。因此，平整度的测量就成为评价农田设施状况的一个重要标准。

灌溉水源的类型、输水的方式，以及灌溉的次数和年灌水量等这些参数直接影响农田的水分供应，从而影响农田的产量和品质。其中，灌溉保证率和排涝能力更是直接关系到农田在干旱或者洪涝等极端天气条件下的生产性能。

另一方面，家庭人口、耕地面积、施肥情况、农药费用等则是农田生产性能管理的重要内容。家庭人口和耕地面积决定农户的生产力和生产规模。施肥情况直接影响农田的肥力，而农药费用则体现了农田管理的成本。此外，产品销售和收入情况更是评价农田生产性能的重要内容。通过这一调查，研究人员可以了解农田的生产效益，为后续的农田地力评估提供了重要的参考依据。

三、采样质量控制

（一）采样的准确性和全面性

采样过程应遵循原农业部测土配方施肥实施方案的总体要求，对大田每 100 亩布设一个采样点，体现出对农田进行全面覆盖的原则。每一个采样点的数据代表这 100 亩土地的土壤特性，为地力评价提供了重要依据。在确定采样点时需要在地图上进行标注，这有利于工作人员定位，使采样工作具有明确的方向。同时，这也有助于数据记录和管理，为后期的数据分析和解释提供准确的空间位置信息。

实际采样工作中需要考虑点位的均匀性。均匀的采样点可以更好地反映土地的整体特性，避免因采样点选择的偏差导致评价结果的误差。并且采样方法应遵循技术规范要求，采用"X"法、"S"法、棋盘法等方法进行采样。这些采样方法能保证采样的随机性和代表性，减小样品数据的偏差。在实地采样后，采集到的 15 ～ 20 个采样点的土壤样品需要进行充分混合，这是确保样品代表性的一种有效手段，也是提高评价准确性的重要步骤。

（二）采用正确的样品保存和处理方法

土壤样品采集后，应立即放在样品盘上进行自然风干，这可以保证样品的原始状态不受人为因素的改变。风干是一种常用且有效的样品处理方式，可以快速去除土壤中的多余水分，方便后续的处理和分析。在风干过程中，需要注意避免暴晒和其他形式的污染。暴晒可能导致土壤样品中的一些化学成分发生变化，而外来的污染物会影响样品的纯度，进而影响分析结果的准确性。

风干后的样品需要按照不同的分析要求研磨过筛，这一过程可以帮助更好地理解土壤的物理特性，也有助于样品的混合和后续分析。研磨和过筛可以使样品更加均匀，增加样品的代表性。在样品装入样品瓶后，应对所有样品进行标签标记，便于识别和管理。妥善的样品管理有助于保证样品的完整性和准确性，避免样品间的混淆和样品丢失。最后，样品需要妥善存储，避免日晒、高温、高湿以及酸碱等气体的污染。正确的储存环境可以保护样品的稳定性，为后续的分析和测试提供准确的数据。

（三）实施严格的化学分析试样处理流程

风干后的样品需进行研磨和过筛操作。研磨是将风干的土壤样品粉碎成较小颗粒，以便更好地揭示土壤的物理性质，为后续的化学分析提供便利。过筛则是通过筛网将土壤样品进行分级，依据粒径大小将土壤分成不同等级，可以对土壤颗粒结构和性质有一个清晰的认知。这两步操作都需要在防止污染的环境下进行，以保证样品的纯度。

不可否认，样品研磨、过筛后的运输和贮存环节也至关重要。样品需要在特定的条件下运输，以防止在运输过程中发生污染或者改变样品特性。而样品的贮存条件需要考虑样品特性，如避免日晒、雨淋、污染等，以保持样品原有特性不变，确保后续的分析和测试能基于真实的样品进行。在整个采样质量控制过程中，操作人员需要遵循严格的工作流程和标准操作程序，以保证样品的质量和准确性。此外，操作人员也需要有针对性地进行质量检查和质量控制，以监测和调整处理过程，确保最终的分析和评价结果的准确性。

第四节　样品分析与质量控制

一、分析项目及方法

（一）物理性状

将所有采集到的样品通过手摸的方法进行物理性状测定。其中，质地测定应包括沙土、沙壤、壤土、黏壤、黏土五个等级。之后要选择室内10%的样品通过比重计法进行测定，并通过环刀法将土壤的容重进行测定。

（二）化学性状

将采集的所有样品的化学指标进行测定，测定方法如表 3-1 所示。

表3-1　各化学指标测定方法

测定项目	测定方法
pH	玻璃电极法
有机质	重铬酸钾—硫酸溶液—油溶法
有效磷	碳酸氢钠提取—钼锑抗比色法
速效钾	乙酸铵提取—火焰光度法
全氮	半微量凯氏法
缓效钾	硝酸提取—火焰光度法
有效性铜、锌、铁、锰	DTPA 提取—原子吸收光谱法
水溶性硼	甲亚胺—H 比色法
有效态硫	氯化钙浸提—硫酸钡比浊法

二、测试项次

（一）土壤基础性质分析

理解土壤的基础性质是每一项土壤研究的核心，如其酸碱度（pH）以及物理状态（如土壤容重）。这些基础性质为后续的研究和决策提供了不可忽视的信息，建立了一个坚实的基础。在许多实际场景中，土壤的这些基础属性在很大程度上塑造了土地的生产力，也决定了哪些作物在特定土壤中表现得更好。

土壤的酸碱度，即 pH，是一个描述土壤酸碱度的重要指标。它对土壤中微生物活动的强弱以及养分利用率有着深远的影响。具有适中 pH 的土壤可以提高微生物的活动，使得这些微生物在土壤环境中的生物活动更加活跃。除此之外，适中的 pH 还有助于提高土壤中养分的可利用性，使得作物能够更好地吸收和利用这些养分。因此，对土壤 pH 的测量是评估土地肥力的关键步骤，为制订合理的农业生产计划提供了可靠的依据。另一方面，土壤容重是一个描述土壤物理状态的重要参数。容重，作为土壤物理性质的一项关键指标，其大小直接关系土壤的孔隙结构，从而影响土壤的通气性和保水性。理想的容重值表明土壤不但具有良好的保水能力，也具有良好的透气性。这两个因素对作物的生长和发育起着关键的作用，其中良好的保水能力可以保证作物得到足够的水分，而良好的透气性可以保证土壤中气体的交换，有利于作物根系的呼吸。因此，对土壤容重的测定也是土壤基础性质分析的必要步骤，它可以为农作物的种植提供更准确的信息。

（二）土壤主要养分分析

土壤中的有机质是生命的宝库，其作用广泛而深远，可以提供大部分的土壤养分，并有助于改善土壤的物理性质。有机质是土壤肥力的基础，它的含量的高低将直接影响土壤的肥力水平。对有机质进行分析，是评价土壤肥力、制订合理施肥方案的关键步骤，也是科学管理土壤、改善土壤生态环境的重要手段。全氮、全磷、全钾是土壤中的三大主要养分，也是植物生长不可缺少的元素。氮是生命的基础，是农作物生长发育过程中必不可少的重要元素，它对提高农作物的产量和品质有着极其显著的作用。磷和钾是农作物生长的重要养分，它们可以促进农作物的生长发育，提高农作物的产量和品质，还能增强农作物的抗病能力。

对这三种元素的分析，是评估土壤肥力的重要指标，也是科学施肥的基础。只有了解土壤中氮、磷、钾的含量，才能科学地制订施肥方案，以便提高肥料利用效率，从而提高农作物的产量，降低生产成本。速效磷、速效钾以及缓效钾的含量则反映了土壤中这些养分的可供性。速效磷和速效钾具有很强的生物可利用性，农作物能够快速吸收和利用，缓效钾则需要经过一定的时间才能被农作物吸收，因此对于它们的测定有助于科学确定施肥的时间和方式，以达到提高肥效、提高农作物产量的目的。

（三）土壤微量元素和交换性离子分析

在土壤科学的研究中，土壤微量元素与交换性离子的分析具有极其重要的作用。尽管像有效态铜、锌、铁、锰、硼、硫等微量元素在土壤中的含量相对较低，但是在生态系统中，包括植物生长发育与人体健康等方面，它们却起着不可或缺的作用。微量元素铜、锌、铁和锰对于植物来说是必需的，这些元素参与许多生物化学反应过程，从而保证植物的正常生长发育。一旦这些元素缺乏，植物的生长就会受到影响，甚至可能出现生长停滞或者畸形等问题。这些微量元素在农业生产中的地位和作用不可忽视，因此对于土壤中的这些元素进行分析，是农业生产中非常重要的一步。硼是另一种对植物生长至关重要的微量元素。硼对植物的花粉活性、果实发育以及碳水化合物的转运和代谢都有着重要影响。

没有硼，植物就不能正常生长和发育，甚至影响植物的繁殖。硫在土壤中虽然含量不多，但它是合成植物生长所需的一些重要氨基酸和蛋白质的关键元素。缺乏硫，会影响植物的正常生长，甚至影响植物的生存。

阳离子交换量（CEC）是土壤能够吸附和供应植物生长所需的阳离子的能力，它是评价土壤肥力和环境质量的重要指标。阳离子交换量越高，土壤的肥力就越强。这是因为这些交换性阳离子大部分都是植物生长所必需的营养元素，如钙、镁、钾等。因此，对阳离子交换量的测定是非常必要的。它可以为耕地的管理提供关键的信息，帮助农业生产者对土壤的肥力有一个全面的了解，从而能够更好地制定农业生产策略，提高农业生产的效率。

三、分析质量控制

（一）实验室条件与设备

在耕地地力调查评价中，实验室条件与设备的质量直接影响样品分析的精度与可靠性。满足一系列基本要求的实验室才能有效地进行样品分析质量控制。实验室的空间必须充足且已经通过相关的认证，如省级计量认证或全国农业技术推广服务中心的资格考核。这些认证证明了实验室的硬件设施、质量管理体系等方面都满足规定的标准。实验室的人员配置也是关键，需要配备专业的技术人员以满足各项检测工作的需求。这些人员需要具备相关的专业知识和技能，能够准确、有效地完成样品的检测。实验室的布局和设备配置必须合理且完善。一个完备的实验室应该包括样品处理室、样品保存室、分析室、浸提室、天平室、储藏室等。这些不同的功能区间要求各种专门的设备，所有设备都必须经过计量检定，确保其精度和可靠性，并且实验室的环境条件需要满足检测项目和仪器设备的要求。

（二）分析质量控制基础实验

在科学研究和实验分析中，质量控制基础实验尤为重要，因为这决定了实验结果的准确性和实验过程的科学性。具体包括全程序空白值的测定、分析方法的检出限的确定、标准曲线的制作和控制、平行双样测定以及标准样品或质控样品的使用等。其中，全程序空白值作为分析过程中的一个关键评估指标，其作用不可忽视。全程序空白值实际上能反映分析过程中可能存在的误差。由此，它成为一项重要的实验过程质量控制措施，能够确保分析结果的准确性，避免误差的出现对实验结果产生影响。

在实验过程中，分析方法的检出限也是一个关键的质量控制参数。分析方法的检出限可以向研究人员说明这个分析方法能在何种程度上检测到样品中的成分。这一参数对于评价分析方法的灵敏度具有重大意义。另外，标准曲线的制作和控制也是实验过程中必不可少的一环。标准曲线能够为研究人员提供一个参照标准，保证测定的精度，以确保样品分析结果的准确性，让其可以更好地了解实验的结果和数据。平行双样测定则是为了确保实验的精密度，这种质量控制手段能够有效地帮助研究人员控制实验过程的精确性，从而提高实验结果的可靠性。研究人员还要使用标准样品或质控样品，以及进行加标回收实验，这些措施能够有力地保证实验的准确度。这样就能在保证实验的准确性的同时，提高实验的科学性和规范性。还要注意的是，实验室间的质量考核也是非常重要的一环。通过实验室间的质量考核，研究人员可以确保不同实验室的分析结果具有一致性和可比性，这样就可以避免由于实验室间的差异导致的结果不一致，确保实验结果的公正性和科学性。

第五节　耕地地力评价原理与方法

一、耕地地力评价原理

（一）因子选取原则

评价区域内因子的变异性，是选择因子的一个重要依据。只有当因子的变异性较大时，才能清晰地反映出不同区域之间的差异，这对于进行更好的评价具有重要意义。如果选择的因子变异性小，那么在评价过程中可能会忽略掉不同区域之间的差异，从而影响评价结果的准确性。另外，需要考虑的是因子对农作物生长限制程度的影响力。例如，土壤的养分含量、酸碱度及结构等因素，都对农作物的生长有着关键性影响。这些因素会直接决定农田的肥力和农作物的生长状态，因此研究人员在选择因子时，一定不能忽视这些直接影响农作物生长的因素。

此外，评价因子需要具有相对稳定的时间序列。稳定的因子可以更好地反映出耕地地力的长期变化，使得评价结果具有较长的有效期。例如，土壤的质地、有机质含量等因素在较长的时间范围内相对稳定，能够更真实地反映耕地地力的状况，因此是理想的评价因子。其他的一些影响因素，如灌排条件、管理措施等也要考虑。这些因素虽然不直接影响土壤的属性，却对农作物的生长和农田的肥力有着重要的影响。例如，合理的灌溉可以改善土壤的水分状况，提高地力，而良好的管理措施可以保持土壤肥力，提高农作物的产量。

（二）评价因素的关联性

由于评价因素和评价区域的大小是紧密相关的，所以评价区域也对评价结果的准确性和有效性产生影响。在一个变化范围较小的区域内，如在一个气候相对稳定的区域，某些因素，如气候因素，并不是决定性的地力评价因子。在这种情况下，这种因素不需要作为评价因素。这样可以避免因素之间的冗余和重叠，提高评价的精确度和效率，这也能够减少评价的复杂性，使得评价过程更加简洁，提高评价的效率。同样，评价因素之间的关联性也要考虑。如果两个或者多个评价因素之间存在强烈的相关性，那么就只需选择其中的一个或者几个作为评价因子，而无须全部包含，这依然可以减少评价的复杂性，提高评价的准确性和有效性。

二、耕地地力评价指标

（一）指标的选择和定义

耕地地力评价指标应注重选择那些对地力有显著影响，并且在不同地块中具有显著差异的指标。这种策略有助于更加精准地评估耕地的地力状况，从而为农业生产提供有效的信息支持。其中，地力评价指标中的一些常见选项，包括成土母质、地下水、微地貌等，这些指标分别反映了土壤的物理性质、水分供应状况和地形对农作物生长的影响，对于判断耕地地力具有重要作用。需要注意的是，这些指标在具体应用中需要考虑地区差异和作物需求等因素，不能一概而论。研究人员对于每个选定的评价指标，必须给出明确的名称、释义、量纲以及可能的上下限范围等定义，并确保其规范性。名称应准确、简洁，易于理解和记忆。释义应清楚说明该指标的含义和其在地力评价中的作用。量纲是度量指标的单位，如百分比、克／千克（g/kg）等。上下限定义了该指标的可能取值范围。这样规定指标可以提高地力评价的准确性和一致性，无论是在同一地区的不同时间，还是在不同地区的同一时间，都能保证地力评价的结果具有可比性。这对于农业生产决策和耕地资源的合理利用都具有重要的意义。

（二）选取的具体指标

考虑到全国55项指标体系的框架，研究人员可以选择包括立地条件、土壤各层理化性质、土壤养分以及土壤管理在内的四大类共10个指标，作为特定地区耕地地力的评价指标体系。这些指标能够全面反映耕地地力的各个重要方面，以确保评价的准确性和完整性。立地条件是对土壤形成的自然环境因素的评价，如温度、湿度、光照等，这些因素对土壤的形成和肥力状况有直接影响。土壤各层理化性质主要是对土壤的物理和化学性质的评估，如土壤质地、结构、pH 等。这些性质反映了土壤对农作物的供给能力。土壤养分包括氮、磷、钾以及微量元素等，这些养分是农作物生长的必需元素，它们的含量直接影响了土壤的肥力状况。而土壤管理则是对土壤的人为操作，如施肥、翻耕等，这些操作对于维持和提高土壤肥力有重要作用。

三、耕地地力评价方法

（一）评价方法类型

耕地地力评价的方法主要分为单因子指数法和综合指数法。单因子指数法着重分析每一项因子对土壤地力的影响。模糊评价法和层次分析法是此类方法的两种常见形式。模糊评价法依据因子对农田土壤地力影响程度的不确定性，确定其权重，这种方法适用于具有模糊性和不确定性的问题。层次分析法通过构建判断矩阵，分析和比较不同因子的相对重要性，然后根据权重进行综合评价。

综合指数法则是对所有的影响因素进行综合考虑，形成一个指数或得分。聚类分析法和累加模型法是此类方法的两种常见形式。聚类分析法将具有相似特性的土壤分为同一类，这有助于发现共同特性和模式。累加模型法则将所有因子的评价结果累加，形成一个综合评价结果。这些方法在实际应用中的选择，取决于具体的研究目标和问题的复杂性。一般情况下，研究人员会根据实际情况和需求，灵活采用或者结合使用这些方法，以实现对耕地地力的全面和准确评价。

（二）模糊评价法

模糊评价法的理论基础源于模糊数学，主要包含模糊子集、隶属函数和隶属度三个核心概念。模糊评价法能够有效地处理那些含有模糊性的决策问题，因此在耕地地力的评价中得到了广泛的应用。

模糊子集是指集合中元素隶属度不确定的子集，是模糊评价法的基础。在评价过程中，研究人员需要将待评价对象分解为多个模糊子集，每个模糊子集都对应一个具体的评价指标。隶属函数是用于描述模糊子集中元素对应的隶属度的函数。在耕地地力评价中，研究人员将选定的评价指标与耕地生产能力的关系转化为隶属函数，从而将模糊的判断和量化相结合。隶属度则表示每个评价指标在模糊子集中的权重，体现了评价指标的重要程度。高的隶属度代表该因子在评价中的影响力更大。应用模糊评价法，可以将大量模糊的、定性的耕地地力评价问题转化为定量的表示，进而可以准确、客观地评估耕地的生产能力，从而为农业生产和土地管理提供科学依据。

（三）层次分析法

在耕地地力评价中，层次分析法主要用于决定参评因素的权重，帮助决策者更准确地评估耕地地力。使用层次分析法进行耕地地力评价主要有三个步骤。第一步是确定指标体系并构造层次结构。这一步应明确参评的因素和指标，按照其对耕地地力的影响程度和彼此间的关系，构建从高到低若干层次的层次结构。第二步是进行专家评估。专家根据自身的经验和知识，对层次结构中各级别的因素和指标进行评分。评分一般采用一定的量表，专家根据每一层级的因素对耕地地力的影响程度，给出其相对重要性的评分。最后一步是计算。研究人员通过对专家评分的统计分析，最终确定各参评因素的权重。得出的权重可以反映出各因素在耕地地力评价中的相对重要性。

（四）聚类分析法

聚类分析法可以将具有相似特征的数据归为一类，从而对复杂的数据进行分类和总结。在耕地地力调查评价中，这种方法为人们提供了一种有效的工具，以解读地理、生态和社会经济数据之间的关系。使用聚类分析法，研究人员可以将不同的耕地根据其属性、生产潜力、环境条件和其他相关因子进行分类。这样的分类为决策者和管理者提供了明确的指导，使他们能够根据每一类耕地的特性制定合适的农业政策和管理策略。

研究人员通过比较数据集中的各个元素，可以确定它们之间的关系，从而确定应该将哪些数据归为一类。在耕地地力调查评价中，这意味着他们可以根据土壤类型、气候条件、水资源、地形等因子将不同的耕地分为不同的类别。另外，研究人员还可以根据需要，选择不同的聚类算法和度量标准，使分析更为精确。并且，随着新数据的获得，他们可以不断地更新和细化聚类结果，以反映实际情况的变化。

（五）累加模型法

累加模型法通过加权累加多个评价指标的数值，得到一个综合评价值。此值有助于研究人员对耕地的质量、生产潜力或其他相关特性进行评估。这种方法简化了复杂地理信息的表达，使其更为直观。在累加模型法的应用过程中，研究人员先要确定恰当的评价指标，这些指标涉及土壤质地、养分含量、水资源、地形、气候条件等，均与耕地的生产潜力或其他特性息息相关。选择合适的指标是确保评价结果准确的关键。

选择指标后，为每个指标设定权重是至关重要的一步，这些权重代表了每个指标在综合评价中的相对重要性。权重的设定通常有多种方法，如专家意见法、文献研究法或统计分析法。确定指标及其权重后，研究人员可以开始对每块耕地按照各个指标的数值进行加权累加，得到其综合评价值。这个值可以帮助他们比较不同耕地的地力优劣，或与其他方法结合展开进一步的分析。

第四章 区域耕地资源可持续利用评价指标体系的构建

第一节 设置区域耕地资源可持续利用评价指标体系的原则

一、系统性原则

（一）全方位考虑

在评估耕地资源的可持续利用状况时，全方位考虑是至关重要的。全方位考虑不仅指的是覆盖面广，也强调对问题的深度理解和准确把握。这一理念要求研究人员在构建区域耕地资源可持续利用评价指标体系的过程中，必须将视角投向人口、资源、环境、经济和社会等多个领域，且每一个领域都不能忽视，需要详尽地考虑其中的每一个因素。例如，人口因素是必须考虑的。人口规模、人口分布、人口增长率等都是反映人口情况的重要指标，这些都会对耕地资源可持续利用产生深刻影响。人口密度的大小、人口增长的速度，甚至人口的年龄结构，都对耕地资源的利用形成直接或间接的影响。

资源因素也是研究人员需要仔细考虑的。耕地的数量、耕地的质量、耕地的分布都是衡量耕地资源可持续利用的重要参数。例如，耕地的面积和质量能够直接影响农业生产的规模和效率，也是决定农业可持续发展的关键因素。环境因素在评价中同样具有重要影响，因为环境的健康状况，如土壤的污染程度、水源的清洁度、生物多样性等都是影响耕地资源可持续利用的关键因素。无论是土壤污染的问题，还是生物多样性的保护，都是研究人员在构建评价指标体系时必须深入研究和综合考虑的。另外，经济和社会因素更是影响耕地资源可持续利用的重要指标。经济的发展水平，如农业产值、农民的收入、市场的规模等，以及社会的稳定情况，如农民的生活质量、社区的和谐程度等，都是反映耕地资源可持续利用情况的重要标志。因此，研究人员需要全面地考虑经济和社会因素，构建科学、全面的评价指标体系。通过这种全方位的思考，研究人员可以构建一个全面、细致、深入的评价指标体系，这样的体系能够全面反映耕地资源的可持续利用情况，为研究工作和决策提供科学、有效的依据。

（二）相互作用的反映

耕地资源的可持续利用并非简单的一元问题，而是在人口、资源、环境、经济等诸多领域因素的相互作用中诞生。这些领域因素犹如齿轮般紧密地相互作用，既有推动又有制约，共同决定了耕地资源的最终使用状况。以人口增长这一要素为例，人口的膨胀将直接导致对耕地资源需求的激增。这不仅对土地本身形成巨大压力，也会放大环境压力，反过来对人口的生存环境产生不利影响。随着人口数量的增长，人类对土地、水源、能源等自然资源的需求也在持续增长，对这些资源的过度开采和消耗无疑会对生态环境构成威胁，破坏自然与社会的和谐共生。

同样，经济发展这一重要因素也不能忽视。经济发展常常是以牺牲自然资源为代价的，特别是在初期阶段，往往会导致耕地资源的过度开发和破坏。过度开发不仅可能降低耕地资源的质量，更可能引发生态环境的恶化，对人类社会的可持续发展构成严重威胁。在此背景下，建立全面的评价指标体系成为关键。评价指标体系应设立充足的指标，以全面反映这些因素间的相互关联和互动状况，其中应包括人口与资源利用之间的关系，这涉及如何在人口增长和资源消耗之间找到平衡点；应包括经济发展与环境保护之间的平衡，这涉及如何在推动经济发展的同时，保护好自然环境。只有全面反映所有影响因素和它们之间的相互作用，才能对耕地资源的可持续利用进行准确的评估，找到合理的利用策略。人口、资源、环境、经济等各个领域的因素是相互作用的，而不是各自独立的。只有深入理解这种相互作用，才能真正实现耕地资源的可持续利用。

（三）整体和部分的统一

研究人员在建立评价指标体系的过程中，无疑应该细心地选取那些能够全面反映整体耕地资源状况的指标，如耕地总面积、总体的耕地质量等。这类指标具备整体性，像一面镜子，能够尽可能全面地反映整个耕地资源的可持续利用状况，为研究工作揭示耕地资源利用的全局视图。然而，除了整体的考量之外，研究人员还需要深入各个部分，选取那些能够反映系统内部不同区域状态和变化的指标。例如，每一个特定地区的耕地面积、各个地区的耕地质量等。这类指标更侧重于局部性的揭示，详细地解析每一个特定区域的具体情况，更加深入地洞察每一部分的具体状况以及存在的问题。这样的指标设计能够使研究工作得以深入了解每个局部的情况，及时发现并处理问题，以保持整体的稳定和健康。

因此，整体性的指标和局部性的指标，都在评价指标体系中发挥着不可或缺的角色。它们相辅相成，既能提供一个全局的、整体的视角，又能深入各个局部，捕捉更为细微的变化。通过构建这样既关注整体又注重局部的指标体系，评价结果将具有更高的参考价值，为政策制定者提供更全面、更具体的信息支持。在规划耕地资源的使用，或者制定耕地保护策略时，这种详细而全面的信息都将发挥巨大的作用。它们为决策者呈现出耕地资源的实际情况，使其在制定政策或者规划时，能够立足于现实，更有针对性地处理问题。这无疑有助于确保耕地资源的可持续利用，推动可持续发展的进程。在这样的体系下，每一处耕地，每一片土地，都能得到应有的关注和照顾，确保其在可持续利用的原则下得到合理的使用和保护。

二、必要性原则

（一）重视实质性指标

重视实质性指标所强调的，是对于评价目标真实、直接、关键的理解。耕地资源可持续利用的状态，是一个复杂而又至关重要的话题。要评价这样一个复杂的系统，就需要精确且恰当地选取指标。这些指标需要能够全面地反映耕地资源可持续利用的各个方面，包括耕地的数量、质量、分布、利用效率等，从而更准确地反映评价目标的真实状态。因此，直接反映耕地资源可持续利用状态的指标是必不可少的。一些指标虽然与评价目标具有一定的关联，但并非直接反映评价目标的实质内容，这类指标的选取在一定程度上是可以忽略的。这是因为在构建评价体系时，应更重视那些直接、准确地反映耕地资源可持续利用状态的指标。例如，耕地的数量、质量、分布和利用效率等指标，都能直接地反映耕地资源的实际使用状态，因此，这类指标的选取就显得至关重要。

（二）避免数据不准确的指标

如同建筑的基石，数据是所有评价的基础，它的准确性直接关系到评价结果的质量和可信度。一套精心设计的指标体系如果建立在不准确或不可靠的数据之上，其评价结果将是不准确的，甚至是误导性的。为了避免由于数据不准确而产生的问题，必要性原则在构建评价指标体系时，强调选择那些可以通过可靠、准确的数据源获取信息的指标。这不仅包括数据的准确性，也包括数据的完整性、一致性和可获取性。准确的数据可以确保评价结果的真实性，完整的数据可以保证评价的全面性，一致的数据可以保证评价结果的可比较性，而可获取的数据则能确保评价过程的可实施性。这就意味着，不管一个指标在理论上看起来多么完美，如果无法获取准确和可靠的数据来衡量它，那么这个指标在实践中就没有应用价值。例如，对于耕地资源的可持续利用评价，如果无法获取耕地面积、质量、利用效率等方面的准确数据，那么就无法对耕地资源的可持续利用情况进行准确评价。需要注意的是，数据的获取方法也是影响数据准确性的一个重要因素。如果数据的收集方法存在偏差，或者数据处理过程中出现错误，都会导致数据的不准确。因此，研究人员在构建评价指标体系时，不仅要选择那些可以获取准确数据的指标，也需要确保数据的收集和处理方法的科学性和准确性。

（三）避免内容重叠的指标

必要性原则提倡避免选择内容重叠的指标，以确保评价体系的简洁、精确和高效。因为如果评价体系中存在多个内容重叠的指标，那么就会在评价过程中产生冗余或矛盾的结果，这会降低评价的准确性，也会增加评价的复杂性。冗余的指标一方面会增加评价的复杂性，需要投入更多的时间和资源来处理和解析这些冗余的数据，降低了评价的效率。另一方面，冗余的指标也可能在评价结果中产生矛盾，影响评价结果的准确性和可靠性。例如，如果一个评价体系同时包含两个反映耕地质量的指标，而这两个指标的评价结果出现了矛盾，那么这就会导致评价结果的不确定性，影响评价的准确性。为了避免这种情况，研究人员在构建评价指标体系时，应尽量避免选择内容重叠的指标。这就需要在选择指标的过程中，仔细考虑和比较各个指标的评价内容，确保每一个选入的指标都有其独特的评价内容，不与其他指标的评价内容重叠。这样，每个指标都能在评价过程中发挥其独特的作用，提高评价的效率和准确性。

三、动态性原则

（一）反映当前实际情况和未来潜力

评价体系既要考虑当前的实际情况，又要预见未来的可能性，确保对耕地资源的可持续利用评估是全面且深入的。评估当前实际情况主要关注的是耕地资源的当前使用状况。例如，评估资源利用效率，可以通过观察单位面积耕地的产量和利用频率等，反映耕地的生产力；评估土壤质量，通过观察土壤的肥力、酸碱度、有机物含量等，可以了解土壤的生产条件和生产潜力；评估环境压力，如观察化肥、农药的使用情况，以及灌溉、排水等对环境造成的影响，可以了解当前的环境压力情况。在对未来潜力进行评估时，评价体系需要考虑多个影响因素。生产能力是其中一个重要的方面，研究人员可以通过分析耕地资源的数量、质量、使用情况等信息，预测未来的生产能力。适应环境变化的能力是另一个重要的考虑因素，尤其是在面临气候变化和其他环境压力的时候，耕地是否能够适应这些变化，并继续维持生产。生态恢复潜力也是未来潜力评估的重要方面，通过分析耕地的自然恢复能力、恢复速度等，预测耕地在遭受损害后的恢复潜力。

（二）评价指标的时间属性

时间属性赋予了评价指标展现耕地资源利用状况随时间变化的能力。能够清晰反映过去、现在和未来的指标对于了解耕地资源的历史演变过程以及预测其未来的发展方向具有重要价值。评价指标的时间属性是通过反映耕地资源利用状况的变化实现的。这些变化可以是土壤质量的改善或恶化、产量的增加或减少等。这些指标不仅揭示了耕地资源在某一特定时间点的状况，而且通过对比不同时间点的数据，能够展现耕地资源利用状况的变化趋势。例如，通过多年的土壤质量数据，研究人员可以了解土壤质量是否在改善或恶化，以及这种变化的速度。同样，通过对比多年的产量数据，研究人员可以看出产量是否在增加，如果在增加，增长的速度如何。这些变化趋势的数据都可以为研究人员提供宝贵的信息。有了时间属性，评价指标就可以为政策制定者提供更为深入和全面的信息。例如，如果发现土壤质量持续下降，可能需要制定相应的土壤保护政策，以防止土壤质量的进一步恶化。如果发现产量持续增长，可能需要考虑是否需要进一步扩大耕地的利用，以满足更大的生产需求。而如果发现产量在持续下降，可能需要考虑如何改进耕地的利用方式，以提高生产效率。

（三）考虑空间分布的特点

在耕地资源的评价中，空间分布的特征也具有极其重要的地位。空间分布的特征影响着耕地资源的利用状况。地理位置、土壤类型、气候条件等空间特性都是决定耕地资源利用效果的关键因素。例如，山区的耕地由于地形原因，其利用方式和效果往往与平原区域有所不同。同样，土壤肥沃的区域与土壤贫瘠的区域，其耕地的生产能力也有显著差异。因此，评价体系必须充分考虑空间分布的特点，才能准确地评估耕地资源的利用状况。GIS 和遥感等技术提供了获取耕地资源空间分布信息的有效手段。GIS 可以对空间数据进行有效的管理和分析，帮助研究人员了解耕地资源的空间分布特点，如地形、土壤类型、气候条件等。遥感技术可以获取大范围、高频次的耕地资源信息，提供了观察耕地资源变化的重要视角。通过这些技术，研究人员可以了解耕地资源在空间上的分布情况，以及其随时间变化的趋势。

四、地域性原则

(一)因地制宜的指标选择

一个地区的自然条件,包括土壤类型、气候条件、地形等,都直接影响耕地的可持续利用。以水资源为例,对于水资源丰富的地区,如江河流域、湖泊地区等,评价指标中会包含对灌溉设施完备程度和水资源利用效率的衡量。在这些地区,由于水资源充足,灌溉设施和水资源的高效利用对于农业生产和农地管理有着至关重要的作用。相反,对于水资源短缺或土地资源紧张的地区,如山区、高原、城市周边等,评价指标则更多地关注土地利用效率和土壤质量。在这类地区,土地资源的优化利用以及土壤质量的保持与提高尤其重要。土壤质量直接影响耕地的生产力,而土地利用效率则决定了资源的利用程度。再者,每个地区的社会经济状况,如人口密度、经济发展水平、农业发展程度等,也是需要考虑的重要因素。例如,人口密度高的地区,由于人口对土地资源的压力大,评价指标中会包含对耕地面积的保护、对城镇化进程的抑制等方面的评估。

(二)反映地域特征的指标

地域特征包含的要素众多,如地形、气候、土壤类型、人口密度、经济发展水平等。这些要素都对耕地资源可持续利用产生深远影响,也决定了评价指标体系的具体内容和形式。地形是影响耕地资源利用的关键因素之一,不同的地形类型决定了耕地的分布、种植结构和利用方式。例如,平原地区的农田有利于大规模机械化作业,而山地地区更适合发展梯田等适应地形的耕种方式。气候条件对农业生产有着重要影响,气候类型、气候变化等因素会影响农作物的种类选择、生长周期、产量等,因此,气候条件是评价指标体系中不可或缺的一部分。土壤类型直接关系农作物的生长和产量，土壤的肥力、结构、酸碱度等都是影响土地利用效率的关键指标。评价指标体系需要将这些土壤特性纳入其中，为维护土壤健康、提升土地生产力提供科学依据。人口密度和经济发展水平是评价指标体系中的社会经济因素，人口密度决定了耕地资源的供需状况，经济发展水平则反映了一个地区耕地资源利用的技术水平、管理水平以及资源利用效率。这些指标的设置有助于揭示社会经济条件对耕地资源可持续利用的影响，为制定合理有效的资源管理策略提供参考。

（三）灵活的指标体系构建

研究人员面对各地区的不同地理、气候、社会经济条件，必须意识到单一的、刚性的评价体系无法全面、准确地反映这些地区的耕地资源可持续利用状况。因此，研究人员必须有足够的灵活性，为不同地区制定不同的指标体系，或者在一个统一的指标体系中给予不同地区的特定指标不同的权重。地理位置、气候条件、土壤类型、水资源条件等自然环境差异，以及人口密度、经济发展水平等社会经济因素，使不同地区的耕地资源利用状况和面临的问题存在显著的差异。因此，评价指标体系需要具备一定的灵活性，以适应这些差异。例如，对于水资源丰富的地区，需要更多关注灌溉设施和水资源利用效率的指标；而对于土地资源紧张的地区，需要更多关注土地利用效率和土壤质量的指标。同样，即使是一个统一的评价指标体系也需要根据不同地区的具体情况，给予不同地区的特定指标不同的权重。例如，对于人口密度高、耕地资源紧张的地区，土地利用效率的权重要更高；而对于水资源丰富的地区，灌溉设施和水资源利用效率的权重要更高。

五、可操作性原则

（一）简单明了

评价指标体系的建立涉及许多决策和权衡，其中之一就是确保指标的简单明了。简洁的指标不仅降低了评估过程的复杂性，避免了引入不必要的混淆因素，还能使得评价结果更易于理解和接受。要理解简单明了的重要性，先要认识其对评估过程的影响。繁复的计算或理论推导往往会增加评估的难度，使得评估过程出现误解或错误，降低了评估结果的准确性。相反，简单明了的指标能够有效避免这种情况，使得评估过程更为顺畅，减少可能出现的错误。简单明了的指标也能够使得评价结果更易于理解和接受。对于耕地资源的可持续利用评价，诸如"单位面积产量""水资源利用效率"等容易理解的指标，能够直接传达出关键的信息，不需要复杂的解读就能理解其含义。这无疑使得这些指标更易于被各方接受，提高了评价结果的影响力。

简单明了的指标会直接提高评价结果的应用价值。清晰直接的评价结果能够更直接地指导实践，使得相关的决策或改革更加有针对性，从而提高实践的效果。而这无疑是评价工作最重要的目标之一。更进一步地讲，简单明了的指标也有助于沟通和协作。当多个部门或机构需要共同进行评估工作时，简单明了的指标能够避免理解上的差异，使得协作更加顺利。同样，当评价结果需要向公众或其他非专业人士解释时，简单明了的指标也能够使得沟通更加有效，提高了公众对评价结果的接受度和信任度。

（二）易于量化和获取

易于量化和获取的评价指标在进行耕地资源可持续利用评价时占据着核心地位。这样的指标为准确度量和比较提供了基础，保证了评价过程的顺畅进行，赋予了评价结果可对比性，并且极大提升了评价的效率。一方面，对于指标的量化，它不仅是为了简化过程，更重要的是可以为研究人员提供一个明确、具有一致性的度量基准。只有当度量基准明确时，才能确保结果的准确性，这也是为什么需要选取可以通过可获取的数据和常规方法进行量化的指标。量化的指标，如"耕地面积"或者"人均耕地面积"，能够让研究人员有更直观的感知，使研究成果具备更强的可比性。另一方面，获取指标的便利性也十分重要。可以通过统计资料或公开的数据源轻易获得的指标，或者通过常规的测量方法可以获取的指标，如"土壤肥力""灌溉效率"，在很大程度上降低了数据获取的难度，从而提高了研究的效率。因此，在选取指标时，获取便利性应作为一个重要的考虑因素。

另外，易于量化和获取的指标能够提供更稳定和可靠的基础，使评价结果更具有说服力。评价结果的准确性和可靠性往往直接影响评价的接受度和应用价值。因此，选择能够稳定获取并且易于量化的指标，就可以在很大程度上提高评价结果的准确性和可靠性。同时，易于量化和获取的指标还能够提高评价的透明度。透明度是评价结果被广泛接受和应用的一个重要前提。只有当评价过程透明，各方都能清楚理解评价是如何进行的，评价结果才会得到广泛的接受和信任。

（三）准确可靠

当涉及评价指标的选择时，指标的准确性和可靠性显得至关重要。这是由于只有准确可靠的指标，才能保证评价结果的质量，并赋予评价结果以高度的信度，从而使评价结果具有更强的说服力和参考价值。因此，研究人员在选择评价指标时，应选择那些经过验证，能准确反映耕地资源可持续利用状态的，且在不同情况下都能提供稳定、一致结果的指标。对于指标的准确性，其要求指标能够真实、准确地反映被评价对象的实际情况。这需要指标的设计有明确的科学依据，并在理论和实践中得到充分的验证。因此，选取的指标应是那些经过严格测试，被证实可以准确反映耕地资源可持续利用状态的。

这样的指标，如"单位面积产量"和"土壤肥力"，可以直接反映耕地资源的利用效率和土壤质量，有明确的测量方法和标准，从而保证了其准确性。而对于指标的可靠性，其要求指标在不同情况下都能提供稳定、一致的结果。即使在不同的环境下、在不同的时间点，或者由不同的人进行测量，同一指标都应能够提供相同或者相近的结果。只有可靠的指标，才能保证评价结果不会因为评价过程的变化而产生较大的波动，从而保证评价结果的稳定性和一致性。这也就是为什么应选取那些在不同情况下都能提供稳定、一致结果的指标。准确可靠的指标不仅可以提高评价结果的质量，也能提升评价结果的信度，使评价结果更具有说服力和参考价值。评价结果的质量和信度是决定评价结果能否被广泛接受和应用的关键。只有当评价结果具有高质量，被认为是信度高的，才能被决策者和公众接受，才能真正发挥其应有的作用。所以无论是在构建评价指标体系，还是在进行实际的评价过程中，研究人员都必须充分考虑和实现指标的准确性和可靠性。

第二节 设置区域耕地资源可持续利用评价指标体系的目标

一、实现可持续利用

（一）维护耕地的生产能力

在所有的耕地资源管理策略中，维护耕地的生产能力显得尤为重要。耕地的生产能力不仅是农业生产的基础，也是决定耕地资源的利用效率和可持续性的关键因素。因此，为了维护和提升耕地的生产能力，农户需要采取恰当的农作方式和技术。农作方式和技术的选择可以影响土壤的健康状况，进而影响耕地的生产能力。例如，改善土壤结构是提升耕地生产能力的一种重要方法。优良的土壤结构可以提高土壤的肥力和水分保持能力，有利于作物的生长。这既包括改良土壤的物理性质，如保持土壤的疏松性，提高土壤的透水性，还包括改善土壤的化学性质，如调整土壤的酸碱度，增加土壤的有机质含量等。

此外，农药和化肥的使用也要进行严格的控制。过度施肥和使用农药会导致土壤和水资源的污染，破坏土地和环境的健康。这就需要科学地施肥和防治病虫害，如使用低毒性、低残留的农药，合理配比和施用化肥，以保护土壤和水资源。另外，农作物的种植方式也需要进行科学的设计。例如，作物轮作可以打破病虫害的生命周期，降低病虫害的危害。轮作不仅能够避免同一种作物连续种植导致的病虫害和土壤疲劳问题，还可以通过种植不同需肥特性的作物平衡土壤养分，保持土壤肥力的稳定。这种方式不仅对维护耕地的生产能力有重要作用，也有利于提高农作物的产量和品质。以上的各种方法都可以有效地维护和提升耕地的生产能力，从而实现耕地资源的可持续利用。维护耕地的生产能力需要科学技术和管理策略的支持，需要对农作方式和技术进行科学的研究和推广，需要对农田生态系统进行综合的管理和保护。只有这样才能有效地保护和提升耕地的生产能力，实现耕地资源的可持续利用。

（二）保护环境，避免资源过度开发和不当使用

资源开发既要满足日常需求，又不对环境造成不良影响，是社会发展面临的重要挑战之一，尤其是对于耕地资源，其正确的利用方式和保护方法对环境的健康状况具有决定性的影响。其中，保护环境并避免过度开发和不当使用是重中之重。

对水资源、生物多样性和耕地资源本身的尊重，是在利用耕地资源时不能忽视的。这些要素都与耕地资源的可持续利用紧密相连，且对环

境的维护具有至关重要的作用。避免过度开发和不当使用耕地资源是其中的关键环节，从而维护这些宝贵的自然资源。过度开发往往会对环境造成巨大的破坏，如过度的耕作会导致耕地质量下降，原生态环境被破坏，甚至可能引发一系列严重的环境问题，如土地沙化、土壤侵蚀等。这些问题不仅影响耕地本身的生产能力，还可能对生物多样性、水资源等环境因素造成严重影响，进一步加剧环境的恶化。另外，不当使用耕地资源也可能使其价值得不到充分发挥。例如，一些地方为了追求短期经济利益，将肥沃的耕地用于建设。这样做不仅会降低土地的生产力，还可能对周围环境，特别是水资源和生物多样性产生负面影响。因此，如何科学合理地利用耕地资源，避免耕地资源的过度开发和不当使用，已经成为环保与经济发展并行的重要议题。在此背景下，保护环境，避免过度开发和不当使用显得尤为重要。在具体实施中，人们需要依据科学的研究成果，制定合理的耕地资源管理政策和规划，还需要加强环保意识的宣传和教育，让更多的人了解并参与耕地资源的保护工作。这不仅有利于保护耕地资源本身，还有助于维护良好的环境，推动社会的可持续发展。

（三）促进社会效益最大化

讨论如何实现社会效益最大化，不可避免地要谈到耕地资源的可持续利用。这是因为耕地资源的合理利用，不仅直接关系农民的生活质量，而且与整个社区的稳定紧密相连。更为深远地看，其实还涉及社会经济的稳定，甚至是国家安全。实现耕地资源的可持续利用，旨在优化资源配置，提升农民收入，以此保障社区的稳定性。这需要通过深入的研究和实践进行探索，寻找一种合理而有效的方法，使得在满足农民生活需求的同时，也能实现资源的可持续利用，为社区带来长期的稳定。这就需要政策制定者、科研人员、农民等多方共同参与，积极推动科技进步，实施科学的农作方式，提升耕地的生产效率，同时关注环境保护，使得农业生产与环境保护和谐共生。

而在整个过程中，耕地资源的保护显得尤为重要。因为，只有当耕地资源得到有效的保护，人们才能得到足够、安全的食品，从而维护公众健康。食品安全问题关乎每一个人的生命健康，也是社会稳定的重要基础。因此，保护耕地资源，确保食品安全，不仅是对每一个公民健康的关心，也是对社会稳定负责。当然，实现社会效益最大化，并不只是提升农民的生活质量和保障食品安全这么简单。它涉及的是在维护耕地资源的基础上，兼顾农民的利益、公众的健康，以及社会的稳定，达到一种社会效益最大化的平衡。这需要社会各方面的共同努力和配合，需要政策的引导、科技的支持，以及公众的理解和支持。简而言之，社会效益的最大化是一个全方位、多元化的目标，它需要在满足农民的生活需求、保障公众的健康、维护社会稳定的基础上，实现耕地资源的可持续利用。这个目标的实现既需要理论的指导，又需要实践的检验，需要全社会的共同努力。而这个过程既是一种挑战，也是一种机遇，更是对研究人员责任和智慧的考验。

二、优化资源配置

（一）准确评估耕地资源

耕地作为人类社会的重要资源，有其独特的自然和社会条件，包括但不限于土壤质地、气候条件、水资源供应、人口密度、社区规模等。这些因素的差异，使得每一块耕地在生产能力和利用方式上都具有其特殊性。土壤质地决定土地肥力和对作物生长的支持力；气候条件影响作物生长的周期和成果；水资源的供应是决定土地能否用于农业生产的关键因素；人口密度和社区规模则影响土地的利用强度和方式。因此，实现对耕地资源状况的准确把握是极其重要的。利用耕地资源可持续利用评价指标体系，对每块耕地的特性和潜力进行详尽而准确的评估，不仅需要科技力量的支持，还需要管理者的审慎决策。这一系统评估能够为耕地资源的优化配置提供科学的决策依据，使得每一寸土地都能发挥其应有的价值，实现耕地资源的最优利用。

（二）科学制定土地使用策略

每一块耕地都有其独特的资源条件和潜力，而了解这些实际情况和潜力的关键在于科学、详细地评估。评估后，人们便可以据此制定合理且高效的土地使用策略。具体策略的制定需要综合考虑各种因素，包括但不限于决定在何处种植何种作物，何时进行种植，何时进行收割等。对于同一块耕地，不同的管理策略会产生截然不同的结果，因此选择合适的策略对于优化资源分配有着重大的意义。通过规划和管理，每一块耕地都能发挥出最大的效益。无论是经济收益，还是对环境和社会的贡献，都可以通过优化管理而最大化。这样便实现了耕地资源的高效利用，也完成了资源的优化配置。

（三）合理调配耕地资源

考虑到耕地资源分布不均等实际情况，各地需要通过调整作物种植结构、改进种植技术等方式，实现区域内的耕地资源优化配置。在资源有限的情况下，这样做能够使得每一块耕地都能发挥出最大的经济、社会和环境效益。资源丰富的区域可以重点发展对土壤和水资源要求较高的作物，同时采取高效的种植技术；资源较为匮乏的区域可以选择适应力强、对资源要求较低的作物，同时提高种植的技术含量，降低资源消耗。这样不仅可以实现资源的充分利用，也能促进区域内的经济社会发展，实现区域耕地资源的可持续利用。

三、引导生产方式和政策调整

（一）生产方式的调整

在农业生产中，选择适宜的生产方式至关重要。这不仅关乎农作物的产量与质量，而且涉及耕地资源的保护和可持续利用。因此，如何在众多的生产方式中找出最适合的一种，成为农户和农业企业所面临的重大挑战。此时，区域耕地资源可持续利用评价指标体系便可发挥其重要作用。它像一把钥匙，为农户和农业企业开启了了解耕地资源实际状态的大门。通过这个评价体系，农户和企业可以获取大量关于耕地资源的信息，如水源供应情况、土壤质地，以及其他各种可能影响农业生产的关键因素。这些信息构成了一个完整的反馈网络，使得农户和企业能够及时、准确地了解耕地资源的实际情况。

有了这个评价体系提供的信息，农户和企业就能更好地针对实际情况调整种植结构，选择更加适应当地环境的作物种类。例如，在水源供应充足的区域，农户可以选择一些对水分需求较大的作物；在土壤质地较差的地方，农户则可以通过种植一些对土壤要求较低的作物，以此来提高土地的使用效率。这样，农户和企业不仅能够提高农作物的产量和质量，也能实现耕地资源的保护和可持续利用。另外，农户和企业还可以通过实施保护性耕作和使用有机肥料等措施，减轻对耕地资源的压力，提高土地的生产力。例如，保护性耕作可以减少土壤侵蚀，提高土壤的肥力；有机肥料则可以改善土壤结构，增加土壤的有机质含量，从而提高土壤的肥力。评价指标体系就像是一座信息的桥梁，将农户、企业与耕地资源紧密地连在了一起。它不仅使农户和企业能够更好地理解和适应自然环境，还促使他们调整生产方式，提高农业生产效率，同时保护和提升耕地资源的质量。

（二）政策制定与调整

在大多数情况下，政策的制定与调整需要由政府主导。面对那些农户和企业难以独立解决的问题，政府的角色更为重要。这是因为政府有着对国家资源的全面管控能力和维护公众利益的责任。政府可以利用耕地资源可持续利用评价指标体系这个有力的工具，对耕地资源使用现状进行深入了解。这个评价体系提供的信息，就像一面镜子，能够反映出耕地资源的实际情况。例如，如果评价指标体系显示某地区的耕地资源过度开发、土地质量下降、生态环境破坏等问题越来越严重，政府就应该立即采取行动。此时，政府可以出台一些限制性的政策，如限制开垦新的耕地，禁止对已经遭受破坏的土地进行进一步的破坏。这样就可以避免对耕地资源的无节制开发，保护好这一宝贵的资源。

另一方面，政府也可以通过制定一些奖励政策来鼓励农户和企业采取更为环保、高效的农业技术。例如，政府可以给予那些使用环保农业技术的农户和企业一定的奖励，如税收优惠、资金补贴等。这些政策旨在鼓励农户和企业采用更为环保、高效的农业技术，提高耕地资源的利用效率，从而实现耕地资源的可持续利用。可是，政策的制定和调整并不是一项简单的工作。它需要政府综合考虑各方面的因素，如经济发展需要、环境保护要求、社会公平等，从而制定出既能保护耕地资源，又能满足社会经济发展需要的政策。

（三）决策的依据

耕地资源可持续利用评价指标体系的价值绝不仅仅在于提供丰富的信息和数据，更在于其为决策者提供关键的、科学和客观的数据支持。不论是对于农业生产决策还是对于政策制定，信息和数据都是至关重要的。耕地资源可持续利用评价指标体系对于决策者而言，就如同航海者的指南针，提供了明确的方向指引。决策者可以通过研究这个评价指标体系，获取有关耕地资源状态的实时数据，从而做出更为科学和客观的决策。这样的信息是极其珍贵的，因为它们可以帮助决策者明确哪些耕地利用方式是可持续的，哪些方式会对耕地资源造成破坏。

通过这个评价指标体系，决策者还可以得知哪些政策能有效地促进耕地资源的可持续利用。政策的有效性在于其对实际情况的精准匹配，评价指标体系就是连接政策和实际情况的桥梁。只有深入了解耕地资源的实际使用状况，决策者才能制定真正切合实际的、能够有效推动耕地资源可持续利用的政策。耕地资源可持续利用评价指标体系还能帮助决策者更有针对性地推动农业生产的可持续发展，其原因在于评价指标体系提供的信息能够帮助决策者明确目标，找到达成目标的最佳路径。

四、促进生态、社会和经济效益的统一

（一）实现生态效益最大化

生态效益最大化作为可持续利用耕地资源的核心原则，其含义深远而丰富。它强调在利用耕地资源的过程中尽可能地降低对环境的负面影响。然而，要实现这一原则并非易事，因为它需要人们以一种全新的视角和方式来看待和处理土地使用问题。以农业生产为例，化肥和农药的过度使用已经成为一个无法回避的环境问题。这些物质在提高农作物产量的同时，也会导致土地质量的严重下降，甚至可能引发如水源污染等更为严重的环境问题。这种现象凸显出传统的农业生产模式已经无法满足生态效益最大化的原则，需要对其进行深度改革。

在这种背景下，区域耕地资源可持续利用评价指标体系应运而生。它的出现并非偶然，而是对当前环境问题的一种科学回应。通过这个评价指标体系，人们可以对土地使用的各种负面因素进行有效的监控和调节，从而控制环境破坏的程度。值得注意的是，评价指标体系并不仅仅关注如何减少负面影响，它还积极倡导实施诸如保护性耕作和植被覆盖

等环保措施。这些措施在减少土地退化和保护生物多样性等方面具有显著效果。例如，保护性耕作可以有效地防止土壤侵蚀，提高土壤的肥力；而植被覆盖则可以增加土壤中的有机质，改善土壤结构，有利于维护和提升土壤质量。这些都是实现生态效益最大化的重要手段。

（二）实现社会效益最大化

耕地资源的可持续利用不仅涉及农民的生活质量，还涉及整个社区的稳定。可以这样理解：耕地资源的可持续利用就像是一颗多面体的宝石，每一面都代表着一种不同的社会效益。而这些社会效益的最大化就是广大学者和研究人员所追求的目标。耕地资源的可持续利用首先关乎农民的生活质量。农民是农业生产的主体，他们的生活质量直接关系农业生产的质量和效率。如果农民的生活质量得到提高，他们就能有更多的精力和时间来进行农业生产，这将有利于农业生产的发展。

找到一种既能优化耕地利用，提升农民收入，又能保障社区稳定的方法，显得尤为关键。因为这种方法既能保证农民的利益，又能保障社区的稳定，从而实现社会效益的最大化。同时，耕地资源的保护也是社会效益最大化的重要内容。因为耕地资源的保护直接关系食品安全和公众健康。只有保护好耕地资源，才能保障食品的安全，从而维护公众健康。换言之，社会效益的最大化，就是要在保护和合理利用耕地资源的基础上平衡农民的利益、公众的健康和社区的稳定。这是一个复杂的过程，需要广大学者和研究人员通过深入研究和实践，找到一个合理的平衡点。只有实现了这个平衡，耕地才能实现社会效益的最大化。因为社会效益的最大化不仅涉及农民的利益，还涉及公众健康和社区稳定。只有实现了这三者的和谐统一，才能说耕地资源实现了社会效益的最大化。

（三）实现经济效益最大化

耕地资源经济效益最大化的关键是寻找那些能够产出更多收益、降低更多成本的农耕方式。对于农业生产来说，效率和成本都是不容忽视的重要因素。一方面，效率决定了生产的速度和数量；另一方面，成本直接影响了生产的利润。因此，农业生产不仅需要仔细考虑各种农耕方式的经济效益，还需要借助评价指标体系，全方位评估各种农耕方式的影响。全方位评估不仅包括直接的经济效益，还涉及生态环境和社会稳定等其他重要因素。例如，一种农耕方式会带来很高的经济收益，但如果它对生态环境造成严重破坏，或者对社会稳定产生不利影响，那么它的总体效益就可能是负面的。所以，考虑到这些因素，在全方位评估之后，农民和农业企业能够在多元化的评价指标下，选出最适合自己的、最具经济效益的农耕方式。

同时，这个评价指标体系可以帮助农民和农业企业预判各种农耕方式的经济可行性。例如，通过这个评价指标体系，他们可以了解到某种农耕方式带来的潜在风险，从而避免产生不必要的经济损失，从而能更好地实现经济效益的最大化。在实现经济效益最大化的过程中，农民和农业企业要始终将评价指标体系作为决策的重要工具，以全面了解各种农耕方式的优点和缺点以及可能带来的影响，进而做出最适合自己的决策。这不仅有助于提高农业生产的效率，也有助于降低农业生产的成本，达到实现经济效益最大化的目标。

第三节　区域耕地资源可持续利用评价指标体系

一、区域耕地资源可持续利用评价指标体系的概述

（一）国际发展背景

自 20 世纪 90 年代以来，土壤学家和土地评价专家在全球范围内都开始将可持续发展的概念引入他们的研究中，这代表了对环境问题的深

刻认识和对未来的远见卓识。他们认为，只有在保证土地资源可持续利用的基础上，人类社会的发展才能够在未来得到保证。他们进一步提出了可持续土地利用管理的理念，因为他们明白，无论是对土地的生产性利用，还是对土地的保护性利用，都需要有明确的管理和规划。在这个背景下，FAO（联合国粮农组织）在 1993 年发表的《可持续土地利用管理评价大纲》（以下简称"评价大纲"）可以说是代表这一理念的集大成者，它确定了可持续利用的基本原则、程序和评价标准，为世界各国在土地利用评价中，无论是在自然、经济还是社会等方面，都提供了宝贵的指导。

（二）具体构建方法

仅有理念和指导原则并不足以解决具体问题，因为在实际应用中，每个地区的具体情况都有所不同，这就需要有一个适应性强、既可以全局适用又可以具体到某一区域的评价指标体系。构建这样一个有效的区域耕地资源可持续利用评价指标体系是一项极具挑战性的任务，它需要广大研究人员在前人的研究成果和 FAO 的评价大纲的基础上，结合区域耕地资源可持续利用的基础理论和指标体系设定的原则，发展新的理论和方法。本书将耕地可持续利用作为总目标，设定五个准则层：耕地生产性、耕地稳定性、耕地保护性、经济可行性和社会接受性，构成了整个评价指标体系的基础框架。这个框架使得广大学者和研究人员可以根据不同的评价对象进行具体的评估，也保证了评价的系统性和全面性。

（三）指标体系的广泛性和实用性

一个优秀的耕地资源可持续利用评价指标体系应当既能适用于特定的地区，也能适用于不同的地区。而且，这个体系还要能够提供对于耕地生产性、耕地稳定性、耕地保护性、经济可行性和社会接受性的评估，这五个准则层具有广泛性和实用性。在具体应用中，人们可以根据实际情况对评价指标体系进行调整，使其更好地适应地方的实际情况，提供更精准、更具有指导性的评估结果。只有这样，这个评价指标体系才能真正在全球范围内发挥作用，也能够针对特定的地区进行定制化评估，最终体现出其广泛性和实用性。

二、指标体系的构成

（一）耕地生产性评价指标

广大学者和研究人员在深入探讨耕地生产性评价指标时，首先需要充分认识到，耕地的质量和生产力不仅是决定其价值的重要因素，也是衡量其可持续利用程度的关键标准。在众多相关参数中，有效土层厚度、土壤质地、有机质含量、pH 等土壤物理化学性质，构成了对土壤肥力和生产能力的基础评估。有效土层厚度直接决定了土壤能储存多少水分和养分，进而影响植物的生长发育；土壤质地则与土壤的通气性、渗透性、保水性等性质有直接关联；有机质含量则体现了土壤的肥力和结构性，对于提升耕地生产力至关重要；pH 则影响土壤中各种养分的有效性。除此之外，水土保持系数、人均粮食产量、人均种植产值、复种指数、粮食播种单产等生产力指标更是综合体现了土地在现有管理和利用方式下的生产力水平。例如，水土保持系数的高低直接影响土地的可持续使用期限，人均粮食产量和人均种植产值直接揭示了土地生产的效率，复种指数和粮食播种单产则反映了土地的综合利用程度和效益。因此，这些指标共同构成了衡量耕地生产性的多角度、多层面的评价体系。

（二）耕地稳定性评价指标

耕地稳定性评价指标主要涉及的是耕地在自然环境变化时，是否能保持较高的生产力，具体来说，就是其抵御自然灾害的能力和保障稳定产量的能力。在这个指标体系中，耕地灌溉保证率、洪涝灾害发生率、地面平整状况、植物保护体系、道路通达度、农业机械化水平、旱涝保收面积等都是关键的评价因素。例如，耕地灌溉保证率可以反映出耕地对灌溉水源的依赖度，这在一定程度上决定了耕地在干旱情况下的生产能力；洪涝灾害发生率则体现了耕地对洪涝灾害的抵御能力，对预测耕地在灾害中的损失具有重要意义；地面平整状况和道路通达度则直接影响农业作业的效率和便利性；农业机械化水平则关系耕地的产能和产量；旱涝保收面积反映了在面对旱涝灾害时，能够保证收成的耕地面积，它进一步体现了耕地的抵抗灾害能力。所以，通过综合考量这些指标，人们可以更全面地理解耕地的稳定性，并据此制定更加科学合理的耕地管理和使用策略。

（三）耕地保护性评价指标

对于耕地保护性评价指标，其主要关注的是在实现耕地高效利用的同时，如何做到环保和资源的可持续利用。其中涉及的具体指标包括重金属污染、农药残留、塑料薄膜残留、地面侵蚀沟占土地面积比例等环境保护指标，以及人均水资源量、"三废"处理率、水土流失率、耕地总量变化等资源保护指标。这些指标综合反映了在耕地利用过程中，人类活动对环境造成的影响，以及对资源的使用效率和利用程度。重金属污染、农药残留和塑料薄膜残留直接反映了耕地的环境质量和食品安全问题；地面侵蚀沟占土地面积比例则是衡量土壤侵蚀严重程度的一个指标，它与土地退化问题密切相关；人均水资源量、"三废"处理率、水土流失率和耕地总量变化更是直接关系耕地可持续利用的可能性。因此，耕地保护性评价指标的引入，有助于人们全面理解和把握在耕地利用过程中面临的环境和资源问题，可为有关部门科学管理和保护耕地提供有力支撑。

（四）经济可行性评价指标

经济可行性评价指标则从经济效益的角度对耕地利用进行考量，它是评价耕地资源可持续利用评价指标体系的重要组成部分。在这一指标体系中，化肥施用量、农药使用量、单位土地面积净收益、人均农业产值、GDP 增长率、农业在地区国内生产总值中的比重等都是重要的参考指标。这些指标从不同的角度和层面反映了耕地利用对区域经济的贡献程度，以及耕地利用的经济效率和效益。化肥施用量和农药使用量更多地反映了耕地生产过程中的投入成本；单位土地面积净收益和人均农业产值则直接表现了耕地的经济效益；而 GDP 增长率和农业在地区国内生产总值中的比重既反映了农业和耕地在区域经济中的重要性，也能够从宏观角度揭示耕地利用对经济发展的影响。因此，经济可行性评价指标的全面引入可以帮助人们更为准确地理解和把握耕地利用的经济价值，进而有针对性地调整和优化耕地管理策略，以实现耕地的可持续利用。

（五）社会接受性评价指标

社会接受性评价指标则是以社会对于耕地利用方式的接受程度和需求满足程度为评价依据，关注点主要集中在人均农产品消费水平、人口自然增长率、农村人均居住面积、社会需求满足度等方面。这些指标从社会角度反映了人们对耕地的需求和期望，以及耕地利用方式对社会生活的影响。例如，人均农产品消费水平可以直接反映耕地产品的供需状况，人口自然增长率反映了未来对耕地产品需求的变化趋势，农村人均居住面积反映了农村地区对耕地空间的需求，而社会需求满足度则更加直接地反映了当前耕地利用方式是否得到社会的广泛接受。通过全面考察这些社会接受性评价指标，人们可以更好地了解社会对耕地的需求和期待，从而在规划和管理耕地利用过程中更好地满足社会需求，实现社会和经济的双重效益。

第四节　区域耕地资源可持续利用评价方法

一、基于产出效率的评价方法

（一）粮食产量评价

粮食产量是观察耕地资源生产效率的直观指标，它反映了土地的生产力和效益。这一指标在衡量耕地资源可持续利用方面有着举足轻重的地位。一块土地的粮食产量多少，就如同一面镜子，反映出这片土地的生产能力和可持续性水平。对比同等条件下不同耕地的粮食产出，可以对耕地的生产效率和可持续性做出较为直观的评估。如果一片耕地能保持粮食产量的持续稳定甚至是增长，那么这片土地的可持续利用程度就会被认定是较高的。这是因为稳定的粮食产量表明土地的生产力没有因为种种因素而受损，反而能够保持乃至提高。这种情况无疑是符合可持续发展的理念的。

同时必须看到，仅仅为了追求粮食产量的提高而不顾对环境的影响，这将会是一种短视的行为，因为粮食产量的提高并不能以牺牲环境为代价。如果因为粮食产量的提高而导致环境质量下降，那么土地的长期生产力就会受到影响，这对耕地的长期可持续利用无疑是一种威胁。所以人们在追求粮食产量提高的同时，必须寻找粮食生产与环境保护之间的平衡。农业生产者需要采取一系列的策略来实现这个目标，包括改进农业技术、优化种植结构、提高种植密度等。这些策略不仅能提高粮食产量，还能在一定程度上提高环境质量，以此达到耕地资源可持续利用的目标。除此之外，粮食产量的提高离不开政府的支持。政府对农业技术的投入、农民的培训、农业市场的规范都有重大影响。例如，投入更多的资源在农业技术研发上，可以使农业生产效率得到大幅度提高，而对农民的培训可以提高农民的种植技能，使他们更好地利用土地，提高粮食产量。同时，对农业市场的规范可以保证农民的利益，促使他们更积极地参与农业生产。

（二）经济效益评价

对于耕地来说，经济效益是极其重要的一个评价指标，它直接反映了耕地的投入产出比例。一般来说，耕地的投入包括种子、化肥、农药、水资源以及人力等多方面的资源，而产出则主要以农产品的市场价值为衡量标准。如果耕地能够在投入和产出之间取得良好的平衡，持续优化投入产出比，那么这片耕地的可持续利用程度就可被认为是高的。然而，经济效益并不仅仅局限于投入产出比的计算，更加深入地来看，它还涉及环境因素。例如，农业污染的控制以及生物多样性的保护等，都是影响耕地经济效益的重要因素。农业活动如何在保证产出的同时尽可能地减少对环境的影响，对生态环境做出贡献，这是评价其经济效益的重要一环。

为了提高耕地的经济效益，农户和农业企业需要实施一系列的策略。例如，可以通过调整、优化种植结构，采取先进农业技术，提高农产品的附加值等方式，提高耕地的经济效益。这些策略的实施需要根据实际情况进行灵活调整，以便在保证农产品质量的前提下，提高产出，降低投入，从而提高经济效益。在农业环保方面，农户和农业企业也需要采取措施提高耕地的环境效益。例如，可以通过采取环保农业技术，进行农业废弃物的循环利用，减少农业污染，提高生物多样性，进而提高耕地的环境效益。例如，环保农业技术的使用不仅可以减少对环境的影响，还可以提高农业的生产效率，有利于提高耕地的经济效益。农业废弃物的循环利用有效地利用了资源，不仅可以减少污染，还可以降低农业生产的成本。同时，保护生物多样性能改善农业生态环境，提高耕地的生产效率。

（三）耕地使用效率评价

耕地使用效率评价主要关注的是单位面积的农业产出。农户和农业企业通过进行有效的农业管理和采用先进的农业科技，力求实现较高的产出，具体手段包括但不限于使用改良品种、高效灌溉、精准施肥等方法以提升产量。耕地使用效率的提升不仅是在粮食产量上的提高，也涵盖了生物多样性、土壤质量等各方面的提高。这是因为耕地并不只是农作物的产地，还是丰富的生物多样性和健康土壤的来源。所以，提高耕地使用效率就意味着需要在多个维度上进行提升和优化。提高耕地使用效率有助于提升耕地的经济效益，提高耕地资源的利用率，从而推动耕地资源的可持续利用。更高的产出意味着更高的经济效益，而更高的耕地资源利用率则体现在耕地的全方位高效使用上。只有这样，才能实现耕地资源的长久可持续利用，避免资源的过度开发和浪费。

在实际操作中，要想提高耕地使用效率，就需要提升农业生产技术水平，需要对农业生产过程进行科学管理。例如，合理规划种植结构不仅能够充分利用耕地资源，还能保持土壤的肥力；科学安排生产时间可以使得作物在最佳的生长周期内进行生产，从而提高产出；另外，农业生产过程的精细化管理，如定期进行土壤检测，精确掌握施肥、灌溉的最佳时机和数量，可以提高作物的生长效率和产量。在环保方面，提高耕地使用效率也需要注重环保。例如，采用环保农业技术，用更少的化肥和农药可以减少对环境的污染；同时，要避免农业生产过程中产生的废弃物对环境造成破坏；此外，还要保护生物多样性，因为生物多样性不仅是地球生物资源的宝库，也是维持生态系统稳定的重要因素。这些都是在提高耕地使用效率过程中需要考虑的环保问题。

（四）农业生态效益评价

评价耕地的价值，不能仅仅关注粮食产量或经济效益，应更为广泛地包含生态环境的影响。在这个意义上，农业生态效益的评价成为重要的一环。农业生态效益评价主要关注耕地利用对生态环境产生的影响，内容包括农业污染的控制、生物多样性的保护、土壤质量的提高等因素。每一片耕地都应该成为生态系统的一部分，而不仅仅是农业生产的场所。即使粮食产量和经济效益有所降低，只要能够有效地控制农业污染，保护生物多样性，提高土壤质量，这片耕地的可持续利用程度仍然会被认为是高的。这是因为只有在保护环境的前提下，耕地才能够持续产出农产品，人类的生存环境才能得到保障。

在实际的操作过程中，提升农业生态效益的方法有很多。例如，采用环保农业技术，进行农业废弃物的循环利用可以减少农业污染。这种做法不仅能够减少对环境的破坏，还能充分利用农业资源，减少浪费。同样，保护和提高生物多样性也可以提升耕地的生态效益。生物多样性是保证生态系统稳定的重要因素，且各种生物间的相互作用还可以帮助提升农作物的产量和质量。农业生态效益的提高还需要政策的支持，包括制定环保农业政策，提供环保农业技术的支持，对环保农业进行奖励等。例如，政府可以制定鼓励使用环保农业技术的政策，为农民提供使用环保农业技术的培训，或者对采用环保农业技术的农民进行奖励。

二、基于生态足迹的评价方法

（一）土壤保护

土壤对农业生产具有基础性作用。可以说，无论是哪一种农作物，其生长的基础都是土壤。农业的可持续发展与土壤保护的关系是非常紧密的。无论是大型的农场，还是小块的家庭菜园，都需要优质的土壤来保证农业生产的成功。然而，农业活动可能会对土壤产生各种不利影响，如土壤结构破坏、肥力下降、侵蚀等。这些问题都会导致耕地的可持续利用程度下降，对农业的长期发展造成影响。因此，基于生态足迹的评价方法将土壤保护作为衡量耕地资源可持续利用的重要指标。这种评价方法通过全面分析和评估农业活动对土壤健康的影响，包括对土壤结构、肥力、侵蚀等方面的影响，对耕地的可持续利用程度给出评价。为了保护土壤，农业生产者需要改变传统的农业生产方式，采取更为可持续的农业生产方式。这些方式包括有机农业、保护性耕作等，这些都是对土壤健康有益的农业生产方式，可以有效地避免产生土壤健康问题，从而保证农业的可持续发展。

（二）水资源管理

水资源管理在全球范围内正面临着日益严重的压力。其中，农业行业作为全球水资源消耗的主要领域，其水资源的管理水平及使用效率直接关系到全球水资源的可持续利用问题。水资源的过度消耗与污染，会对耕地的长期生产能力构成威胁，甚至让耕地失去进行农业生产的能力。基于生态足迹的评价方法可以为农业对水资源的使用效率及污染程度做出评估，从而对耕地的可持续利用程度做出判断。有效的水资源管理是一种科学地调度与合理使用水资源的过程，农业生产者需要通过各种手段来实现这个目标。其中一个主要的方法就是改进灌溉技术，以提高水资源的使用效率，减少水资源的无效消耗。很多的灌溉技术，如滴灌、喷灌等，都能够有效地提高灌溉效率，减少水资源的浪费。同时，这些技术还能够通过合理地安排灌溉时间和灌溉量进一步提高水资源的使用效率。

防止农业活动对水源的污染自然也是一个重要的任务，农业活动中使用的化肥和农药等物质，如果没有进行有效的管理会污染水源，对环境和人类健康造成威胁。因此，保护水源、防止农业活动对水源的污染，成为农业生产者必须面对的问题。他们需要采取有效的措施，如合理使用农药和化肥，使用环保农业技术，进行农业废弃物的循环利用等保护水源，保证水资源的可持续利用。在这个过程中，政策的引导和支持也是非常重要的。政府可以通过制定政策鼓励农业生产者改进灌溉技术，提高水资源的使用效率。同时，政府也可以通过制定环保农业政策，鼓励农业生产者采用环保农业技术，防止农业活动对水源的污染。

（三）生物多样性保护

生物多样性保护是一个至关重要的议题，尤其是在农业生态系统中。因为生物多样性是构建农业生态系统的关键要素，这一多元化的生物系统对于保持农业环境的稳定起着至关重要的作用。生物多样性的保持和提高有许多好处，包括能够自然控制农业病虫害，维护土壤肥力，稳定农业生态系统，以及保证农业生产的长期可持续性。对于耕地资源可持续利用程度的评估，生物多样性的保护与提高是一个必须考虑的重要因素，基于生态足迹的评价方法就将这一因素纳入了评价的范围之内。

耕地资源的相关管理部门和农业生产者面临的一个重要任务就是如何在实际操作中保护和利用生物多样性。例如，他们可以在耕地上进行多样化种植，这不仅可以保护生物多样性，还能增加农业生产的多样性。此外，留有天敌栖息的空间也是一个有效的手段，这不仅有助于维持农业生态系统的稳定性，还能增强农业生态系统的健康性。生物多样性的保护和提高，对于农业生态系统的稳定性和健康性具有至关重要的作用。同时，生物多样性也是评价耕地资源可持续利用程度的重要指标。因此，耕地资源的相关管理部门和农业生产者应当重视生物多样性的保护和提高，这是实现耕地资源可持续利用的关键所在。多样化种植和留有天敌栖息的空间等方式，都是保护和利用生物多样性的有效手段。

（四）温室气体排放

耕作、施肥、放牧等日常农业活动都会产生大量的温室气体，成为推动全球气候变化的一大因素。因此，研究耕地的碳足迹，也就是农业生产活动导致的温室气体排放量，已经成为评价耕地资源可持续利用程度的重要标准。将温室气体排放纳入考虑范围，旨在使得农业生产活动和环境保护之间达到平衡，尽量降低人类活动对自然环境的负面影响。农业生产者为了降低耕地资源的温室气体排放，需要付出巨大的努力，采取一系列的有效措施。提高肥料的利用率是其中的一个重要措施，这意味着需要减少化肥的使用量，尤其是那些在生产和使用过程中会产生大量温室气体的化肥。优化肥料施用策略有助于减少化肥在生产和使用过程中的温室气体排放，这对降低温室气体排放起着至关重要的作用。

另外一个重要的措施是优化农田管理，减少农业生产活动中的温室气体排放。例如，适时的灌溉和耕作、合理的施肥和收割，都能有效地降低农业生产活动中的温室气体排放。通过这些方式，农业生产者能够在保持生产效率的同时，减少对环境的影响。这些措施可以有效地降低农业生产活动中的温室气体排放，有助于实现农业的可持续发展。通过减少化肥的使用，优化农田管理，农业生产者不仅可以减少温室气体排放，也能在更大程度上实现农业生产与环境保护的协调发展。

三、基于土壤质量的评价方法

（一）土壤肥力

农业生产中的关键环节之一是确保土壤肥力的适宜程度。这个重要因素反映了土壤中养分的丰富程度，而这个丰富程度直接决定了土壤对农作物生长的支持力度。是谷物丰收的黄金田地，还是贫瘠单调的荒芜之地，土壤肥力的好坏起着决定性的作用。然而，衡量土壤的肥力并不是一件简单的事情。这需要对土壤中的主要养分，包括氮、磷、钾以及各种微量元素的含量进行检测、评估。这些元素是植物生长所必需的，它们在土壤中的含量充足才能保证农作物的正常生长。

在现代农业生产过程中，施肥是一种常见的增加土壤肥力的方法。

具体而言，如果没有对土壤的养分状况进行准确评估，农业生产者可能无法选择合适的施肥方法。一些不合理的农业行为，如长期单一作物、过度施肥或者不施肥会导致土壤中养分的流失，使土壤肥力下降，影响农田生产力。这就需要农业生产者根据土壤肥力的评价结果采取相应的行动。如果土壤的养分含量丰富，那么农业生产者就需要采取保守的施肥策略，以防止过度施肥带来的问题。如果土壤的养分含量较低，那么农业生产者就需要采取积极的施肥策略，以确保农作物的正常生长。这些决策都需要根据土壤肥力的评价结果来进行。而土壤肥力的评价结果，是对土壤养分状况的精确反映，它对决定农业生产的方向和策略有着至关重要的作用。只有确保土壤肥力适中，农业生产才能实现理想的产量和效益。

（二）土壤结构

农作物的健康生长与良好的土壤结构有密切的关系。一块土地肥沃与否，除了土壤的养分含量，其土壤结构也占据着非常重要的地位。优良的土壤结构不仅为农作物的根系提供了一个宽广的生长空间，也为水分和养分的吸收提供了一条畅通无阻的通道。这就好比一条高速公路，使得水分和养分能够快速、准确地到达植物的各个部位，提供生命所需的各种元素，支撑植物的生命活力。

但是，如何衡量一种土壤结构是否良好呢？在这个问题上，土壤的质地、渗透性以及水分保持能力等因素就变得尤为重要。这些因素就像是土壤的健康指标，显示出土壤是否有一种良好的结构，是否能为农作物的生长提供一个良好的环境。它们直接决定了土壤是否能够有效地为农作物提供必要的养分和水分。如果土壤结构不佳，那么农作物的生长就会遭遇难以预测的挑战。例如，不良的土壤结构会限制农作物根系的发展，阻碍水分和养分的流动，这对农作物的生长构成直接威胁。在这种情况下，农业生产者就需要采取一些措施来改良土壤，增加其有机质含量，以此改善土壤的结构。这就像是一场手术，农业生产者通过精准的"刀法"对病态的土壤进行改良，使得原本贫瘠的土壤逐渐恢复生机，提升其肥力，为农作物的生长提供一个良好的环境。

可以说，土壤结构是影响农作物生长的重要因素。而改良土壤结构，使之变得更加适合农作物的生长，也是农业生产者在日常农业生产中需要重点关注的问题。

（三）土壤 pH

土壤 pH 是衡量土壤"体温"的重要指标。正如一位优秀的医生会时刻关注病人的体温一样，因为体温的波动往往能反映病人的身体状况。同理，农业生产者也需要关注土壤 pH，因为它对农作物生长的影响深远而重大。农作物也有各自最适宜的土壤 pH 范围，每个物种都对环境有一定的适应性，这就决定了每种农作物的最适宜生长的土壤 pH 范围。如果土壤 pH 超过了这个范围，那么农作物的生长就会出现各种问题，会表现出生长缓慢、果实发育不良等情况，严重的话甚至会导致死亡。另一方面，土壤 pH 还对土壤中的微生物活动有直接的影响。这些微生物是土壤的生命力，它们在土壤中进行各种生物活动，促进土壤养分的转化和供应，对农作物的生长起着关键作用。如果土壤 pH 过高或过低，微生物的活动会受到影响，这将对农作物的生长带来不良影响。

对土壤 pH 的评估与调整，就如同对病人进行体温监测与调节一样，对于保障农作物的生长有着极其重要的作用。因此，农业生产者需要定期测量土壤 pH，及时了解土壤的酸碱状况。如果发现土壤 pH 偏离了适宜的范围，就要采取相应的措施进行调整。例如，可以通过施用石灰来提高土壤 pH，或者施用硫黄来降低土壤 pH，从而维持土壤适宜的酸碱度，保证农作物的正常生长。可以说，土壤 pH 就是农作物生长的"体温表"。只有把握好这个"体温表"，才能保证农作物在一个适宜的环境中生长，从而产出优质的农产品，满足人们的需求。同时，良好的土壤 pH

也有利于保持土壤的健康，为子孙后代保留了更多的资源。因此，关注并调整土壤 pH，是农业生产者在日常农业生产中需要重点关注的问题。

（四）地理位置和气候条件

地理位置和气候条件对农作物生长起着决定性作用。例如，有些地方适宜种植水稻，有些地方则适宜种植小麦或大豆。这是由地理位置和气候条件决定的，这两者与农作物之间构成了一种微妙的互动。研究地理位置和气候条件对农作物的影响，就如同解读 DNA 序列一样，能指导人们进行更有效的农业生产。在这个过程中，农业生产者并非独立的观察者，他们需要根据耕地的地理位置和气候条件，科学地选择适宜的农作物进行种植，以求得到最佳的生产效果。这种选择并非随机和盲目的，而是基于科学研究和深入观察的结果。通过对耕地地理位置和气候条件的深入研究，农业生产者能够找出适合种植的农作物，实现耕地的最大化利用。

四、基于多元评价的方法

（一）综合指标的制定

综合指标反映耕地各个方面的状态与效率。这些指标的其中之一是产出效率，一般通过单位面积的粮食产量来进行衡量。另一类重要的指标则关乎环境。例如，碳排放的多少或者生物多样性的改变，都是这类指标中不可忽视的部分。除此之外，还有一类衡量土壤质量的指标，如土壤肥力和结构等，都是这一类指标的重要组成部分。这类指标清晰地揭示了决定耕地生产力的关键因素，也在耕地评估中发挥着关键的作用。当然，地理气候条件作为一种综合指标，也占据着不可忽视的位置。它们对于什么作物可以种植，以及作物的生长状况有着决定性的影响。这些指标融合在一起，就构成了综合指标，它们从多个维度表现耕地，为人们提供了全面的耕地信息，使人们能更好地理解和管理耕地。

（二）权重的设定

在决定耕地评价体系的过程中，权重的设定是不可或缺的部分，它起着衡量和反映各个指标在整个评价体系中重要程度的作用。有些指标对耕地的影响相比于其他指标来说更为深远和广泛，因此它们在总体分析中的地位理应更为突出。有些指标虽然不会像其他的指标那样对耕地产生广泛的影响，但往往能够在关键时刻产生关键的影响，它们往往能够使整个评价体系更加丰富和全面。为了确保权重设定的科学性和公正性，专家意见的参与是必要的。专家们拥有丰富的经验和深厚的理论基础，他们的意见往往能够为权重设定提供较有价值的参考。人们通过分析统计数据，可以客观地了解各个指标在耕地评价中的表现，从而为权重设定提供准确的依据。而模型预测结合现有的知识和经验，可以展望未来的发展趋势，为权重设定提供前瞻性的参考。综上所述，权重设定需要通过各种手段，如专家意见、统计数据和模型预测等，为每一个指标赋予合适的权重，以确保评价体系的科学性和公正性。只有这样，才能确保整个评价体系的有效性和可信度。

（三）综合评价的进行

在确定各项指标及其相应权重之后，便进入综合评价的阶段，这个阶段各种各样的指标在评价过程中各司其职、各展其能，根据设定的权重，彼此交融，每一个指标都提供自己独特的信息。这些指标根据权重的大小，进行适当的调整，使整个评价过程更加公正和科学。

这些指标在评价过程中，彼此交织，共同形成对耕地资源可持续利用状况的全面、客观的评价。这个评价是根据各项指标和权重得出的，每一个指标及其权重的综合，就构成了这个评价。

（四）评价结果的应用

评价结果会为相关决策者提供重要的参考依据，农业政策的制定、农业技术的改进、资源配置的优化等方面都会受到评价结果的影响。决策者可以根据这些评价结果，对现有的农业政策进行修正和调整，以便更好地满足农业生产的需求。评价结果的应用不局限于当下，它还具有预测和指导未来发展的价值。定期对耕地进行综合评价，可以及时获取耕地可持续利用的最新信息，从而监测和了解耕地可持续利用的变化趋势。这一点对于预测未来农业发展以及环境保护具有重要的指导意义。

第五节　区域耕地资源可持续利用评价标准

一、相对性和发展性

（一）多元化理解

多元化理解源于评价标准的内在复杂性以及不断变化的特性，类似于人们对大海的不同理解。站在海边，各种各样的观察者会得出不同的观察结果：有些人看到狂暴的海浪，在他们的眼中，大海充满了力量；另一些人则看到海天一色的宁静，他们眼中的大海是宁静平和的象征。这种多元化的理解不仅仅是因为不同学者对耕地资源可持续利用的概念和内涵的理解存在差异，更重要的是，它源于问题背景和研究目标的多样性。当面临不同的问题背景和研究目标时，人们需要设定不同的评价标准。就好像人们在不同的时间、不同的地点看海，所看到的海洋颜色和状态都会不同，这其实是问题和目标多元化的一个生动反映。

多元化理解不仅体现了问题和目标的多样性，也体现了人们对耕地资源可持续利用的认识深度和广度。有时，一个看似简单的问题实则蕴含着复杂而深远的内涵；有时，一个明确的研究目标却因为问题背景的变化而需要调整。因此，无论是从问题的多元化还是目标的多元化来看，人们都需要对其有一个全面而深入的理解。由此可见，多元化的理解，就像大海的不同面貌，展现了问题的复杂性和解决问题的多种可能性。人们可以通过观察、比较、研究，对问题有更深入、更全面的理解，从而为解决问题提供更好的思路和方法。在区域耕地资源可持续利用评价标准的设定过程中，这种多元化的理解是必不可少的。通过这种多元化的理解，人们可以更好地把握问题的实质，更好地解决问题，更好地实现耕地资源的可持续利用。

（二）动态调整

在耕地资源可持续利用中，评价标准扮演着一种不可或缺的角色。它就如同指引航行者前进方向的海洋航标，对于确定耕地资源可持续利用的路径具有极其重要的指导价值。无论是对于资源的综合评价，还是对于可持续发展的长远规划，都离不开这一关键导向。社会经济的发展、环境条件的变化，以及科技进步，构成了评价标准需要考虑的多元化动态因素。这些因素为耕地资源的可持续利用带来了新的挑战，也带来了新的机遇。因此，那些起着关键指引作用的"航标"——评价标准，就需要在不断的变动中进行动态调整，以适应这些变化。评价标准需要具备足够的灵活性，能够根据新的发展趋势、新的挑战及时地进行调整。

新的挑战意味着新的需求，新的需求则需要新的解决方案。评价标准在这一过程中扮演了至关重要的角色。通过灵活调整，它们能够帮助研究人员准确地理解问题，从而找到适合的解决方案。新的发展趋势又将为研究人员提供新的思考角度，进一步拓宽研究视野，使其能够从更广阔的角度来看待问题，从而找到更为全面的解决方案。灵活性是评价标准的重要特性，只有具备这一特性，评价标准才能够在复杂多变的实际情况中，准确地指引未来的研究与发展方向，帮助中国耕地资源保护与可持续利用找到正确的道路。因此，无论是对于当前的问题，还是对于未来的挑战，研究人员都需要具备一种动态的思维方式，只有这样才能够在不断变化的情况下，找到适合的解决方案，从而实现耕地资源的可持续利用。

（三）实践参照

每一次的实践都是对评价标准的一次验证。只有在实践中，才能发现评价标准的优点和不足，才能将理论知识与实际情况紧密结合起来，使理论与实践相互促进，相互提高。同样，耕地资源可持续利用的评价标准也需要在实际的应用中不断进行修正和完善。

修正和完善评价标准，并不意味着它们原本就是错误的，而是在实践中，研究人员发现了更多的可能性、更多的变数，这些都需要研究人员对评价标准进行修正，使其更加符合实际的需求。这不仅提高了评价标准的科学性，也增强了其适应性，使其更能满足实际的需求。毋庸置疑，实践是检验真理的唯一标准，是推动发展的关键因素。在实践中，评价标准会不断被修正、被完善，因为每一次的修正、每一次的完善，都会让研究人员离研究目标更近一步。

（四）追求可持续性

对可持续性的追求，通常可以视作对未来的一种投资，是一种基于对资源长期可利用性的深思熟虑。而这种深思熟虑并非只停留在纸面上，还要在实践中体现。追求可持续性需要人们有远见卓识，能预见未来，能为了未来的可持续发展而奋斗。对于耕地资源的可持续利用，这尤为重要。人们既要权衡眼前的利益和效益，也要考虑对未来产生的影响。这需要有一种前瞻性的思维，能够预见未来可能遇到的问题和挑战，并在眼前的利益和长远的未来之间找到一种平衡。这种预见就是对未来的一种考虑，一种对未来可能产生影响的考虑。

对于耕地资源的可持续利用而言，这种追求同样重要。只有这样，才能真正实现耕地资源长期、稳定的可持续发展。因此，这种对未来的考虑、对长期可持续性的追求，对于耕地资源的可持续利用而言是必不可少的。

二、地域和时间的影响

（一）地域差异

地域差异意味着耕地资源在不同地域的环境条件、资源条件、生态条件等因素都有显著的不同。这种不同在很大程度上决定了耕地资源的利用方式和能力，从而对其可持续性产生深远的影响。考虑到地域因素的影响，从北到南，从东到西，各地的地理环境、气候条件、土壤性质和生物多样性等差异明显。这些差异使得不同地域的耕地资源情况各不相同，耕地的特性和利用方式也因地而异。在水资源丰富的地区，如江南水乡，其地质地貌、气候条件和生物环境使得稻田耕作成为最优选择。大面积的稻田种植可以充分利用当地水资源，实现资源的优化利用。

然而，在干旱地区，如西北荒漠，耕地的利用则面临着更大的挑战。在这种极端的环境下，传统的耕作方式往往难以应用，而需要转向种植耐旱性更强的作物，如玉米、高粱等。因为这些作物能够在干旱条件下生存，更能够适应西北地区的气候和土壤条件。地域的差异性不仅体现在作物的选择上，还体现在耕作方式、农业技术的应用等方面。例如，在土壤肥力丰富、气候温和的地区，更适合采用深耕、轮作等传统耕作方式，而在土壤贫瘠、气候恶劣的地区，则适合采用更为灵活、高效的农业技术，如保护性农业、节水农业等。这些差异需要在评价标准中得到体现，以满足不同地区的实际需求。因此，地域差异对耕地资源可持续利用评价标准的影响是多方面的，这种影响无疑是重要的，也是必须考虑的。一方面，它影响着地方农业的发展和农民的生产生活；另一方面，它也关乎国家粮食安全和社会经济发展的大局。

（二）时间变化

考虑时间变化对于耕地资源可持续利用评价标准的影响具有重要意义。这些时间变化包括气候变化、人口增长、经济发展等方面的因素，这些因素在一定程度上都会对耕地资源的可持续利用产生显著影响。在一个漫长的时间周期中，这些影响因素的变化会超出研究人员的判断。例如，随着全球化的推进和经济的快速发展，科技的不断进步会对耕地的利用方式产生深刻影响。举例来说，过去，人们主要依靠人力和畜力进行耕种，而现在，人们已经可以通过科技手段，如使用农业机械和智能化设备来提高耕地的利用效率。这种提高效率的发展趋势，使得原来的耕地能够产出更多的粮食，从而满足了因为人口增长而带来的粮食需求的增加。

随着人口的增长，人们对耕地资源的需求也会增加。过去，当地球上的人口还不是很多的时候，人们并不需要太多的耕地就可以满足对粮食的需求。然而，随着人口的不断增长，人们对粮食的需求也在不断增加，因此，对耕地资源的需求也在相应增加。这就需要评价标准对于这种变化做出响应。例如，评价标准需要考虑如何在不增加耕地面积的情况下，通过提高耕地的利用效率来满足更大的粮食需求。在这样的背景下，时间变化对耕地资源可持续利用评价标准的影响必须得到充分的考虑。只有这样，评价标准才能够真正适应社会经济发展的需求，才能够真正实现耕地资源的可持续利用，保障社会的稳定和发展。

（三）动态适应

动态适应首先体现在对不同地域的敏感性上。例如，高原地区和平原地区的耕地资源的特性和利用方式存在显著的差异。在高原地区，由于地势较高，气候条件恶劣，耕地资源的可利用程度会较低。而在平原地区，由于地势较低，气候条件较好，耕地资源的可利用程度会较高。

因此，评价标准要能够灵活地根据不同地域的具体情况进行调整，以保证其在不同地域的适用性和准确性。

动态适应也体现在对时间变化的敏感性上。随着社会经济的发展、科技的进步，人们对耕地资源的利用方式和效率会发生显著的改变。例如，随着科技的进步，人们会发展出新的农业技术，这会提高耕地的利用效率，改变耕地的利用方式。因此，评价标准要能够灵活地根据时间变化的具体情况进行调整，以保证其在不同时间段的适用性和准确性。在实现动态适应的过程中，持续的监测和评估是必不可少的。一方面，对各地区耕地资源的状态进行持续的监测和评估，可以帮助研究人员了解各地区耕地资源的具体情况，提供调整评价标准的基础数据。另一方面，预测和评估社会经济的发展对耕地资源的利用需求，可以帮助研究人员了解未来的变化趋势，为修订和更新评价标准提供指导。

（四）区域化管理

区域化管理是对地域和时间影响的有效响应。区域化的耕地资源保护和利用策略，既能够提高耕地资源的利用效率，又能促进其可持续利用。具体的策略包括合理的耕地布局、适宜的耕作方式、高效的农业技术等。例如，通过科学的耕地布局，可以避免对耕地的过度利用，保持耕地的肥力；通过选择适宜的耕作方式，可以提高作物的产量，减少对耕地的损害；通过引进高效的农业技术，可以提高耕地的利用效率，减少对环境的影响。这样的区域化管理，不仅能够尽可能地发挥每个地域的优势，也能够应对由于气候变化、人口增长、经济发展等带来的挑战，从而实现耕地资源的可持续利用。

三、参考国际标准

（一）引入国际视野

一种评价标准的质量，是以其科学性和全面性为衡量标准的。没有科学性，评价标准就无法达到其应有的精确度和可靠性；缺乏全面性，则无法全方位、深层次地反映实际情况。研究人员在构建区域耕地资源可持续利用评价标准时，为了提升这两项核心特性，引入国际视野显得尤为重要。在全球化的大潮下，国界的意义已经发生了深刻的变化，而全球问题的解决也不再局限于某一个国家或地区。在耕地资源管理、生态环保、科学种植等方面，各国或各地区都在不断尝试和探索中积累了大量的经验和教训。这些成功的经验和有益的教训，都可以为构建科学、全面的评价标准提供宝贵的参考。

实际上，许多先进的经验和教训并不仅仅局限于某一个特定的国家或地区。例如，欧洲在生态环保方面的经验，或者美国在科学种植方面的技术，都可以为研究人员在构建评价标准时提供参考。引入国际视野，既可以避免重复过去的错误，也可以帮助研究人员在吸取别人的经验基础上快速地进步。除此之外，引入国际视野也可以提高评价标准的实用性。不同的国家或地区面临着不同的问题和挑战。参考国际的经验和教训，可以帮助研究人员更全面地了解这些问题和挑战，从而更好地制定适应当前全球发展趋势的评价标准。因此，将国际视野纳入区域耕地资源可持续利用评价标准的构建中，不仅能够提高其科学性和全面性，更能增强其实用性，使其更符合当前的全球发展趋势。

（二）保障可比性

如果说全球化使各国相互关联，那么可比性则是连接各国的纽带。在这个多元化的世界里，每个国家、每个地区都有其独特的发展道路和经验，而可比性就像一面镜子，让各地都能在其中看到自己的影子，也看到其他地方的影子，从而进行有效的对比和学习。在构建区域耕地资源可持续利用评价标准时，保障其具有国际可比性，便成为一项基本的要求。这是因为只有具有了可比性，研究人员才能在全球范围内进行公平、客观的评价，才能真实地看到各地在耕地资源可持续利用方面的优势和不足，从而在学习和借鉴中找到适合自己的发展道路。

可比性的保障，使得研究人员有了一个公正的评判工具，让研究人员能从同一角度看待各地区的实践。比如说，在耕地资源可持续利用的实践中，研究人员可以通过比较发现哪些地区的做法更有效率，哪些地区的技术更具前瞻性。这样不仅可以促进各地之间的交流和学习，也可以对自身的行动进行反思和调整，以期达到更高的标准。另外，国际可比性的保障也是研究人员进行跨区域、跨国际的学术交流和政策对话的基础。只有建立了公平、公正、公开的评价体系，才能真正进行深入的学术交流和有效的对话。通过比较和交流，研究人员可以更深入地了解和学习其他国家或地区在耕地资源可持续利用方面的实践经验和教训，从而提升自己的知识水平和实践能力。

（三）符合现代化趋势

在浩如烟海的学术研究中，斯坦福大学社会学家莫克尔斯教授提出的现代化 10 项标准，成为评价体系的一个坐标。这个标准以其科学性和全面性，被广大学者所接受和采用，其内容涉及社会、经济等广大的领域。当今社会是一个复杂的系统，其中的各个部分都是相互影响、相互制约的，形成了一个有机的整体。如同生态系统一样，社会的各个部分都是相互依赖的，如果仅从一个角度或者一个方面进行评价，那么评价的结果将难免片面，失去了全面性。

研究人员在评价一个地区耕地资源可持续利用的标准时，必须考虑社会的全面发展，这个全面发展的理念贯穿于经济、社会、环境等多个领域。仅仅从耕地资源的角度来看，可持续利用的理念也应当贯穿于各个层面，包括但不限于资源的高效利用、生态环境的保护、农业生产的科学管理等。这种全面的评价标准符合当今社会全面可持续发展的趋势，也就是经济发展、社会进步和环境保护的平衡和谐。这种平衡并不仅仅是一种理念，更是一种实践目标，需要研究人员在实际行动中去实践、去实现。评价标准需要具备现代化的视角，不仅因为这样的评价标准更科学、更全面，还因为这样的评价标准符合现代社会的发展需求。在全球面临严峻的环境挑战的背景下，可持续发展已经成为当务之急，这就需要研究人员在评价标准的构建中体现出对可持续发展的重视和支持。

（四）参照专业机构标准

世界各地的科研机构和专业人士积累了大量的知识和经验，形成了许多有关可持续发展、资源管理、社会公正等方面的评价标准。其中，联合国社会发展研究所提出的社会贫富区分的指标体系，已经在全球范围内被广泛应用，其科学性和实践性得到了全球的认可。这些评价标准的建立，都是基于长期的研究和实践，经过了严格的理论检验和实践验证，因此具有很高的科学性和实践性。它们不仅包含丰富的理论知识，而且有着很强的操作性，能够指导实际操作。

研究人员在构建区域耕地资源可持续利用评价标准时，引入这些国际标准，无疑可以大大提高评价标准的科学性和全面性。这些国际标准不仅覆盖了各个领域，也包含了各种维度，可以使评价标准更加全面。而且，这些国际标准经过了实践的检验，具有很强的操作性，可以使评价标准更具实践性。另外，引入这些国际标准，可以让评价标准更具操作性。因为它们都是基于实践的，有着很强的可操作性，可以直接用于实际操作，帮助研究人员更好地进行评价。利用这些国际标准，研究人员还可以根据实际情况选择合适的评价指标，从而更好地进行评价，推动区域耕地资源的可持续利用。

四、参考国内标准和地区实际情况

（一）参照国内标准

在建立评价体系时，考虑国内标准至关重要，它可确保评价体系与国家的整体发展策略和目标保持一致。国内标准因其贴近本国的实际情况，与当地的文化、经济、环境和社会背景紧密相关，具有很高的相关性和实用性。这些标准不仅反映了我国对于可持续发展和环境保护的基本理念，也揭示了研究人员面临的挑战和需要解决的问题。研究人员在构建评价体系时引入这些标准，便能更好地理解区域耕地资源的实际情况，明确环境保护和发展的需求和目标，从而有助于提高评价的精确度和可行性。此外，国内标准还能为研究人员提供一个评估和比较不同地区耕地资源可持续利用情况的基准，进一步帮助其发现问题，找到解决问题的方法，推动区域耕地资源可持续利用的进程。

（二）兼顾地区特性

地球上每个地区都独特无比，充满着各种自然和人文的特点。地理环境、资源条件、社会经济发展水平等因素，形成了地区的特色，使得每个地区都有自己的特点和优势。因此，在建立一个全面、科学的区域耕地资源可持续利用评价标准时，充分考虑和理解地区特性显得至关重要。地理环境因素为耕地的分布和类型提供了基础。例如，某些地区山多地少，适宜种植的耕地就会有所限制；有些地区气候适宜，可供耕作的地块就会比较多。地理环境的差异为地域耕地资源的可持续利用带来了挑战，也带来了机会。资源条件是影响耕地资源可持续利用的重要因素，耕地的生产力、耕作方式、耕作强度等，都受到资源条件的影响。例如，某些地区水资源丰富，可以充分利用水资源，提高耕地的生产力；而某些地区水资源紧张，就需要利用节水灌溉技术，以确保耕地资源的可持续利用。社会经济发展水平是影响耕地资源可持续利用的另一个重要因素，社会经济发展水平的高低，会影响人们对耕地资源的需求以及对耕地资源保护的意识。例如，经济发展水平较高的地区，人们对高质量的耕地资源需求更大，保护耕地资源的意识也更强；而经济发展水平较低的地区，由于生存压力等原因，人们往往忽视对耕地资源的保护。因此，研究人员在构建区域耕地资源可持续利用评价标准时，必须充分理解和考虑这些地区特性。一个符合实际、具有指导意义的评价体系，必须是建立在对地区特性充分理解和考虑的基础上的。

（三）实时调整

由于各地区的实际情况是多元且动态的，经济发展、人口变动、环境压力等因素的变化都会影响区域耕地资源的可持续利用状况。这样的变化使得区域耕地资源的可持续利用也随之波动。因此，对区域耕地资源的评价并不是一成不变的，而应是灵活的、具有动态性的。这样才能确保评价体系能够反映各种因素变化对区域耕地资源可持续利用的影响，为决策者提供最新、最准确的信息。其中，经济发展是影响区域耕地资源可持续利用的一个重要因素。随着经济的发展，人们的生活方式、消费习惯以及对耕地资源的需求都会发生改变。因此，评价体系要随着经济发展进行相应的调整。此外，经济发展会带来更大的环境压力，这就需要评价体系具有灵活性，以反映新的需求和挑战。人口变动也是影响区域耕地资源可持续利用的一个重要因素，人口的增长或减少会直接影响耕地的分布和利用。人口增长，对耕地的需求会增大；人口减少，对耕地的需求会减小。因此，评价体系要随着人口变动进行相应的调整。环境压力是影响区域耕地资源可持续利用的另一个重要因素。随着人类活动的增加，环境压力也在不断增大。这就需要评价体系具有灵活性，以反映环境压力的变化。

（四）依据规划指标

预设的规划指标包括区域的发展水平和资源环境状况等，是政策制定者对于未来发展的设想，也描绘出地区在一定时期内的发展目标和任务，成为地区在可持续发展方面的长期愿景和战略。参照这些规划指标，研究人员可以构建一个更具针对性、更具前瞻性的评价体系。具体来说，这个评价体系应当既能够充分反映区域耕地资源现状，又能够对未来的变化趋势进行准确预测。因此，该评价体系不仅需要包含对现状的评价，还应该包括对未来的预测。

反映现状，是评价体系的基本职责。它需要全面、准确地反映区域耕地资源的现有情况，为做出有效决策提供科学依据。这包括耕地资源的数量、质量、分布，以及其与经济社会发展、环境保护等多方面的关系。预测未来，是评价体系的进阶功能。它需要根据规划指标预测未来的变化趋势，为科学决策提供前瞻性的参考。这不仅包括对未来耕地资源的需求预测，还应包括对未来可能出现的问题和挑战的预警。这样的评价体系，既可以帮助研究人员了解区域耕地资源的现状，又可以帮助其预测未来的趋势，为制定更为科学、合理的策略提供有力的支持。只有这样才能更好地推动区域耕地资源的可持续利用，实现耕地可持续利用与保护的目标。

第六节　区域耕地资源可持续利用综合评价模型

一、建立层次结构模型

（一）确定层次结构

由于综合评价模型层次结构是以一种高效和易于理解的方式组织大

量信息和数据的，因此需要逐层地进行确定和分析。最重要的三个层次是目标层、准则层和指标层。目标层作为评价模型的终极目标，确立了希望通过评价达到的目标，也就是耕地资源的可持续利用。然而，仅有目标层是不足以实现可持续利用的，还需要更详细的准则，这就是准则层的作用。它包含了多种评价指标体系，如耕地生产性、耕地稳定性、耕地保护性、经济可行性和社会接受性等，提供了一种对耕地资源可持续利用的更深入、更全面的理解。再深入一步，研究人员需要在每个准则下找到具体的、可衡量的指标，这就是指标层的任务。在这个层次上，研究人员可以确定如何在实践中应用和衡量每个准则。

（二）构建准则层和指标层

对于区域耕地资源的可持续利用评价，构建准则层和指标层的过程相当于搭建一幅多元、全面的子系统画卷。子系统的构建基础在于明确和明晰各个准则，并以此为核心，延伸到相关的指标。就好比是从一条主线展开，每一条支线都对应着一个具体的衡量指标，细化到土壤质量、地理环境、气候条件等多方面。

以生产性子系统为例，这个子系统包含了所有反映生产性的准则，如何测量生产性的指标则需要针对具体的准则来确定。例如，有效土层厚度和土壤质地等因素都可以作为衡量生产性的具体指标，它们不仅代表了生产性的基本要素，也直接影响着耕地资源的可持续利用状况。土壤质地好，可耕作的面积就会增多；土层厚度足，可以储存更多的水分和养分，能为农作物的生长提供保证。因此，这些具体的指标体现了生产性准则的要求，也呈现了耕地资源利用的实际状态。相似地，稳定性子系统同样拥有一套自身的特定指标，如灌溉保证率、洪涝灾害发生率等。灌溉保证率的高低直接影响了农作物的生长，如果灌溉不能得到有效保障，那么农作物的生长就会受到影响，稳定性自然无法得到保障。而洪涝灾害发生率则是反映耕地是否能够持续稳定使用的重要指标。这些具体的指标既反映了稳定性准则的基本要求，也能够衡量耕地资源可持续利用的实际情况。

（三）体现层级关系

区域耕地资源可持续利用评价模型的构建，就像是一座金字塔，从目标层、准则层到指标层，每一层都有其独特的位置和功能，彼此之间紧密相连，共同支撑着这座金字塔的稳定。在这座金字塔的顶端，是目标层，它代表了区域耕地资源可持续利用的总体目标，是每一位研究人员希望达成的最终成果。这个层级指引着耕地资源可持续利用和保护走向正确的方向。在目标层之下，就是准则层，它是实现目标层的关键。准则层中的每一项准则都是为了实现可持续利用目标而提出的要求或者条件。它们就像是构筑金字塔的石块，每一块石头都有其独特的形状和位置，只有所有的石头都堆砌好，才能搭建出一座坚固的金字塔。最底层的是指标层，它是准则层的具体表现，为每一项准则提供了实际可量化的衡量标准。如果说准则层的石块构筑了金字塔的形状，那么指标层就塑造了这些石块的细节。它能够将准则层的抽象要求转化为具体可操作的指标，为评价提供了具体、量化的操作方法。

这种金字塔式的层次关系清晰明确，层层递进，使得对每一层次的分析都更加具体、深入。了解了每一项因素对评价结果的贡献，研究人员就能更准确地评估区域耕地资源的可持续利用状况。无论是在理论上的研究，还是在实践中的操作，这种明确的层次关系都能够帮助研究人员更好地理解和实现耕地资源的可持续利用。例如，在具体操作中，当一项准则的满足程度出现变化时，研究人员就可以通过分析影响的具体指标，进而找出问题的症结所在，为解决问题提供依据。同时，由于每一层都与上一层有紧密的联系，当上一层的目标或者准则有变化时，下一层的指标也会进行相应的调整，使得整个模型始终保持着动态的更新和适应性。

（四）灵活调整

在实际应用中，模型并非一成不变的，而需要随着研究的目的和对象的特性进行适当的调整。实际情况是复杂的，无论是各地的自然条件，还是社会经济背景，都存在着巨大的差异。对此，层次结构模型的调整应是常态，而非例外。只有灵活调整才能更好地适应各种变化，才能确保模型的精确性和实用性。有时候会出现某一准则或指标在具体的情况下显得不够准确或者难以适用，这就需要补充新的准则或指标。例如，某个特定的区域，由于地理环境独特，会出现其他地区未曾考虑过的问题，那么就需要添加相应的准则和指标，以确保评价结果的准确性。

同样，已有的准则和指标也需要根据研究对象的实际情况进行调整。这是因为一些地方的特殊性导致一些原本较为重要的准则和指标在此并不适用，或者一些原本被忽视的因素在这里显得尤为重要。例如，某些地区由于自然环境恶劣使得稳定性成为首要问题，那么在这种情况下，稳定性的准则和指标就需要被赋予更高的权重。再者，实际需求和情况也是在不断变化的，随着时间的推移会出现新的问题和挑战，这也需要研究人员对模型进行相应的调整。例如，随着科技的发展和人们环境保护意识的提高，一些新的更高效、更环保的农业技术会被用于农业生产中，那么研究人员就需要在模型中添加相应的准则和指标，以确保模型的前瞻性和适应性。

二、确定各层次元素的权重

（一）利用专家评判法确定权重

专家评判法依赖于专家们在相关领域的专业知识和实践经验，结合理论知识和实际操作经验来确定权重分配。专家们所拥有的知识和经验，使得他们能够深入地了解和解读问题，有能力准确地评估每个指标的重要性。专家们在评判过程中，利用他们的专业知识和丰富经验，对每一个指标进行仔细的剖析和研究。他们从各个角度进行全面的分析，对各个指标的重要性进行精准的定量和定性评价。在这个过程中，专家们不仅仅是简单打分或排序，还会综合考虑各种因素，如各指标之间的相互影响，以及各指标对于耕地资源可持续利用状况的整体影响等。这些都是他们在实践中积累的经验，是理论知识无法取代的。

这种由专家进行评判的方法具有非常高的可信度和参考价值。这是因为专家们在长期的实践和研究中，对于相关领域的知识和信息具有深入的理解和独到的见解。他们的评判结果是他们对于问题深入理解和丰富经验的结晶。因此，根据专家的评判结果，研究人员可以确定各个指标的权重，形成权重分配的初步架构。这种基于专家评判的权重分配方法，还为后续的分析和评价提供了坚实的基础。权重分配的初步架构，使得研究人员可以更准确地进行评估和预测，使评价结果更加精确和有效。同时，这也保证了评价结果的可靠性和公正性，因为这些权重分配是由专家根据他们的专业知识和经验做出的。

（二）利用数学模型确定权重

在评估区域耕地资源的可持续利用状况时，决定每个影响指标权重的方式多种多样。其中，数学模型的运用为确定权重提供了可行性和科学性。层次分析法（Analytic Hierarchy Process, AHP）和主成分分析法（Principal Component Analysis, PCA）是被广泛运用的两种数学模型。它们都能有效地帮助确定各个指标的权重，且能确保权重的客观性和科学性。

层次分析法（AHP）是一种科学的决策分析工具，主要用于处理具有层次关系的复杂问题。在确定权重的过程中，AHP通过构建判断矩阵进行两两比较，利用一致性检验，计算出各元素的相对权重。这种比较的方法基于实证和逻辑，不仅考察了各元素间的相对重要性，而且保证了评判的一致性和可靠性。这一独特的优点使得 AHP 被广泛应用于诸多领域的决策分析中。主成分分析法（PCA）则是另一种常用的权重确定工具，它主要通过对原始数据进行线性转换，通过降维提取出数据的主要成分，进而确定各元素的权重。PCA 的主要步骤包括建立协方差矩阵、求解特征值和特征向量，以及根据主成分的贡献率来确定各元素的权重。这一过程对原始数据进行了有效的信息提取和简化，使得分析更加清晰，有效地提高了评价的精确性。

综合运用 AHP 和 PCA 这两种数学模型的方法，不仅能够综合利用专家的经验和知识，还能充分利用原始数据，获得更准确、更客观的权重分配。这样，无论是从理论分析还是实证分析的角度，都能使得权重分配具备高度的科学性和精确性。这种结合数学模型和实证分析的方法，无疑将为耕地资源可持续利用评价提供更为准确和科学的决策依据。在实际应用中，AHP 和 PCA 这两种方法各有其独特之处和适用场景。AHP 更注重对元素间相对重要性的比较分析，而 PCA 则更侧重于从大量原始数据中提取主要信息。因此，在确定权重时，研究人员可以根据实际情况和需求，灵活选用或者结合使用这两种方法。

（三）权重的调整和验证

权重的调整和验证较为关键，因为它直接影响评价结果的准确性和可靠性。权重的调整和验证是一项动态的、反复的任务，需根据实际情况和评价结果进行修正和更新。权重的调整依赖于实地观察和数据分析及对每一个元素重要性的深入理解和判断。根据现实情况的变化，研究人员需要对某些元素的权重进行增加或减少。例如，在某些特定情况下，如发生严重的洪涝灾害，灌溉保证率的重要性会大大提高，因此，这时就需要增大灌溉保证率这个指标的权重。反之，当洪涝灾害发生概率较小，其重要性就会相对降低，这时就需要降低这个指标的权重。这种根据实际情况进行的动态调整，使得评价结果能够更准确地反映现实情况。

下一步要对设定的权重进行验证。权重验证的主要方法是将评价结果与实际情况进行比较，验证设定的权重是否准确。例如，如果评价结果表明某一地区的耕地资源利用处于良好状态，但是实地考察发现该地区的耕地资源遭受了严重破坏，那么就说明设定的权重存在问题，需要进行重新调整。这种通过对比实地情况和评价结果来进行权重调整的方式，可以有效地确保评价结果的准确性和可靠性。权重的调整和验证过程需要反复进行，每一次的调整和验证都是对前一次评价结果的修正和更新，使得评价更接近真实情况。只有通过这样的反复实践，权重的设定才能趋向于合理，从而使评价结果具有更高的准确性和可靠性。所以，权重的调整和验证过程虽然烦琐，却是至关重要的。只有通过不断修正和更新，才能保证耕地资源可持续利用评价的精准性和可靠性，为决策者提供科学、准确的参考依据。

三、计算各层次元素的综合权重

（一）综合权重的定义

区域耕地资源可持续利用评价模型的一个核心概念就是综合权重。这一概念对于评价过程来说是关键的、重要的，因为它可以被视为对各个层次元素在整个评价过程中相对重要性的精确指示。综合权重不仅涵盖了每个单独元素的重要性，更进一步揭示了这些元素之间的内在联系。换句话说，综合权重不仅仅是简单的数字表述，它代表的是一个复杂的关系网络。这个网络中的每个节点代表的是一个元素，而每个节点的权重则是该节点在整个网络中的相对位置和作用。每个节点的权重不仅取决于其自身的属性和状态，还受到其他节点的影响。

在实际的计算过程中，各个元素不是独立存在的，而是存在明显的层次结构。上层元素对下层元素产生直接的影响，这种影响会在整个系统中传递下去，影响每个元素的权重。在这种制约关系下，下层元素的权重并非固定不变的，而会受到上层元素权重的影响，形成一种动态的、相互关联的权重体系。综合权重的复杂性恰恰是其价值所在。这种设计的复杂性能够揭示各元素之间的关联性和影响力，这是进行后续决策和评价的关键依据。更重要的是，这种设计使得综合权重不仅是一种理论构造，也是一种实践工具。在实际的区域耕地资源可持续利用评价中，综合权重的计算和应用能够为决策者提供更为准确和全面的决策依据。掌握这个关键概念会对区域耕地资源的可持续利用产生深远的影响。综合权重作为一种具有广泛用途的方法，其应用不仅局限于理论研究，更重要的是，它能够引导实际的决策和行动，有助于实现耕地资源的可持续利用。在未来的研究和实践中，对综合权重的理解和应用将成为关键。

（二）综合权重的计算方法

计算综合权重是评价区域耕地资源可持续利用状况的关键步骤，因为综合权重直接影响评价结果的精准度和合理性。通常，对于综合权重的计算常常采用递归的方式进行。这种方式以最顶层元素，也就是总目标的权重作为起点，根据各个元素之间的层次关系，逐层向下计算每一个元素的权重。

递归的计算方式从顶层开始，按照层级关系逐层向下进行。在每一层，每一个元素的综合权重都是它自身的权重与其上级元素权重的乘积。这意味着，上层元素的权重直接影响到下一层元素的综合权重，形成了一种从上到下的传递关系。这种传递关系使得权重计算充分考虑了元素之间的层次关系和相互影响，从而使得各个元素在总评价中的相对重要性得以准确反映。例如，对于耕地资源可持续利用评价而言，顶层的总目标是"实现耕地资源的可持续利用"，下一层包括"耕地质量""耕地保护"和"耕地利用效率"等准则，而这些准则下面还会有各自对应的具体指标。在这种情况下，通过递归的计算方式，可以从总目标开始，先计算出每一个准则的权重，然后再根据这些准则的权重，进一步计算出各个具体指标的权重。这种从上到下的计算过程，可以确保所有元素的权重都是在考虑了上层元素的影响下得到的，从而保证了权重的合理性。递归的计算方式也很灵活，允许在计算过程中对权重进行调整，以适应实际情况的变化。例如，如果在实际应用中发现某个指标的重要性被高估或低估，可以适时调整其权重，然后再进行递归计算，以此来保证评价结果的精确性。

（三）综合权重的归一化处理

归一化处理的目标在于把所有元素的权重值转化到同一数值区间内，如 0 ~ 1 的范围。这一步骤的必要性来自各个元素权重存在的量纲或数值范围的不同，若直接进行比较和综合，将会对结果产生误导。可以想象，不同层次的元素权重差别较大，如顶层元素的权重会在一个较大的数值范围内，而底层元素的权重会在一个较小的数值范围内。如果不进行归一化处理，直接将这些权重用于比较和综合，会因为数值范围的差异而对结果产生偏差，对评价的精度和有效性造成影响。因此，归一化处理在这里可以消除量纲影响，消除数值范围差异，使得所有元素的权重都在同一数值区间内，便于比较和综合。

经过归一化处理，每个元素的综合权重都被转化到了 0 ~ 1 的范围内，这样不仅消除了量纲和数值范围的影响，而且使得所有元素的权重具有了更好的可比性。这对于后续的分析和决策是非常重要的，因为决策者可以更直观地比较各个元素的相对重要性，可以更好地理解各个元素在总评价中的地位和作用，从而更有针对性地制定策略和措施。不可否认的一点是，归一化处理还有助于提高评价结果的精确性和可靠性。经过归一化处理，所有元素的权重都在同一数值区间内，这使得评价结果的敏感度得到了提高，能够更精确地反映各个元素的变动对评价结果的影响，从而使评价结果更为准确和可靠。

（四）综合权重的应用

区域耕地资源可持续利用评价在完成综合权重的计算后，下一步就是将这些权重值应用到实际的评价模型中，将理论转化为实践，让这些权重值能够真正发挥其应有的作用。这是评价过程的重要环节，关系到评价结果的有效性和准确性。综合权重的一个重要应用是对各层次元素进行排序，这意味着根据综合权重的大小，可以判断出各个元素在总评价中的重要程度。元素的重要程度决定了其在决策中的地位，对于评价的影响力越大，其地位也就越重要。因此，这个排序过程可以帮助决策者更直观地理解各元素的重要程度，有助于决策者在后续的决策和评价过程中做出更准确的判断，提高评价的精准度和针对性。

除了排序，综合权重还可以被用来计算总的评价值。这是通过将各元素的评价值与其对应的综合权重进行相乘，然后将所有元素的结果求和，从而得到最终的总评价值。这样的计算方式使得各个元素的评价值能够被整合起来，形成一个全面的、综合的评价结果。这个总评价值不仅包含了所有元素的评价信息，而且反映了元素间的相互关系和相对重要性，能够更准确地描述区域耕地资源的可持续利用状况。通过这种方式得到的评价结果对于评价区域耕地资源的可持续利用情况具有极高的参考价值。因为这个评价结果不仅包含了所有元素的信息，还体现了各个元素的相互关系和重要性。它可以帮助决策者更全面地理解区域耕地资源的可持续利用状况，为后续的决策提供更深入的参考。

四、进行综合评价

（一）综合评价的目标

综合评价的目标是基于各个层次元素的评价值和综合权重，推导出对耕地资源可持续利用情况的总评价值。总评价值是对区域耕地资源可持续利用的综合衡量，它是通过复杂、精细的计算过程得出的，涵盖了诸多有关因素的综合效应。这些因素包括土壤质量、耕作方式、生态环境等，每一个因素都关系到耕地资源可持续利用的评价结果。土壤质量是农作物生长的基础，影响着农产品的产量和品质；耕作方式则直接关系到土地的保护和使用效率，是保障耕地资源可持续利用的关键；而生态环境是农业生产的外部环境，其健康状况会直接影响农业生产的可持续性。因此，在进行综合评价时，研究人员必须对这些因素进行严谨的定量分析，并赋予它们适当的权重，以准确反映其在整个评价中的重要程度。

综合评价所追求的目标是以科学的方法和手段，公正、全面地评价区域耕地资源的可持续利用情况。为了达到这一目标，研究人员必须对影响区域耕地资源可持续利用的各个因素进行全面的定量分析，尽可能地减少主观因素的影响，以保证评价的客观性和科学性。因此，研究人员要严谨地处理好各个因素的权重赋值问题，使得权重能够真实反映因素在总评价中的重要程度，避免权重设置的不合理导致评价结果的偏离。这样通过全面、深入的分析，结合综合权重的计算，就能得出耕地资源可持续利用的总评价值。这个总评价值包含了对区域耕地资源可持续利用状况的全面衡量，是决策者理解和掌握区域耕地资源可持续利用状况的关键依据，为决策者制定相关政策提供了重要的参考依据。因此，综合评价在区域耕地资源可持续利用评价中扮演了至关重要的角色。

（二）综合评价的方法

由于在区域耕地资源可持续利用评价指标体系的构建过程中，综合评价的重要性较为突出。其重要性来自它的目标：根据各层次元素的评价值和综合权重，计算出耕地资源可持续利用的总评价值。在实现这个目标的过程中，评价方法的选择至关重要。通常采用的是加权求和的方法进行综合评价。这种方法简洁而有效，可以反映各元素的重要程度，保证了评价的公正性和准确性。在具体操作上，研究人员需要将各层次元素的评价值乘以其综合权重，然后将这些乘积求和，得出总评价值。

这种方法的优点在于，它可以量化各元素的影响程度，使评价结果更具有说服力和可比性。同时，调整权重可以反映社会、经济、环境等因素的变化，使得评价结果更具有时效性和实用性。然而，加权求和的方法并不是唯一的选择，还有其他一些评价方法，如层次分析法、模糊综合评价法等，它们有各自的优点和适用场景。因此，研究人员在选择评价方法时，需要根据具体情况进行权衡，选择最适合的方法。在实践中，研究人员也可以根据需要，结合使用多种评价方法，以提高评价的准确性和全面性。

（三）综合评价的解释

一旦得出总评价值，就需要对其进行详细的解读。总评价值不仅是一个数值，更是一个包含了丰富信息的综合指标。它反映了区域耕地资源可持续利用的整体水平，是区域耕地资源可持续利用的一种定量表达。通过总评价值，人们可以清晰地了解各区域耕地资源可持续利用的现状，总评价值也可以为决策者提供重要的参考信息。在对总评价值进行解读时，研究人员需要注意不同区域的耕地资源可持续利用的程度会有很大的差异。这种差异可能源于自然环境的差异，也可能源于人类活动的影响。因此，研究人员在比较不同区域的总评价值时，不能简单地将其视为区域之间的优劣之分，而应当从一个更宽广的视角理解它，考虑其背后的复杂因素。并且，总评价值还可以作为一个工具，用于跟踪和监测耕地资源的使用情况，分析其变化趋势。通过对总评价值的长期观察，研究人员可以发现问题，提出改进建议，从而推动耕地资源的可持续利用。

（四）综合评价的应用

总评价值是一个量化的指标，可以用于制定和调整相关政策。例如，如果一个区域的耕地资源可持续利用程度较高，那么可以适度调整该区域的耕作方式，推动更为环保的耕作模式；如果一个区域的耕地资源可持续利用程度较低，需要制定更为严格的土壤保护政策，以防止耕地资源的过度开发。同时，对总评价值的变化趋势的分析，可以预测未来耕地资源的可持续利用情况，为决策者提供更具前瞻性的决策依据。在此基础上，人们还可以进行更深入的研究，如研究不同因素对耕地资源可持续利用的影响，以便找出影响区域耕地资源可持续利用的关键因素，从而提出更为有效的管理策略。总的来说，综合评价是对区域耕地资源可持续利用评价指标体系的应用和验证，它将理论研究与实际应用紧密结合，为实现区域耕地资源的可持续利用提供了有效的工具。

五、分析和解释结果

（一）结果的理解

理解评价结果，意味着需要深入研究评价体系中的各项指标和因素，分析它们在评价结果中的作用和影响。这些因素广泛涉及土壤质量、耕作方式、气候条件等多个方面，只有充分理解这些因素，才能准确把握耕地资源可持续利用的实际状况，从而提供有针对性的改进策略。

土壤质量是影响耕地资源可持续利用的基础性因素，良好的土壤质量能够为农作物提供充足的养分，保证农作物的健康生长，进而确保耕地资源的高效利用。因此，对土壤质量的评价，是理解区域耕地资源可持续利用评价结果的重要步骤。耕作方式是另一个影响耕地资源可持续利用的重要因素，不同的耕作方式会对土壤的养分循环和保水保肥能力产生不同的影响，科学合理的耕作方式能够较大程度地保护土壤结构，防止土壤流失，提高耕地资源的利用效率。因此，深入理解不同耕作方式对耕地资源可持续利用的影响，能够为提高耕地资源利用效率提供关键的策略指导。气候条件也是影响耕地资源可持续利用的一个关键因素，气候条件会直接影响农作物的生长周期和产量，进而影响耕地资源的使用效率。因此，对气候条件的评价和理解，对于正确解读区域耕地资源可持续利用评价结果和制定改进策略具有重要意义。

（二）对比分析

对比分析不仅可以揭示各地区间和时间维度上的差异，还能帮助预测未来的发展趋势，从而为决策者提供科学的依据，有助于提高耕地资源的可持续利用程度。对比分析可以在空间和时间两个维度上进行，每个维度都具有其独特的重要性。在空间维度上的对比分析，可以揭示不同地区的耕地资源可持续利用状况，这是对地域特征和地方政策的深入研究。各地区的土壤质量、耕作方式、气候条件等都存在差异，这些差异会导致各地的耕地资源可持续利用状况存在明显的差异。因此，空间对比分析可以帮助研究人员找出各地区之间的差异，以便更全面地了解和评价各地的耕地资源可持续利用情况。

通过空间对比分析，研究人员还可以进一步了解各地的优势和短板。不同地区在土壤质量、耕作方式、气候条件等方面有各自的优势和短板，对这些优势和短板的认识和理解，可以为提升各地耕地资源可持续利用状况提供参考和依据。例如，某地区由于土壤质量良好，而在耕地资源利用效率上具有优势，那么，其他地区就可以借鉴这一地区的成功经验，提升自身的土壤质量，以提高耕地资源的利用效率。在时间维度上的对比分析，可以帮助研究人员了解区域耕地资源可持续利用状况随时间的变化情况。随着时间的推移，各地的耕地资源可持续利用状况会出现一些变化，这些变化受到土壤质量、耕作方式、气候条件等多种因素的影响。通过对这些变化的深入研究，研究人员可以了解耕地资源利用状况的发展趋势，这对于预测未来可能出现的问题，并为此提前做好准备具有重要的意义。

（三）因素分析

通过因素分析，研究人员可以了解哪些因素在耕地资源可持续利用中起着核心的作用，从而在实际操作中给予这些因素足够的关注和重视。评价模型中的权重系数是一个重要的考察对象，它可以反映各项指标在评价中的相对重要性。不同的指标对耕地资源可持续利用的影响程度并不相同，一些指标具有较高的权重，这意味着这些指标在耕地资源可持续利用的评价过程中起着更大的作用。比如说，如果土壤质量的权重较高，那么这表明土壤质量在耕地资源可持续利用中具有重要的地位，对此，管理者需要加大对土壤质量的关注，有针对性地优化这一指标，以提高耕地资源的可持续利用程度。

进一步讲，通过深入探究各指标的权重，研究人员还可以揭示影响耕地资源可持续利用的关键因素，一方面需要对各指标的变化趋势进行研究，另一方面需要分析各指标与耕地资源可持续利用之间的关系。例如，如果发现气候条件的变化趋势与耕地资源可持续利用的评价结果存在着显著的相关性，那么这表明气候条件是影响耕地资源可持续利用的一个重要因素。这样的发现可以为决策者提供有价值的科学依据，有助于他们制定更有效的政策和措施，以提高耕地资源的可持续利用程度。

（四）政策建议

研究人员需要根据先前的结果分析，为地方耕地资源的可持续利用的管理和政策制定提供依据和建议，这样才能从系统的角度提高耕地资源的可持续利用程度。提出的政策建议包括多种形式，包括调整耕作方式、实施土壤保护政策、提高农业生产效率等。每一项建议在推动改善耕地资源可持续利用的大局中都具有其独特的作用和重要性。

调整耕作方式是一种有效的策略，某些地区需要引入更为科学合理的耕作方式，以改善土壤的养分循环和保水保肥能力，保护土壤结构，防止土壤流失。例如，实施轮作制度、深松作业、保护性耕作等。实施土壤保护政策也是一种重要的手段，土壤是耕地资源可持续利用的基础，良好的土壤可以保证农作物的生长，从而保证耕地资源的有效利用。因此，制定有针对性的土壤保护政策，如限制过度开垦，保护土壤有机质，防止土壤侵蚀等，对于改善耕地资源可持续利用的状况至关重要。提高农业生产效率则可以直接影响耕地资源可持续利用的程度，农业生产效率的提高可以使相同的耕地资源产出更多的农产品，从而实现耕地资源的高效利用。这需要引入先进的农业技术，改良种子，提高农业机械化程度等。还需要注意的是，政策的制定必须基于实地考察、科研数据和实践经验，充分考虑地方的实际情况。不同的地区，其耕地资源的状态、问题和解决方案会有所不同。只有充分了解地方实际，精确掌握问题的症结，才能制定切实可行、有效的政策。这样才能真正为地方耕地资源的可持续利用做出贡献。

第七节　区域耕地资源可持续利用评价的实践

一、理解和制定评价指标

（一）理解概念

在理解"区域耕地资源可持续利用"概念的过程中，研究人员需要深入探究"耕地资源""可持续利用""区域性"等关键词的含义和内涵，由此才能确保对耕地资源可持续利用评价的具体指标形成正确理解。其中，耕地资源指的是可以用于农业生产的土地，它是农业生产的基础和保障，对粮食安全和社会稳定有着至关重要的作用。可持续利用则是指在满足当前需要的同时，保护和恢复资源，以免损害后代的利益，这也是全球面临的一项重大挑战。区域性是指考虑各地的地理、气候、社会经济等特性，对耕地资源进行细致的分类和管理。清晰理解这些概念，有助于制定更为准确的评价指标。

（二）确定评价指标体系的基本构成

评价指标体系的基本构成是在理解相关概念的基础上确定的，此时需要将评价指标分为不同的维度，如耕地生产性、耕地稳定性、耕地保护性、经济可行性、社会接受性等。耕地生产性指的是耕地资源在保证农产品质量和产量方面的能力；耕地稳定性则反映耕地资源在面临气候变化、病虫害等自然灾害时，其生产力保持稳定的能力；耕地保护性则考察耕地资源在使用过程中对环境的影响，以及其自我恢复和保护的能力；经济可行性则考虑耕地资源使用的经济效益，即是否能为农民带来足够的收入；而社会接受性则是从社会角度出发，考虑耕地资源的使用是否得到社会的认同和接受。

（三）明确具体评价指标

明确具体评价指标的过程是复杂而微妙的，因为具体评价指标必须准确地反映区域耕地资源可持续利用的现状和趋势。每个指标都必须与评价目标紧密相关，不能偏离评价的主题，这样才能确保评价的准确性和有效性。具体指标的确定不仅取决于评价指标体系的基本构成，还受区域实际情况和数据可得性的影响。例如，在耕地生产性这个维度下，具体指标包括有效土层厚度、土壤质地、有机质含量等。有效土层厚度是衡量耕地生产性的关键指标，因为它可以直接反映耕地的水分和养分供应能力。越深的有效土层，土壤中的水分和养分就越充足，这对于农作物的生长至关重要。土壤质地则决定了土壤的通透性和保水保肥能力。如果土壤质地过重，土壤的通透性就会下降，导致水分和养分不能有效分布；反之，如果土壤质地过轻，土壤的保水保肥能力就会下降，影响作物的生长。有机质含量是衡量土壤肥力的重要指标，土壤中的有机质含量越高，土壤的肥力就越强，越有利于农作物的生长。

（四）设定评价指标的权重

毋庸置疑，设定评价指标的权重是确定评价体系的最后一步，权重的设定会直接影响评价结果。每个指标的权重取决于其对耕地资源可持续利用的影响程度。例如，如果一个指标对耕地资源的可持续利用影响较大，那么它在总评价中的权重应该较高。设定权重的方法有很多，如专家打分法、层次分析法等。专家打分法是通过请教相关领域的专家，根据他们的经验和知识对每个指标的重要性进行评分，然后根据评分确定每个指标的权重。层次分析法则是通过建立层次分析模型，对各层次的元素进行两两比较，然后通过计算得到每个指标的权重。这些方法都可以有效地消除主观因素的影响，保证权重的科学性和合理性。设定合理的权重可以确保评价结果准确反映各项指标对耕地资源可持续利用的真实影响。这样，研究人员就可以根据评价结果，对耕地资源的管理和利用提出更有针对性的建议，从而实现耕地资源的可持续利用。

二、实施评价和分析

（一）数据收集和处理

数据需要从多种渠道收集。政府工作报告是重要的数据来源，它能提供宏观层面的耕地资源现状和相关政策等信息，为研究人员理解和评价耕地资源可持续利用的背景和环境提供参考。统计数据则为量化评价提供基础，包括耕地面积、质量、分布等具体信息，是实现精准评价的关键。田野调查作为现场数据的主要来源，可以提供更直观、更真实的信息，使评价更具有现实意义。这些信息的收集需要根据评价的目的和要求来确定，同时需要考虑数据的可获取性和有效性。不同的数据来源有其特定的优点和局限性，研究人员需要综合利用各种数据来源，以获得全面、准确的数据。

在收集数据的同时，研究人员还要对数据进行适当的处理，包括数据清洗、数据归一化等。数据清洗是去除数据中错误的、重复的和无关的信息，提高数据的质量。数据归一化是将数据转化为统一的标准和格式，便于数据的比较和分析。这些处理工作是数据应用的前提，直接影响数据的有效性和评价的准确性。在数据处理的过程中，研究人员需要充分考虑数据的特性和评价的需要，确保数据处理的合理性和有效性。

（二）实施评价

实行评价阶段主要的任务是利用之前精心构建的综合评价模型，将经过适当处理的数据输入模型，开始实际的评价工作。这个过程是评价工作的核心，它依赖于相关的数据分析技术和工具，以达到对耕地资源可持续利用的准确评价。在实际操作过程中，Excel、SPSS 等计算工具是不可或缺的。这些软件工具旨在简化复杂的计算过程，它们都有各自的优点和特性，可以帮助评价者进行更快速、更准确的计算和数据分析。此外，这些工具的使用也有助于确保评价的公正性和客观性，因为它们可以消除人为干预和误差，让数据的处理和分析更加规范和系统。

尽管有这些工具，但实施评价的过程并非易事，因为这一阶段需要对数据进行严谨的、细致的处理，这既需要评价者有扎实的专业知识，也需要他们有熟练的操作技能。评价者需要深入理解数据，明确每个数据的含义和作用，才能准确地对其进行处理和分析，从而保证评价结果的准确性和可靠性。另外，还有两点需要评价者高度重视，一是每个细节都可能影响评价的结果，所以评价者在操作过程中需要保持足够的耐心和细致，不能有任何的疏忽。只有这样，才能得到可信赖的评价结果，才能对区域耕地资源的可持续利用情况做出准确的判断。二是实施评价是一个高度技术化的过程，它对评价者的专业知识和技能有很高的要求。

这就意味着评价者不仅需要理解和掌握相关的数据分析技术，还需要熟练地操作各种数据处理工具。只有这样，他们才能在评价过程中发挥出自己的专业优势，才能实现对耕地资源可持续利用的准确评价。

（三）结果解读和分析

对于任何评价工作来说，结果的产生只是一个起点，而真正的挑战在于如何对这些结果进行深入的解读和分析。不同的数据、不同的评价结果，其背后所反映出的信息都是不同的。因此，解读和分析评价结果，理解每个结果的具体含义以及它们之间的内在联系，成为评价工作的核心环节。评价结果的解读和分析决定了评价工作的价值和意义。如果只是单纯地获取评价结果，没有进行深入的解读和分析，那么评价工作就失去了其应有的价值。在这个环节，评价者要有足够的敏感，能够捕捉到数据背后的信息，以及各项结果之间的联系。而这需要评价者有扎实的理论知识、丰富的实践经验以及敏锐的洞察力。

在解读和分析评价结果的过程中，评价的目的和标准起着关键的作用。它们是理解评价结果的指引，可以帮助评价者理解评价结果所反映出的各种问题和状况，进一步揭示其背后的原因和逻辑。例如，如果评价的目标是实现耕地资源的可持续利用，那么评价者在解读和分析评价结果时，就需要关注耕地资源的使用效率、耕地的质量和数量等因素，以便更深入地理解评价结果。而只有深入理解评价结果，评价者才能真正把握耕地资源可持续利用的现状和趋势。他们可以根据解读和分析的结果，发现存在的问题，了解其原因，提出相应的解决策略。这样，评价结果不仅可以为决策者提供重要的参考依据，还能为后续的决策和改进提供准确的依据。

（四）提出改进建议

评价者提出改进建议不应仅仅停留在理论层面，而要落到实处，真正为耕地资源的可持续利用提供可行的、有效的策略和方法。毋庸置疑，改进建议的提出源于对评价结果的深入分析。评价结果的数据和信息会揭示出一些问题和状况，而这些问题和状况的存在往往是耕地资源可持续利用的主要障碍。因此，改进建议应该针对这些问题和状况提出科学合理的解决方案。

提出改进建议不仅需要依据评价结果，还要结合实际情况。评价者需要考虑实际的资源条件、环境约束、政策背景等因素。因为任何改进建议都必须在实际的环境和条件下进行，否则即使理论再完美也无法落地实施。只有充分考虑这些因素，改进建议才能具有实施性，才能真正推动耕地资源的可持续利用。

需要明确的是，改进建议的提出并不是一个终点，而是一个新的起点。这些建议的实施和执行需要时间和努力，需要持续跟踪和调整。评价者不仅要提出改进建议，还要参与改进的过程，负责跟踪改进建议的执行情况，对改进建议进行持续的优化和调整。而且在提出改进建议的过程中，评价者扮演着重要的角色。他们不仅要有足够的专业知识和实践经验，还要有敏锐的洞察力和创新思维。他们需要把握评价结果和实际情况，提出具有可行性和有效性的改进建议。这是一个富有挑战性的任务，但同时也是一个富有价值和意义的任务。只有这样才能真正推动耕地资源可持续利用，实现可持续发展。

三、制定和实施改进策略

（一）识别改进领域

当评价结果出炉后，第一步要进行的就是识别需要改进的领域，这一步的重要性不言而喻。需要改进的领域极其广泛，包括耕地生产性、耕地稳定性、耕地保护性、经济可行性和社会接受性等各个方面。识别这些领域并非一蹴而就的事情，需要充分理解和掌握耕地资源现状和动态，从中发现和挖掘存在的问题和改进的机会。对于这些领域的改进需求，不能一概而论，而要根据其重要性和紧急性进行优先排序，优先处理影响大、紧迫性高的问题。识别的领域不仅需要关注现有问题，还要放眼未来，考虑未来可能面临的挑战，以提前准备、预防和应对。领域识别的准确性直接关系改进策略的有效性。如果识别错了领域，会白费力气，改进效果不明显，甚至有可能使问题进一步加重。同时，识别这些领域是制定改进策略的基础，只有准确理解和识别了问题，才能制定针对性强、效果明显的改进策略。这需要评价人员具备专业的知识技能，还要深入实地调查研究，结合耕地资源的实际状况，以及社区、地区或国家的具体需求和目标，全面、科学地识别需要改进的领域。

（二）制定改进策略

在明确了需要改进的领域后，接下来的工作就是制定具体的改进策略，这是一个极其重要且复杂的过程。这些策略应该详细地指出如何改进当前的情况，包括技术更新、管理措施、政策指引等具体的行动计划。首先，评价者要深入理解每个改进领域的具体情况和问题，熟悉并掌握相关的专业知识，以及获得充足的信息和数据支持。其次，评价者要深入探讨和分析问题的成因和机理，以确定有效的解决方法和步骤。改进策略的制定还需要充分考虑资源、环境、技术、政策等因素的影响，以确保改进策略的可行性和实效性。同时，制定改进策略的过程也需要多方面的参与和协作，需要相关的专家学者、行业人士、管理人员、公众等各方共同参与讨论和决策。同时，改进策略还需要设定明确的目标和指标，以便于后续的执行和评估。目标和指标的设定要科学合理，可衡量，可实现，这样才能够真正引导和推动改进工作的开展。

（三）实施改进策略

改进策略制定工作结束之后，随即就转入实施阶段。实施改进策略是一个充满挑战的过程，需要人们付出极大的努力和耐心，还涉及组织相关人员，提供必要的资源和资金，这需要有良好的组织协调能力和资源整合能力。在实施过程中，会遇到各种预料到或未能预料到的困难和问题，需要有足够的准备和灵活性，进行适时的策略调整，以适应可能出现的新情况。面对问题和困难，要不怕困难，敢于攻坚，始终保持解决问题的决心和动力。改进策略的实施还需要在实践中不断验证和完善，这需要有不断试验、学习、总结的精神，以及细致、耐心、严谨的工作态度。同时，改进策略的实施也需要考虑社区、地区或国家的具体环境和条件，以确保改进策略的可行性和接受性。这需要有深入的地方研究，充分理解和尊重地方的特色和需要，也要有适应和变通的智慧和策略，以适应不同地方的条件和需求。

（四）监控和评价

实施改进策略后，最后一步就是进行持续的监控和评价，这是一个持续不断的过程，需要有科学的方法并由专业人员进行。首先，要设置定期的评价时间和方式，以及明确的评价标准和方法。这需要充分考虑各种因素，确保评价的科学性和准确性。其次，要确保评价的公正性和公平性，不能有偏见和歧视，要公正、公平地对待每一个问题。此外，监控和评价不仅可以检查改进策略的效果，还可以为后续的策略调整提供依据。如果评价结果不理想，就需要再次进行评价，然后根据新的评价结果调整改进策略。这需要有持续改进的意识和决心，不能因为一次失败而气馁，而应积极面对，勇于改正，坚持到底。同时，监控和评价也可以提供有价值的经验和教训，为后续的工作提供参考和指导。总结和学习经验教训，可以不断提高工作效率和质量，更好地服务于耕地资源的改进和保护工作。

第五章　区域耕地资源保护和利用的对策

第一节　控制耕地总量动态平衡

一、完善耕地保护制度

（一）完善法律法规

制定完善的法律法规对于保护耕地具有关键作用，这是各项保护措施得以实施的基础。在全球范围内，众多国家已经制定了相关法律法规来保护其耕地资源，中国也同样如此。然而，面对现实中的挑战，不得不承认，我国现行的耕地保护法律法规尚存在有待改进和完善之处。明确的权责关系的缺失、法律法规执行力度的不足等，都是现存的问题。权责关系是法律法规有效执行的关键，它决定了各方在耕地保护工作中的权力和责任。在我国现行的法律法规中，这一关系的缺失导致了很多实际操作中的空白地带。例如，谁负责耕地的使用、管理、保护和恢复等问题，应由法律明确指出，以便有关部门、组织和个人能在明确的法律框架内进行工作。

我国现行的法律法规对于非法占用耕地行为的处罚措施有待加强。众所周知，法律的威慑力在于其执行力度，如果违法行为没有得到相应的处罚，那么法律就失去了其应有的效力。因此，加大对非法占用耕地行为的处罚力度，既可提高法律的威慑力，也能更好地保护耕地资源。为了解决上述问题，有关主管部门需要在法律法规的完善上下功夫，明确各方的权利和义务，使每个人都明白保护耕地是每个人的责任。立法部门应该通过立法程序将保护耕地定为公民的义务，违反这一义务的应依法进行惩罚。例如，对于非法占用耕地的行为，不仅可以进行罚款，也可以在一定程度上限制其在公共事务中的权利，如限制其申请政府资金或者参与政府采购等。除了制定法律法规外，有关主管部门还需要注意法律法规的执行情况。例如，可以建立一套完善的监督和考核机制，定期对法律法规的执行情况进行评估，及时发现和纠正问题。同时，有关部门也可以通过提高公众对耕地保护重要性的认识，提高公众的法治观念，使得公众自觉遵守相关法律法规，为保护耕地做出贡献。

（二）实施严格的审批制度

任何改变耕地用途的行为都应该经过审批，对于需要占用耕地的非农建设项目，更应经过严格的审查。其中包括项目的必要性、耕地占用的合理性、对耕地环境可能造成的影响等各方面的综合评估。因此，有关部门需要对审批制度有更深入的理解。在我国，土地资源相对匮乏而人口众多，这就使得土地资源更为珍贵。如果任由非农建设项目随意占用耕地，那么就会导致耕地资源的大量流失，影响我国的粮食生产和安全。而严格的审批制度则可以使有关主管部门更加谨慎地对待耕地资源，明白任何一个改变耕地用途的决定，都会对国家粮食安全造成影响。

公众作为社会的组成部分，他们对非农建设项目是否应该占用耕地，以及占用的合理性等问题，有着自己的判断和意见。如果能够将他们的意见和建议纳入审批过程,那么就更能获得社会的理解和支持。同时,审批结果的公开也是公众监督的重要手段,让公众知晓审批结果,了解非农建设项目是否得到批准、是否合理占用耕地。在当前环境问题日益严重的情况下,有关主管部门不能因为短期的经济利益而忽视长远的环境影响。研究人员应该从长远角度出发,对项目进行全面评估,看其是否会对耕地环境造成负面影响,是否符合可持续发展的原则。

(三)执行补充耕地政策

在全球食品安全问题日益凸显的背景下,保护耕地资源成为世界各国政府的一项重要任务,特别是在我国,面对日益严重的耕地流失问题,实施补充耕地政策成为维持耕地总量平衡的重要措施。补充耕地政策的主要目标是在耕地被占用的情况下,尽可能通过补充新的耕地来维持我国耕地总量的稳定。这就意味着补充耕地并非仅仅是一个地方替换的过程,更重要的是要保证新的耕地具备满足粮食生产需要的条件。这就意味着新的耕地必须具备良好的生态环境,适合于长期的农业生产,而非简单的地方更替。因此,有关主管部门在实施补充耕地政策时,必须充分考虑新耕地的生态环境和农业生产潜力,确保新耕地的质量,而非仅仅关注数量。

在我国,随着经济社会的发展,城镇化和工业化进程加快,耕地被占用的情况越来越严重。虽然补充耕地政策可以在一定程度上缓解这一问题,但仍然需要有关主管部门全面、深入地考虑如何保护耕地资源,防止耕地流失。这就需要有关主管部门深入地思考和规划,建立健全的耕地保护法律法规,加强耕地保护的宣传教育,增强公众对耕地保护的意识等。有关主管部门在实施补充耕地政策时,必须始终牢记保护耕地的最终目标是保障我国的粮食安全,保障人民的饭碗牢牢掌握在自己的手中。无论是保护耕地资源,还是补充新的耕地,其最终目标都是为粮食生产提供充足的土地资源,保障我国的粮食安全,保障人民的生活需求。只有在这个大的目标下，耕地保护工作才能真正发挥其应有的作用。

（四）加强耕地保护的监督与管理

在日常生活中，耕地是人们餐桌上食物的源泉，是保障国家食品安全的关键资源。因此，加强耕地保护的监督与管理显得尤为重要。同时，每一位研究人员必须明白，没有有效的监督和管理，再好的法律法规和政策也只能是纸上谈兵。所以，有关主管部门必须付诸行动，落实有效的耕地保护监督和管理措施。一方面，政府作为社会管理的主导者，应该承担起耕地保护监督与管理的主要责任。政府应该设立专门的监察机构，定期进行耕地使用情况的审查和检查，对违反法律法规和政策的行为进行处罚，确保法律法规和政策的执行力度。此外，政府还应该设立有效的反馈机制，定期向社会公布耕地保护的工作进展，接受社会的监督和评价。

另一方面，全社会，包括每一个公民，都应该承担起耕地保护的责任。每个人都应通过自身的行为，参与耕地保护的工作。例如，有关部门可以通过举报违法占用耕地的行为，让公众参与监督管理的工作；也可以通过各种方式，如社交媒体、公众论坛等，表达人们对耕地保护的关注和建议，对政府的工作提出监督和评价。此外，人们还应该在日常生活中通过节约用地、保护环境等行为，实践对耕地保护的承诺。除此之外，现代科技手段，如遥感技术、GIS 等，也为研究人员提供了有效的工具，从而实现对耕地资源的精确、实时的监控。通过这些科技手段，研究人员可以更好地了解耕地的使用情况，为研究工作的有效开展提供更准确的数据支持。例如，研究人员可以通过遥感技术，实时监控耕地的使用情况，及时发现和处理违法占用耕地的行为。研究人员也可以通过 GIS 建立耕地资源的数据库，提供耕地保护的决策支持。

二、实施科学的土地利用规划

（一）编制全面的土地利用规划

对于编制全面的土地利用规划，其核心在于全面性与专业性。全面性体现在规划的每个环节都需要深入调查，精细操作。比如，评估现有耕地资源不仅是对耕地的数量进行统计，还需要了解耕地的质量，而这一过程需要专业的农业知识和技术。同时，对于耕地的分布也需要有详细的了解，包括耕地的地理位置、与城市的距离、是否有被城镇化的威胁等。预测未来耕地需求是一个复杂的过程，需要考虑多种因素。其中人口增长是一个重要的因素，人口的增长意味着粮食需求的增加，这对耕地提出了更高的要求。同时，城镇化进程也会影响耕地的需求，城市的扩张往往会占用大量的耕地，这对耕地的保护提出了新的挑战。还需要注意的是，全球化进程也会影响耕地的需求。随着全球贸易的发展，粮食的供应也呈现出全球化的特点，这对耕地的需求也会产生影响。在制定耕地保护的目标与策略时，有关主管部门需要充分考虑地方的实际情况。不同的地区，耕地状况不同，环境条件也不同，因此制定的目标与策略需要有针对性，不能一概而论。而这一过程则需要专家团队的深入研究和科学决策。

（二）采用科学的规划方法

科学的规划方法在土地利用规划中占据核心地位，而现代科技，尤其是 GIS 技术和遥感技术，为科学规划提供了强大的工具。GIS 技术是一种集成的系统，是用于获取、存储、处理、分析和展示地理空间数据的全球信息系统。这种技术可以对地理信息进行可视化，能让规划者更直观地理解土地的实际状况。通过 GIS，规划者可以对土地的面积、形状、地形、地质、土壤类型等属性进行准确评估。此外，GIS 还能分析多种地理元素之间的空间关系，如水资源、植被、气候和土地之间的相互关系，这对于土地利用规划至关重要。GIS 技术还可以用来制定和修改规划图，进行土地分类，预测土地利用变化等。例如，规划者可以通过对土地利用现状图和土地资源图的叠加分析，识别土地利用冲突区域，进一步制定改进措施。这样的工作无法通过人工完成，但在 GIS 技术的帮助下可以迅速、准确地完成。

遥感技术是另一种对土地利用规划至关重要的科学方法。遥感是一种远程获取地球表面信息的技术，主要通过无人机、卫星等平台上的传感器进行数据收集。遥感技术可以提供实时的土地信息，使得规划能够随时进行调整，以适应变化的情况。另外，遥感技术可以用于监测土地利用变化，评估土地质量，预测土地利用趋势等。例如，规划者通过遥感影像，可以快速获取大范围内的土地利用现状，分析土地利用变化的动态过程，这对于指导土地利用规划和制定土地保护政策非常重要。同时，遥感技术还可以用于土地质量评估。例如，规划者通过分析遥感影像中的光谱信息，可以评估土壤肥力，检测病虫害，评估灾害影响等。

（三）强化规划的执行和管理

土地利用规划的执行和管理是规划实施过程中的重要环节，它不仅是将规划目标落实到实际行动的桥梁，也是规划成果评估和修订的重要依据。由专门的机构进行的监督和管理，能够确保规划的有效实施，同时能够对规划进行定期的评估和修订，以适应社会经济和环境的变化，也是确保规划的科学性和有效性的重要措施。其中，专门的机构对规划进行的监督和管理是强化规划执行的有效手段。这种机构应具备专业知识和经验，能够理解和解读规划的内容和目标，掌握相关的法规和政策，有能力对规划的实施进行有效的管理和监督。这种机构的工作内容不仅包括监督规划的实施，保证规划的各项指标得以实现，还包括处理各种可能出现的问题，如调解冲突、解决矛盾等。专门的机构还需要对规划进行定期的评估和修订，这是因为规划的制定是基于一定的社会经济和环境条件，这些条件会随着时间的推移而发生变化。例如，人口增长、城镇化、科技进步、环境变化等，都会影响土地利用的需求和方式。因此，专门的机构需要定期对规划进行评估，看看是否还符合当前的条件，是否需要进行修订。还有一点需要高度重视，即在强化规划的执行和管理过程中，土地利用的监测和评估显得尤为重要。土地利用的监测可以提供实时的土地利用信息，包括土地的使用情况、使用效果等，这些信息对于规划的实施监督和后期的评估修订都是非常重要的。同时，土地利用的评估可以对土地利用的效果进行评价，从而及时发现问题并提出改进措施。

（四）加强公众参与

鼓励公众在规划过程中发表意见，能够使规划更贴近公众的需求和期望，从而提高规划的可接受性和公众对规划的支持度。公众参与也是一种民主决策方式，可以提高规划的公平性和公正性，提升公众的满意度。公众是土地利用的主要利益相关者，他们的需求和期望是规划必须考虑的重要因素。公众参与能够为规划者提供第一手的信息，帮助他们更好地理解和评估土地利用的影响，以及公众对土地利用的需求和期望。这样，规划者就可以在规划中考虑公众的需求和期望，使规划更加符合社会的需求。公众参与的方式有很多，包括公开听证会、问卷调查、公众咨询会等。这些方式都可以帮助公众表达他们的看法和建议，也可以帮助规划者收集公众的意见和建议。这些方式可以让公众有机会了解和参与规划的过程，保障公众的知情权和参与权，也可以让公众对规划的实施有更多的理解。公众参与可以确保不同的利益相关者都有机会参与决策，表达他们的需求和期望，这样可以避免某些利益群体的需求被忽视或者过分强调。同时，公众参与也可以增加规划的透明度，让公众了解规划的制定和实施过程，增强公众对规划的信任。

三、提高耕地的利用效率

（一）推广高效农业技术

推广高效农业技术无疑是提高耕地利用效率、实现农业生产的可持续性发展的有效途径。在这一过程中，具有高产、抗旱、抗病、节水等特性的农作物品种的引入和推广起着重要的作用。具有这些特性的农作物品种，不仅有助于提高单位面积的农产品产量，而且可以有效地降低生产成本，增强农业对不利气候条件的适应性，提高农业生产的稳定性，尤其是在当今面临全球气候变化和资源紧张的情况下，这些适应性和抵抗力强的农作物品种对于保障食品安全和维护农业生态环境重要的意义。例如，抗旱品种可以在极端气候条件下生长，节水品种则可以在水资源短缺的地区种植，这对于优化耕地资源配置，提高耕地的综合产值具有积极的推动作用。

其中，精准农业，包括精准灌溉、精准施肥、无土栽培等新兴的农业技术，是提高农业生产效率，合理利用资源的重要手段。例如，精准灌溉可以根据作物需水量和土壤湿度实时调整灌溉量，既节约了水资源，也提高了作物的产量和品质。无土栽培技术则可以在不占用土地资源的情况下进行农业生产，大大提高了土地的利用效率。遥感技术可以实时监测农田的状况，为农业生产提供及时的信息和数据支持。农业信息化和智能化，如无人机、智能农机等，可以提高农业生产的效率和精度，减轻农民的劳动强度。尽管引进和推广这些高效农业技术需要一定的投入，在短期内会增加农业生产的成本，但是从长远来看，这些投入将带来更大的回报。这些技术的应用不仅可以提升耕地的利用效率，还可以提高农产品的质量和产量，增强农业的竞争力。对于有限的耕地资源而言，提高其利用效率，使其产出最大化，是有关主管部门当前面临的重要任务。这需要我国不断地引进和推广高效农业技术，以科技力量推动我国农业的发展。

（二）优化耕地的配置和利用方式

在农业生产中，优化耕地的配置和利用方式是至关重要的，这涉及农业生产效率、经济效益以及环境可持续性等多个方面。耕地的配置应根据其质量、地理位置以及自然条件等多个因素进行综合考虑和科学决策，以实现耕地利用的最大化和农业生产的可持续性。其中，优化耕地配置首要考虑的是耕地的质量，这主要包括土壤肥力、结构以及水分条件等。例如，具有高土壤肥力的耕地更适宜种植高产量的粮食作物，而在土壤结构疏松、排水良好的地方，更适宜种植对水分要求高的蔬菜或水果。

由此可以看出，正确地配置耕地能够使作物在最适宜的土壤环境中生长，从而提高农作物的产量和品质。同时，地理位置也是决定耕地配置的重要因素，如适宜种植粮食的耕地应被优先用于粮食生产，以保障国家的粮食安全。土壤肥力较好、阳光充足的平原地带更适合大规模种植粮食作物，如稻谷、小麦等；而地势较高、气候条件较特殊的山区，适合种植某些经济作物，如茶叶、咖啡、果树等，这样既可以提高耕地的利用效率，也能带动当地的经济发展，增加农民的收入。不可否认，耕地的自然条件（如气候和光照条件等）也是决定耕地配置的重要因素。例如，光照充足、降水适中的地方适合种植对光照和水分要求较高的作物，如水稻、玉米等；而气候寒冷、降水少的地方适宜种植抗寒、耐旱的作物，如小麦、马铃薯等。这也意味着耕地配置和利用方式的优化既是提高耕地利用效率的重要手段，也是实现农业资源利用最大化的必要措施。只有正确地配置和利用耕地，才能保障农业生产的高效性和可持续性，也有助于改善农业生态环境，促进农业绿色发展。

（三）实施循环农业和绿色农业

循环农业和绿色农业这两种农业模式不仅提倡可持续、高效的农业生产，更注重保护农业生态环境和提高农产品质量，这对于在有限的耕地资源下实现高效、可持续的农业生产是至关重要的。循环农业是一种以节约资源、保护环境为原则，推崇在农业生产过程中废弃物再利用的农业生产模式。循环农业注重生物资源的高效利用，通过生物质的循环利用、废物的资源化处理等方式，使生产过程中的废弃物得到再利用，形成一种"废物利用、资源节约、环境友好"的农业生产循环。循环农业的实施方式有很多，如可以利用农作物的秸秆、果皮等农业废弃物进行堆肥，再应用到农田中，既解决了农业废弃物处理的问题，又能改善土壤质地，提高土壤肥力。又如，可以通过饲养畜禽，利用其排泄物作为有机肥料，同时畜禽也能提供肉、蛋、奶等农产品，实现农业生产的循环。

绿色农业则是一种以生态平衡和可持续发展为核心，主张生态友好、环保的农业生产方式。绿色农业倡导有机农业、生态农业等生产模式，注重提高农产品的质量，同时保护农业生态环境。在绿色农业中，生产过程无害化、生产环境友好化是其重要标准。绿色农业主张减少化肥、农药的使用，代之以生物肥料、生物农药，通过提高生态系统的自我调节能力，提高农产品质量，实现农业生产与环境保护的双赢。

（四）加强农业科技创新和人才培养

纵观当下中国农业的发展进程，科技创新和人才培养的紧密结合，将使得农业生产方式得以更新，农业技术得以提升，从而提高耕地的利用效率。一方面，农业科技创新是提高农业生产效率，实现农业现代化的关键。农业科技创新包括农作物品种改良、农业生产方式改进、农业生产工艺优化等多个方面。例如，对农作物品种的改良，可以获得更高产、更适应当地环境的农作物品种，这对于提高单位面积农产品产量是至关重要的。同样，农业生产方式的改进和农业生产工艺的优化，可以更合理地使用农业资源，减少农业生产中的资源浪费，提高农业生产效率。政府应当加大对农业科研的投入，扶持农业科技研发，鼓励科研机构和企业开展农业科技创新。同时，政府还应通过各种方式推动科研成果的转化，确保科技创新能够为农业生产带来实际的效益。

另一方面，农业人才的培养是实现农业科技创新成果转化的关键。人才是实现科技创新的主体，没有优秀的人才，就无法实现科技创新。因此，我国要加强农业科技人才的培养，为农业科技创新提供人才支持。这包括加强农业科技教育，提高农业科技人才的素质，以及通过引导和激励吸引更多的人才投身农业科技创新。农业科技创新和人才培养的紧密结合，可以更好地将科研成果转化为生产力，推动农业的现代化进程。这既可以提高耕地的利用效率，也有助于解决农业生产中的诸多问题，推动农业的可持续发展。

四、建设高标准农田

（一）改善农田基础设施

农田基础设施在高标准农田建设中的作用不言而喻，提升农田的使用效率、减少农业生产的损失、提高农田对自然灾害的抵御能力这三个方面，其实都离不开良好的农田基础设施。灌溉系统是农田基础设施的重要组成部分，它是农田生命之水的供应者。一个良好的灌溉系统可以保证农田的水源供应，它能有效地调节农田中的水分，使得农田保持适宜的湿度，这对农作物的生长至关重要。避免因为缺水或者过水而影响农作物的生长，这是灌溉系统的基本功能。因此，灌溉系统的建设与改进需要对地区的气候特点、农作物的水分需求以及土壤的吸水能力等因素进行综合考虑。

排水系统则与灌溉系统相辅相成，一个良好的排水系统可以在遇到过量降水时，及时将农田中的多余水分排出，防止农田因为过水而导致农作物生长困难。同时，排水系统还可以在农田进行灌溉时，防止因为灌溉不均匀导致的局部过水问题。农田排水系统的建设与改进需要对农田的地形、土壤的排水性以及降雨量等因素进行综合分析和考虑。农田道路是连接农田和外界的重要通道。农田道路的建设与改进可以提供方便快捷的农田通道，这对农作物的运输至关重要。只有良好的道路设施，才能保证农作物在最短的时间内从田间运到市场，降低运输成本，避免农作物在运输过程中的损失。农田道路的建设与改进需要考虑农田的地理位置、农作物的运输需求以及交通设施的维护管理等问题。农田防护设施是保护农田、农作物不受外来病虫害侵害的重要手段。农田防护设施的建设与改进可以有效地防止农田遭受外来病虫害的侵害，降低因为病虫害而造成的农作物损失。农田防护设施的建设与改进需要考虑农田的生态环境、病虫害的种类和防控技术等因素。

（二）提升农田土壤质量

农田土壤质量的提升不仅是高标准农田建设的重要任务，也是实现农业可持续发展的必要手段。土壤是农田的生命之源，它提供了农作物生长所需的养分，决定了农田的生产力。因此，提升农田土壤质量，实质上就是提升农田的生产力，也就是提高农作物的产量和质量。农田轮作制度通过种植不同的农作物，打破土壤中病虫害的生命周期，从而可以有效地防止病虫害的发生。同时，不同的农作物对土壤养分的需求不同，轮作可以避免某一种养分被过度利用而导致的土壤养分枯竭。此外，一些农作物在生长过程中还可以向土壤中添加有益的养分，如豆科植物可以向土壤中添加氮元素。因此，农田轮作制度不仅可以保护土壤，还可以提高土壤的肥力。

另外，科学施肥可以为农作物提供足够的养分，从而保证农作物的生长。然而，过量施用化肥会对土壤造成污染，影响土壤的生物活性。因此，农业生产者应当根据土壤的养分含量和农作物的养分需求，进行适当施肥。同时，农业生产者也可以考虑施用有机肥料和微生物肥料，这些肥料不仅可以提供农作物所需的养分，还可以提高土壤的生物活性，促进土壤结构的改善。其他措施包括但不限于避免过度耕作、保持地表植被、进行适当的灌溉和排水等。这些措施可以保护土壤结构，防止土壤侵蚀，保持土壤的水分和养分，从而保持和提高土壤的肥力。

（三）推进农田科技创新

科技创新在高标准农田建设中起着至关重要的作用，其不仅能够帮助国家实现农田的高效管理，还可以为解决一系列现代农业中所面临的问题提供解决方案。农田精准管理技术、农田环境监测技术、农田灾害防控技术等现代农业科技，为农田管理提供强大的技术支撑，使得农业生产能更好地适应现代化、规模化的发展需求。农田精准管理技术作为现代科技的重要成果，已成为推动农田高效管理的重要手段。这种技术可以使农田管理更加精细化。例如，它可以根据土壤的养分含量、作物的生长状况、气候条件等因素，为施肥、灌溉、病虫害防治等农田管理活动提供精确的决策支持。这样不仅可以提高农田的生产效率，还可以降低农业生产对环境的影响，实现农业生产的可持续发展。此外，农田精准管理技术还可以通过农业大数据的应用，为农田管理提供预测性的决策支持，使农田管理具有前瞻性和预见性。

农田环境监测技术则是确保农田环境质量，保障农作物健康生长的重要手段。实时监测农田的环境变化，如土壤湿度、养分含量、病虫害情况等，可以为农田管理提供实时的数据支持，使农田管理能够实时响应农田环境的变化，保障农作物的健康生长。此外，农田环境监测技术还可以帮助有关部门发现和预警环境问题，从而避免环境问题对农田生产的影响。农田灾害防控技术，是减少农田灾害对农业生产的影响，保障农业生产稳定的重要保障。农业生产者使用现代科技手段，可以提前预警可能发生的农田灾害，如干旱、洪水、病虫害等，从而采取相应的防控措施，减少农田灾害造成的损失。同时，农田灾害防控技术也可以帮助农民在灾害发生后快速恢复农田生产，保障农业生产的稳定。

（四）实行农田保护和恢复

在推进高标准农田建设的过程中，农田保护和恢复工作也是不容忽视的一环。农田保护和恢复工作包括农田水土保持工程、农田绿化工程、农田土壤修复工程等，这些工程的实施不仅可以提高农田的生产能力，还能优化农田的生态环境，实现农业生产与生态环境的和谐发展。由于农田的水土流失会严重影响农田的生产能力和生态环境质量。因此，有关主管部门应通过农田水土保持工程建设和改善农田的排水系统，减少水土流失，保持农田土壤的肥力。同时，农田水土保持工程还包括农田地形的整理和优化，以适应农业生产的需要，降低农田的水土流失风险。这些工作可以有效地保护农田的生态环境，提高农田的生产能力。农田绿化工程可以通过植树、种草等方式，改善农田的微气候环境，增强农田的生态稳定性。例如，农田绿化工程可以通过植树降低农田的蒸发量，保存农田的水分，为农田提供稳定的水源。同时，农田绿化工程还可以增加农田的生物多样性，提高农田的抗灾能力。因此，农田绿化工程是提高农田生态质量，增强农田生态稳定性的重要工程。对于已经退化或者贫瘠的农田，农田土壤修复工程是恢复农田生产能力的有效手段。农田土壤修复工程主要是通过施用有机肥料、石灰等物质，改善农田的土壤结构，提高农田土壤的肥力，从而恢复农田的生产能力。同时，农田土壤修复工程还可以通过生物修复、物理修复等方式，去除农田土壤中的有害物质，提高农田土壤的环境质量。

第二节　提高耕地质量与耕地资源生产力

一、实施土壤改良计划

（一）进行土壤检测

对耕地土壤进行全面而深入的分析，是确保土壤改良计划顺利进行的前提。在开展土壤检测时，研究人员会检测并分析土壤的基本属性，其中包括但不限于土壤的酸碱度、养分含量、有机质含量以及土壤的水分情况。这些都是影响土壤质量，进而影响农作物生长的重要因素。土壤酸碱度，也称为土壤 pH，对农作物的生长有重要影响。不同的农作物对土壤酸碱度的适应性不同，有些农作物偏爱酸性土壤，而有些农作物则在碱性或中性土壤中才能实现最佳生长。如果土壤酸碱度不适宜，将会对农作物的生长产生不利影响，如营养吸收障碍、生长缓慢等。

养分含量是另一个影响农作物生长的重要因素。土壤养分是指土壤中所含的能被作物吸收利用的各种元素和化合物，包括氮、磷、钾等。这些养分是农作物生长发育的必要条件，如果土壤中缺乏这些元素，将导致农作物生长缓慢、产量下降，甚至出现病虫害。有机质含量在一定程度上反映了土壤肥力的状况。土壤有机质是土壤中生物活动的产物，主要来自植物残体和微生物的分解物，它能改善土壤结构，增加土壤中的养分，并提供微生物生存的环境。如果土壤中有机质含量低，将会影响土壤的生态环境，使土壤肥力下降。土壤的水分情况也对农作物的生长产生重要影响。土壤的含水量影响着土壤中的气体交换，以及土壤中营养物质的溶解和吸收，土壤含水量过高或过低都会对农作物的生长造成不利影响。

（二）确定改良目标

在分析检测结果并设定改良目标的过程中，首要的任务就是找出土壤中存在的问题，包括土壤酸碱度不适宜，养分含量不足，有机质含量低，甚至是水分条件不理想等。这些问题都会成为影响作物生长和产量的因素，需要在改良计划中得到妥善解决。例如，如果土壤检测结果显示土壤偏酸，那么改良的主要目标就是调整土壤酸碱度。具体的操作方法包括施用石灰、木炭或其他碱性物质来中和土壤的酸性。同样，如果检测结果显示土壤中的有机质含量偏低，那么提高土壤中的有机质含量就成为改良的目标。这需要通过施用有机肥、种植绿肥，或者进行农田覆盖等方式来实现。

确定改良目标并不仅仅是指出问题，更关键的是要根据问题制订明确可行的解决方案。这就需要根据土壤的特性和种植作物的需求，选择适合的改良方法。同时，研究人员还要考虑地理环境、气候条件以及农作物的生长周期等因素，以确保改良计划的可行性和效果。而有针对性地设定改良目标，使得整个改良计划具有了明确的方向和目的。知道了要解决的问题和要达到的目标，就能更好地选择和采取相应的措施。这样，无论是选择合适的改良材料，还是设定施肥时间，都能确保最大限度地提高土壤质量，从而提高农作物的生产力。另外，改良目标的设定也是评估改良效果的重要依据，只有明确了目标，才能在改良过程中和改良完成后进行有效的比较和评估。如果改良的效果达不到预期的目标，那么就需要重新审视改良计划，找出问题所在，以进一步调整和优化。

（三）选择适当的改良方法和材料

选择适当的改良方法和材料是一个需要充分考虑并综合多种因素的过程，包括土壤的具体情况、改良目标，以及当地的实际条件。改良方法和材料的选择对改良计划的效果有着直接的影响，因此需要通过科学的方式进行决策。改良方法和材料的选择首先要考虑的是土壤的具体情况。每一种土壤都有其特性，如土壤类型、酸碱度、营养含量等，这些都将影响改良方法和材料的选择。例如，对于沙质土壤来说，由于其孔隙大、排水性强，需要选择一种能够提高土壤持水性的改良方法和材料；对于黏土来说，因为其排水性差，就需要选择一种能够改善土壤结构、提高排水性的改良方法和材料。

在此基础上，要进一步考虑改良目标。不同的改良目标需要的改良方法和材料也会不同。例如，对于土壤酸碱度不平衡的情况，需要选择能够调节酸碱度的材料，如石灰。石灰是一种碱性物质，能够有效中和土壤的酸性，使土壤酸碱度适中，有利于作物的生长。同样，对于土壤有机质含量低的情况，就需要选择能够提高土壤有机质含量的材料，如有机肥料或者绿肥。有机肥料不仅能够提供作物所需的营养，而且能够改善土壤结构，提高土壤的肥力；绿肥作物能够在生长过程中吸收大量的营养元素，然后在死亡后分解，将这些营养元素释放到土壤中，提高土壤的有机质含量。更重要的是，改良土壤还需要考虑当地的实际条件，包括气候条件、地形条件、土地使用情况等。这些因素会影响改良方法和材料的选择和使用。例如，气候干燥的地区需要选择能够保持土壤湿润的改良方法和材料；地形陡峭的地区需要选择能够防止土壤侵蚀的改良方法和材料。

（四）定期评估和调整改良计划

改良计划的实施，并不意味着这项工作就此完成，反而意味着这只是开始。在实施之后，关键的一步就是对土壤进行定期评估。定期评估能够了解改良计划实施的效果，看看是否达到预期的改良目标，对土壤有何影响，这是一种反馈机制，是指导下一步工作的重要依据。

评估工作通常包括对土壤各项指标的再次测试，如酸碱度、有机质含量、养分含量等，比对改良前后的数据，看看各项指标是否有所改善，改良的效果如何。这一步工作是很细致的，需要耐心和专业知识，因为土壤是一个复杂的系统，很多因素都会影响改良的效果。对这些因素的分析和理解，对于评估改良效果及制订新的改良计划都是非常有帮助的。评估工作并不只是一个单一的过程，它需要定期进行，因为土壤改良并非一蹴而就的事情，往往需要长时间的努力。而且，随着环境条件和作物需求的变化，土壤的需求也会发生变化，这就需要对改良计划进行相应的调整。例如，在初步的改良之后，土壤的酸碱度得到了改善，但是在之后的评估中发现，土壤的养分含量仍然不足，这就需要调整改良计划，重点提高土壤的养分含量。或者，随着季节的变化，土壤的湿度发生了变化，就需要调整改良计划，对土壤的排水性进行改良。

二、推广现代农业技术

（一）提高农业技术水平

种植技术的提升，是农业技术进步的关键环节，它直接影响农业生产的效率和质量。为了适应不同的地理环境、气候条件和土壤性质，农业生产者必须开发和应用各种适应性强的种植技术。例如，针对干旱地区，可以研发适应干旱环境的耐旱作物和种植技术；针对寒冷地区，可以开发适应低温的作物和种植技术。这些技术的应用不仅能够提高作物的产量和质量，还能改善土地的利用效率和环境。

种植模式的优化也是提升种植技术的重要途径。例如，实施多元化种植，即在同一块土地上种植不同类型的作物，以利用土壤中各种养分，提高土地的产出效率；又如，实施轮作，通过更换作物种类，打破病虫害的生命周期，减少农药的使用，提高土地的可持续利用能力。灌溉技术在农业生产中起着至关重要的作用，特别是在水资源短缺的地方，灌溉技术的改进更是刻不容缓。节水灌溉技术的开发，如滴灌、喷灌等，减少了农业用水量，提高了水资源的利用效率。这些技术不仅节水效果显著，还能根据作物的生长需求精确供水，实现灌溉的精细化和智能化，进一步提高了作物的生长质量和产量。肥料施用技术是提高农作物产量和质量的重要手段，也是农业生产的关键环节。根据土壤养分状况和作物需求精确施用肥料，可以充分地利用养分，同时减少肥料的浪费。此外，肥料种类的优化，如开发施用低污染、高效率的有机肥、缓释肥等，可以降低肥料对环境的污染，实现农业生产的可持续发展。

（二）加强农业技术培训

农业技术的推广并非易事，它需要有一支专业的农业技术推广团队，这个团队应该拥有丰富的农业科学知识和良好的沟通能力，以便更好地向农民传授技术，并协助他们解决实际操作中的问题。在这里，农业技术推广团队的组成应包括农业科研人员和技术推广人员。农业科研人员拥有丰富的农业知识和科研经验，他们的任务是发现和研发新的农业技术，提供技术的理论基础和应用指导。而技术推广人员则需要掌握广泛的农业技术知识，他们的任务是将科研人员研发的技术转化为实际的操作指南，指导农民在实际生产中使用新的农业技术。

然而，要让农民真正掌握并应用这些农业技术，就需要建立一套全面、深入的农业技术培训体系。培训内容应该包括农业科学理论、新的农业技术的操作方法、农业技术的应用案例等，让农民能够全面理解新的农业技术，并在实践中熟练应用。为了让培训更加高效，农业技术推广团队还可以借助现代化的培训方式，如网络培训、远程视频培训等，让农民在家就能学习新的农业技术，提高了培训的效率。还需要注意的是，实地操作培训也是必不可少的。农业生产是一种实践性很强的活动，许多农业技术只有在实际操作中才能真正掌握。因此，农业技术培训应该包括大量的实地操作环节，让农民在实际操作中掌握技术。

（三）建立农业技术推广体系

农业技术推广体系涵盖了农业科研机构、农业技术推广机构和农民，实现了科技成果的全过程推广应用，从而形成了一个高效运转的科技推广体系。其中，农业科研机构是这个体系的源头。他们的主要任务是通过科研活动，探索和创新农业技术，形成科研成果。这些科研成果包括新的种植技术、养殖技术、农业机械设备和农业管理模式等，都是提高农业生产效率和质量的重要支撑。农业科研机构需要紧密关注农业生产

实践，解决实际生产中存在的问题，以确保其科研成果能够真正服务于
农业生产。

农业技术推广机构是这个体系的中坚力量，他们负责将农业科研机
构的科研成果转化为生产力。他们需要有深厚的农业专业知识，熟悉农
业生产实践，还要具备良好的组织协调能力和沟通能力，以确保科研成
果能够被有效地推广到农业生产一线。农业技术推广机构需要密切与农
民沟通，了解他们的需求，提供有针对性的技术支持和培训。还需要强
调的一点是，农民是农业技术推广体系的终端，是科研成果的最终应用
者。他们需要积极接受农业技术推广，学习和掌握新的农业技术，将科
研成果转化为生产力。农民需要保持开放的心态，勇于创新，同时，也
需要通过反馈帮助农业科研机构和农业技术推广机构了解农业生产的实
际情况，为科研和技术推广提供第一手的信息。

（四）加大农业技术投入

农业技术的研发和推广，无疑是一个投入资金的过程。无论是科研
机构的基础设施建设、科研活动开展，还是农业技术推广机构的人才培
养、技术推广活动，甚至农业技术的引进和应用，都需要大量的资金投
入。然而，农业经营的长期性、复杂性和不确定性，决定了农民和农业
企业往往难以承受巨大的投资压力，因此，社会资金和政府资金的大力
支持显得尤为重要。

政府对农业技术研发和推广的投入，一方面可以通过设立农业科技
基金，专门用于支持农业科研活动和技术推广活动；另一方面，可以通
过财政预算，直接拨款给科研机构和技术推广机构，或者为他们提供税
收优惠、补贴等政策支持。这些资金可以用于购买科研设备、聘请科研
人员、开展科研项目、组织技术推广活动等，从而促进农业科技成果的
快速产生和广泛应用。对于农民和农业企业，政府可以通过制定优惠政
策，鼓励他们积极采用新的农业技术。例如，可以为采用新技术的农民

和农业企业提供技术引进补贴，减轻他们的经济压力；可以优化农业贷款政策，提高农业贷款的可获得性和可负担性，帮助他们解决资金问题。此外，政府还可以通过提供技术咨询、技术服务、技术培训等，帮助农民和农业企业提高技术应用能力，实现农业生产效率和质量的持续提升。同时，社会资本也应积极参与农业技术研发和推广，通过投资农业科技企业、设立农业科技投资基金、开展农业科技众筹等方式，支持农业科技的创新和发展。

三、建立农田轮作制度

（一）科学制订轮作计划

制订轮作计划首先要对区域的气候条件有深入的理解，每种农作物都有其独特的生长环境需求，包括温度、湿度、光照等。对气候条件的深入研究和理解，能帮助农民选择适合该地区生长的农作物，从而提高农作物的生产效率。其次要明确土壤性质是决定农作物生长的重要因素之一。土壤的质地、结构、酸碱度、含氧量以及含有的营养元素种类和含量等，都对农作物的生长有直接影响。因此，在制订轮作计划时，需要对土壤性质进行全面的分析，以保证选定的农作物能在这样的土壤环境下健康成长。

而且，农作物自身的生长需求也是需要考虑的重要因素。每种农作物都有其独特的生长周期和养分需求。不同的农作物对土壤养分的需求和消耗情况不同。因此，在制订轮作计划时，必须考虑这一因素，以避免因同一种作物长期种植导致土壤养分枯竭。同样，不同的农作物对病虫害的抵抗能力也不同。有些农作物对某些病虫害具有较强的抵抗力，而有些农作物则容易受到某些病虫害的侵害。另外，防治病虫害是制订轮作计划的重要目标。作物轮作，可以打破病虫害的生命周期，从而控制其发生和蔓延。

（二）实施农田轮作制度

实施农田轮作制度时，农民的重要性主要体现在两方面：第一，农民是农田轮作的直接执行者，其对轮作理念的理解程度和接受度，将直接影响轮作制度的贯彻效果；第二，农民对农作物种植的实践经验和本地环境的深入理解，将有助于对轮作计划进行实际修正和优化，使其更符合本地实际情况。

实施农田轮作制度，应先通过农业技术培训、农业技术推广等方式，使农民了解和理解轮作制度。其中，农业技术培训可以为农民提供系统的科学知识和实践技能，让农民在理论上充分理解轮作的概念和方法。同时，农业技术推广人员也可以通过实地演示、操作实践等方式，让农民直观感受轮作带来的效益，增强其对轮作制度的信心。并且农业技术推广是一种宣传和普及科学种植理念的有效手段，可以通过各种渠道，如电视、广播、互联网等，向广大农民传播轮作制度的理念和好处，进一步提高其接受程度。另外，让农民了解不同作物的种植方法和轮作的顺序是实施轮作制度的关键。每种作物都有其特定的生长环境和种植技术，而轮作的顺序又与作物对土壤养分的消耗和回馈，以及对病虫害的防控有直接关系。因此，农民需要了解和掌握每种作物的生长特性和种植技术，并根据轮作计划，合理安排作物的种植顺序，以实现土壤养分的高效循环利用和病虫害的有效控制。更重要的是，实施轮作制度的过程也是农民学习和进步的过程。因此，轮作制度的实施不仅可以改善土壤状况，提高农作物产量，还可以通过实践，提升农民的农业技术水平，加深其对现代农业理念的认识和理解，对推动农业现代化具有重要意义。

（三）监测和评估轮作效果

由于轮作制度的主要目标是维护土壤的健康和肥力，保持生态系统的稳定，从而提高农业生产的效率和农作物的质量。所以，对这些因素的定期监测和评估,是评价轮作制度效果,及时发现和解决问题的关键环节。

定期监测和评估可以帮助研究人员了解土壤养分的变化情况。不同种类的农作物对土壤养分的需求和消耗各不相同,轮作种植可以避免因长期种植单一作物而引发的土壤养分失衡。对土壤养分的定期监测,可以准确掌握土壤中各种养分的含量和比例,评估轮作制度对土壤养分循环的影响,并依此调整作物的种植结构和顺序,确保土壤养分的有效利用。定期监测和评估还可以帮助研究人员跟踪农作物的产量变化。轮作种植可以提高农田的生产力,但其效果会受到天气、病虫害等多种因素的影响。通过对农作物产量的定期监测,研究人员可以准确把握轮作制度对农业生产效率的影响,并及时找出影响产量的因素,如病虫害的发生、土壤肥力的下降等,以便采取相应的措施,如增施肥料、调整轮作顺序等,来提高农作物的产量。定期监测和评估也可以帮助研究人员掌握病虫害的发生情况。长期种植单一作物,容易使病虫害在农田中大量繁殖,而轮作种植则可以打破病虫害的生命周期,减少其在农田中的数量。通过对病虫害的定期监测,研究人员可以及时了解病虫害的发生和发展情况,评估轮作制度对病虫害控制的效果,并及时采取防治措施,以确保农作物的健康生长。

(四)根据评估结果调整轮作计划

农田轮作制度的实质是科学管理和利用农田资源,以提高农业生产效率和农作物的质量。轮作计划并不是一成不变的,而是需要根据实际情况进行灵活调整的。因此,利用监测和评估的数据信息,有针对性地调整轮作计划,对于提高农田利用效率和保持土壤健康有着至关重要的作用。

一方面,如果监测和评估的结果显示某种作物种植后土壤养分严重减少,就需要调整轮作计划。农作物种植消耗土壤养分,但不同作物对于不同养分的需求量和消耗速度各不相同。如果一种作物的种植导致某些养分的严重消耗，那么在下一轮种植时，就需要选择能补充这些养分的作物，或者在种植时加强施肥，以维持土壤养分的平衡。同时，种植其他能够改善土壤结构、增加土壤有机质的作物，可以提高土壤的肥力和结构。

另一方面，如果监测和评估的结果显示病虫害发生严重，也需要调整轮作计划。病虫害的发生往往与作物种类和种植顺序有着密切的关系。一些病虫害特定寄生某种作物，如果长期种植同一种作物，会导致病虫害的大量繁殖。因此，当发现某种作物的种植导致病虫害严重时，农民应调整作物的种植顺序，改种其他不易引发该病虫害的作物，打破病虫害的生命周期，从而有效地控制病虫害的发生和蔓延。同时，轮作计划的调整还要考虑农民的实际需求和市场的变化。在确保农田生态平衡的基础上，充分考虑农民的收入来源和市场需求，科学调整轮作计划，可以使农田的利用更具经济效益。

四、进行农田水利设施建设

（一）制定农田水利设施建设的规划

在实现耕地资源的高效利用与保护方面，农田水利设施建设起着不可或缺的作用。然而，在实际推动农田水利设施建设之前，必须进行精细的调研和全面的分析，这是确定水利设施需求与建设策略的重要前提。对于区域内的农田，研究人员先要明确其地理位置。地理位置直接影响了农田所在地的气候条件，这将决定农田水源的供应情况。例如，在沿海地区，需要考虑潮汐的影响，应选择合适的设施和技术以防止海水倒灌；而在高原地区，由于地势高，雨水径流快，需要建设灌溉设施，以保证足够的灌溉水源。另外，气候条件是决定水利设施建设的关键因素。在干旱地区，缺水是主要问题，此时，灌溉系统的建设就显得至关重要，人们可以通过灌溉设施引导远处的水源或者地下水，为农田提供稳定的水源供应。反之，在多雨地区，由于雨水过多，会导致农田水淹，影响作物生长，此时就需要建设排水设施，以有效排除农田内的积水。

在上述做法的基础上，研究人员对于土壤类型的考察也是十分关键的。不同类型的土壤对水分的吸收能力和保持能力差异巨大，这会直接影响农田的排水和灌溉需求。例如，黏土保水性好，但透水性差，需要设置排水设施以防止积水过多；而沙质土壤透水性强，保水性差，则需要更强大的灌溉系统以保证农田的水分供应。同时，了解农作物的种植结构也是必不可少的。因为不同的农作物对水分的需求量和时间差异很大，这会影响水利设施的使用频率和使用方式。例如，水稻需要大量的水分，因此，对于主要种植水稻的地区，灌溉设施的建设就显得尤为重要。需要特别强调的一点是在灾害频发地区，如多风暴、多洪水的地方，防洪设施的建设就显得格外重要，如设置防洪堤、溢洪道等，可以减轻灾害对农田的影响，保护农田和农作物。

（二）实施农田水利设施建设

实施农田水利设施建设，是一项复杂且充满挑战的工程。它涉及的不仅仅是将设计图纸上的概念转化为现实中的设施，还包括与之相关的多个方面，如建设技术的选用、材料的选择，以及与当地农民的沟通和协调。

规划转化为实际的设施，需要深入理解和掌握各种建设技术。这是因为，无论是灌溉系统，还是排水设施，抑或是防洪设备，其实现的核心都离不开相应的建设技术。例如，在建设灌溉系统时，需要运用一些地下水抽取、水源引导，以及流量控制等技术；而在构建排水设施时，则需要掌握一些关于地形调整、水流引导，以及水量控制等技术。并且，设施的质量和效果很大程度上取决于材料的选择。为了保证设施的稳定性和耐久性，所选用的材料必须满足一定的标准。例如，灌溉系统的管道材料需要选择那些具有耐腐蚀性、强度高、易于安装和维护的材料，以确保系统长期稳定运行。而在设计排水设施时，又需要考虑地势和降雨量等因素，应选择那些能够快速、有效排水的材料和设计方案。需要特别强调的是，在整个建设过程中，与当地农民的沟通和协调也是非常重要的环节。因为他们是这些设施的直接使用者，他们的需求和反馈能够直接影响设施建设的方向和效果。而且，他们对于当地的气候、土壤、作物等情况有着深刻的理解和丰富的经验，这些都是在设施建设中不可忽视的宝贵资源。理解农民的需求，解答他们的疑惑，让他们理解并接受这个项目，才能够得到他们的支持，这对于项目的顺利进行和设施的有效使用具有关键作用。

（三）监测和评估设施运行情况

在这个阶段，监测和评估设施的运行情况和效果变得尤为重要。这不仅是对设施本身运行稳定性的关注，也是对其在实现农田管理目标，即提高耕地质量和耕地资源生产力上的直接反馈。这一过程涉及两个关键环节：设施物理状态的检查与数据收集分析。

对设施物理状态的定期检查是为了发现任何影响设施正常运行的因素，如设施的破损、老化等。灌溉设施中的管道是否出现破裂，排水设施是否堵塞，这些常见问题都需要在设施运行的过程中定期检查。通过对设施物理状态的检查，人们可以在问题出现的早期进行维修和调整，避免小问题演变成大问题，影响整个农田的正常生产。设施物理状态的检查不仅仅是发现问题，更是解决问题，确保设施的持续、稳定运行。

而收集和分析数据可以对设施在实现农田管理目标上的效果进行评估，如水源的使用情况是评估灌溉设施效果的重要数据，通过对水源使用情况的监控，研究人员可以了解水源使用的效率，这对于干旱地区来说尤为重要；农田的产量则是评估设施效果的直接反馈，如果农田的产量在设施投入使用后有所提升，那么就可以判断设施达到了预期的效果。

这些数据的收集和分析，可以帮助研究人员理解设施在实际运行中的表现，以及设施对农田的实际影响。

（四）根据需要进行设施的调整和维护

设施在运行中如果出现效率降低或者其他问题，必须及时对其进行相应的调整以保证其效率。实际上，设施的调整不仅是一个修复的问题，也是一个提升设施效率和稳定性的过程。以灌溉系统为例，如果监测发现其灌溉效率低，这涉及多个方面，如管道布局不合理、水泵性能不佳等。针对这些问题，人们需要对灌溉系统进行全面改进。更改管道布局可以更合理地分配水源，优化水泵性能则可以提高水源输送的效率。设施的调整不仅需要考虑问题的解决，还需要考虑设施长期运行的效率和稳定性。这一过程会涉及设施的设计改进，甚至包括新技术的引入。这些都需要有精细的计划并精确执行。

同时，维护工作是保证设施正常运行的重要环节。无论设施的设计有多么精良，维护工作的缺失都会导致设施的效果大打折扣。定期的维护工作包括清理管道、检修泵站等，可以有效避免一些常见的问题，如管道堵塞、水泵故障等。通过维护工作，人们可以及时发现和解决问题，保证设施的正常运行。维护工作也可以延长设施的使用寿命，从长远来看，这不仅可以节省投入的资金，也可以保证农田水利设施的持久高效。

第三节　提升耕地资源利用效益

一、科学规划

（一）合理配置耕地资源

土地的质量、特性、地理位置、气候条件、土壤类型等多个方面的因素综合决定了耕地资源的生产潜力和利用价值。深入研究土地质量与特性可以为农田的科学配置提供依据。质量良好的土地更适合种植高质量和高产量的农作物，如水果、蔬菜等。相对来说，质量稍差的土地，就可以选择一些对土地质量要求不是特别高，但是对环境适应性强的农作物，如一些粮食作物和经济作物。这样，每一片土地都可以得到最适合它的农作物，使土地的产出效益最大化。

研究人员对地理位置和气候条件的考察也同样重要。一块土地的位置，如它是在山区还是在平原，海拔高度如何等，都会直接影响这块土地上适合什么样的农作物生长。而气候条件，如降雨量、气温、湿度等因素，更是影响农作物生长的关键因素。每种农作物都有其最适合的气候环境，科学利用气候资源，选择适合的农作物，可以大大提高农作物的产量和质量。土壤类型是决定农作物生长的另一项重要因素，其中土壤中的营养元素、pH、微生物含量等都对农作物的生长产生直接影响。因此，研究人员必须对土壤进行深入的研究，根据土壤类型来确定适合种植的农作物种类。通过这些深入的调研和分析，研究人员可以为每块耕地找到最适合它的农作物种类，从而最大限度地提高每块耕地的产出效益。更为重要的是，这样的规划方式还有助于保护耕地资源，避免因为不合理的利用和过度的开发导致耕地资源的流失和退化。只有把每一块土地当作宝贵的资源来珍惜和利用，才能实现农业的可持续发展，同时满足社会的粮食需求。

（二）科学确定耕地利用方式和强度

适宜的耕作方式和强度的选择，是通过分析土地条件和农作物需求综合得出的结果。耕作方式和强度的选择对于农作物的产量和质量，以及土地的长期利用效益有着深远的影响。耕作方式的选择是根据土地的自然条件和农作物的特性确定的。比如，轮作是一种常见的农业管理策略，旨在提高土地利用效率，它通过更换作物种类，可以有效地防止土壤中某一营养元素被过度吸收，保持土壤肥力。间作则是在同一块土地上同时种植两种或多种作物，可以有效利用土地资源，增加农作物的种类和产量。覆盖栽培是在地表覆盖一层物质，如秸秆、塑料薄膜等，以保持土壤湿度，抑制杂草生长，保持土壤结构等。以上各种耕作方式都有其独特的优点，可以根据实际情况进行选择。

耕作强度则是一个复杂的问题，需要考虑的因素非常多。耕作深度和耕作频率是两个主要因素。耕作深度应当根据土壤类型来确定，黏重的土壤适合深耕，而沙质土壤则适合浅耕。耕作频率则需要综合考虑农作物的生长周期、土壤的肥力和气候条件等因素。过度的耕作会导致土壤结构破坏、肥力下降，而不足的耕作又不能满足农作物的生长需要。还有一点需要注意，即环境因素也是决定耕作强度的重要因素。例如，不同的气候条件会影响土壤的湿度和温度，这就需要研究人员在确定耕作强度时考虑这些因素，如干旱地区由于缺水，就要更频繁地耕作，以便增加土壤的蓄水能力。而湿润地区由于水分充足，可以适当减少耕作次数，以防止土壤过湿、氧气不足等问题。

（三）合理规划城镇化进程

城市的蓬勃发展和空间扩张对耕地资源产生了严重的冲击，而耕地资源的丧失给社会经济可持续发展带来了严重的挑战。因此，在城市发展规划过程中，如何在保护农业用地和城镇化进程之间找到平衡，成为一个重要的课题。城镇化进程中的耕地资源保护，既涉及农业生产能力的维持，也关乎粮食安全问题。因此，为了兼顾这两个重要的方面，城市发展规划必须将农业用地保护纳入考虑范围。城市在扩张过程中，应充分评估其对耕地资源的影响，通过科学的方法和手段，尽可能地减少对耕地资源的消耗。

这个过程并不简单，需要依据严谨的科学分析和严格的决策过程。城市规划者需要充分了解和研究耕地资源的分布情况、质量情况、用途以及城市发展对农业生产和粮食安全的影响等多个方面的因素。只有在这个基础上，才能制定既能满足城市发展需要，又能尽可能保护耕地资源的城市发展规划。城市规划者还需要积极探索和实践新的城市发展模式，如城市密集发展、垂直发展等，以减少对耕地资源的需求。这些新的城市发展模式，既能满足城市发展的空间需求，又能尽可能减少对耕地资源的占用。同时，公众参与也是十分关键的。加强公众教育和增强公众的环境意识，可以让更多的人了解和支持农业用地保护工作，为城市发展和农业用地保护之间找到更好的平衡点。

（四）优化农业结构

地理环境、气候条件、土壤类型等诸多因素共同决定了适宜种植的农作物种类。因此，基于各地的具体情况，优化农业结构并挑选适宜的农作物，是一种明智且高效的做法。这种方式不仅能保障和充分利用耕地资源，更能有效提高农产品的产量和质量。种植最适宜的农作物，即根据各地的地理、气候和土壤条件，种植能够在这些条件下生长得最好、产量最高的农作物。举例来说，某些地方由于地理位置特殊，水源丰富，气候湿润，非常适合种植水稻、荷花等植物。相反，那些干旱地区，如沙漠的边缘地带，种植玉米、高粱等耐旱植物更为合适。

优化农业结构的过程，是一种精细化管理和运营的过程。涉及的方面包括对地理环境、气候条件、土壤类型等进行深入研究，选择最佳的耕种模式，对土地进行合理施肥和灌溉等。这个过程需要农业科研人员、农民、农业机构等多方的共同努力和配合，通过科研、实践、反馈、调整的循环，不断提高农业结构的优化水平。农作物的选择和农业结构的优化，旨在实现耕地资源利用的最大化，同时提高农产品的产量和质量。优化农业结构不仅可以实现农产品的种类多样化，丰富市场供应，也有利于维护和改善农业生态环境，促进农业的可持续发展。在这个过程中，国家和地方政府的政策引导和支持也是非常关键的。例如，出台有关农业结构优化、农作物种植等方面的政策，鼓励和引导农民种植适宜的农作物，可以有效地推动这个过程。

二、创新耕地管理方式

（一）采用精准农业

精准农业已经成为全球领先的农业生产模式，作为一种创新的耕地管理方式，它的引入显著提高了耕地资源的利用效率。对于农业生产者来说，使用精准农业方法带来的利益是多方面的。例如，精准农业的一种主要技术是 GPS 定位系统。这个系统通过卫星的帮助可以精确地确定农田的位置和边界，为农业生产提供准确的地理信息。这种精确的定位不仅有助于规划和管理农田，也有助于农田内的精细化作业，如精准播种、施肥和喷药。

不可否认，遥感技术也在精准农业中起到了重要作用。通过无人机或卫星的遥感图像，农业生产者可以实时获得农田的各种情况，包括作物生长状态、土壤湿度、病虫害情况等。这些信息可以帮助农业生产者及时做出决策，如何时灌溉、何时施肥，以及何时采收，以确保农作物的最佳产量。而大数据的运用则为精准农业提供了庞大的信息支持。通过收集并分析大量的气候、土壤、作物等数据，大数据可以帮助农业生产者更准确地预测作物的生长情况，以及更合理地安排农田的生产计划。例如，根据历史和实时的气候数据，可以精确预测未来一段时间的天气情况，从而合理安排灌溉、施肥等农田作业。需要特别注意的是，精准农业不仅能够提高农作物的产量，而且可以减少对环境的污染，因为它能够精确地施用化肥和农药，避免过量使用这些物质，减少了对环境的污染。同时，精准农业还能实现农田资源的精细化、个性化管理，如根据土壤类型和作物需求进行差异化的施肥和灌溉，以实现资源利用的最大化。

（二）发展智能农业

智能农业以精准农业为基础，融入了互联网、物联网、人工智能等先进技术，以实现农业生产的自动化和智能化。在该模式中，无人机在智能农业中发挥着重要的作用。例如，使用无人机进行农田巡查，可以准确、及时地获取农田的实时信息，如作物生长情况、土壤湿度、病虫害情况等。这些信息可以帮助农业生产者及时调整生产决策，如何时施肥、何时灌溉、何时采收等，从而实现精确农业生产。而且无人驾驶农机也在智能农业中发挥着重要作用，利用自动驾驶技术，农机可以在无人操作的情况下完成犁地、播种、施肥、收割等农田作业。这种方式不仅大大节省了人力，还可以避免由于人为因素引起的操作错误，从而提高了农业生产效率。

与此同时，物联网技术也在智能农业中扮演了重要角色。通过将农田的各种设备和系统，如灌溉系统、施肥系统、气象观测系统等，连接到网络中，农业生产者可以远程控制这些设备和系统，实现农田管理的自动化和智能化。例如，通过监测土壤湿度，可以自动控制灌溉系统，以确保作物得到适宜的水分；通过监测作物生长情况，可以自动控制施肥系统，以保证作物得到足够的营养。人工智能则可以帮助农业生产者更好地理解和利用上述信息。通过对大量农田数据的分析，人工智能可以发现农田生产中的模式和规律，从而为农业生产决策提供科学的依据。例如，通过分析历史数据，人工智能可以预测未来一段时间的天气变化，从而指导农业生产活动；通过分析作物生长数据，人工智能可以预测作物病虫害的发生，从而指导农药的施用。这样的智能农业不仅能提高农业生产效率，降低生产成本，也有助于保护耕地资源。因为智能农业可以减少农田的过度使用，降低化肥和农药的使用量，减少农田污染，有利于保护和恢复土壤肥力，提高农田的可持续生产能力。

（三）建立健全农地保护制度和机制

耕地保护不仅是一项生态环保的重要任务，也是农业生产、社会稳定和国家粮食安全的重要基础。为此，构建健全的农地保护制度和机制，既是国家政策层面的需求，也是农业生产者和社会公众的期待。

农地保护制度是农地保护工作的规则和操作指南，制定和执行耕地保护法规，可以将保护耕地资源转化为具体的法律责任和义务，从而明确各方在耕地保护和利用中的权利和义务。合理的法规制度能有效地防止耕地资源的过度开发和浪费，有利于实现耕地资源的合理利用，确保农业生产的可持续性。农地保护机制则是实施农地保护制度的具体方式和手段，如何将法规制度转化为实际的行动需要一个健全的机制。这包括政策引导、经济激励、科技支持、公众参与等多个环节。设立农地保护基金，既可以为农地保护提供经济支持，也可以激励农业生产者和社会公众积极参与农地保护，共同推动农地资源的保护和合理利用。其中，政策引导是农地保护机制的重要组成部分。政府部门可以通过出台政策鼓励和引导农业生产者、企业和社会公众参与农地保护，如推行保护性耕作、奖励农地保护成果、扶持农业生态环保产业等。经济激励是农地保护机制的重要手段。设立农地保护基金，提供农地保护的经济补偿，可以鼓励农业生产者和企业更加积极地保护耕地资源。同时，税收优惠、贷款支持等方式也可以引导资金流向农地保护领域。科技支持是农地保护机制的重要保障。引入和推广精准农业、智能农业等先进技术，可以提高农地保护和利用的科技水平，提升农业生产效率，减少耕地资源的消耗。另外，公众参与是农地保护机制的重要力量。通过宣传教育、社区活动等方式，加深社会公众对农地保护的认识和支持，可以形成全社会共同参与农地保护的良好氛围。

（四）设立和维护耕地保护区

耕地保护区作为一种专门的土地利用形式，其核心价值在于实现土地的可持续利用。耕地保护区内可以实施一系列特殊的管理和保护措施，以维护土地的农业生产功能，也能够有效地抵御市场和非农业发展的压力。在这里，研究人员应该深刻意识到限制非农业用地的开发是耕地保护区的一项重要政策。过度的城镇化和工业化进程会导致耕地的大量丧失，这种情况在许多发展中国家和发达国家都曾出现。因此，对耕地保护区进行规划，明确非农业开发的限制，不仅有助于保护土地资源，避免土地荒漠化，还可以有效防止农业生产能力的下降，维护农业生产的可持续性。

而优化农业生产结构，是耕地保护区管理的另一个重要环节。科学的种植模式和合理的作物布局，可以提高农田的利用效率，提升农业产值，这对于保障农民的生计和提升农业的经济效益具有重要的意义。在优化农业生产结构的过程中，耕地保护区可以引入现代农业技术，如精准农业和智能农业，以提升农业生产效率和农产品质量。同时，耕地保护区的设立和维护还需要建立有效的监测和评估体系。定期的土壤和气候监测可以精确掌握农田的生态状态，及时发现和处理可能出现的问题。而定期的农业产量和农民收入评估可以判断耕地保护区的实际效果，为政策制定和修订提供依据。

三、加强耕地保护

（一）防止土壤侵蚀

土壤侵蚀是威胁耕地生产力的重要难题，要实现改善土地利用效率和保护生态平衡的目标，就需要针对土壤侵蚀问题提出多角度、多层次的解决方案。防止土壤侵蚀的行动首先要基于科学的理念和策略。每一片土地都有其独特的地理、气候特点，需要根据各个地方的具体条件进行有针对性的治理。科学的理念也意味着从根本上解决问题，而不仅仅是对症下药。因此，有效防止土壤侵蚀需要从土壤的生成、发育、物质循环等方面入手，进行全方位的综合治理。采取硬防护措施是防止土壤侵蚀的一种方式，如建设护坡、植树造林等。这些措施可以在一定程度上阻挡风力和水流对土壤的侵蚀，特别是在风力强、雨水多的地方，植树造林等措施可以形成风障、水障，保护土壤不受侵蚀。同时，护坡等硬防护工程可以改变地形，降低水土流失的风险。

然而，硬防护措施并不能完全解决土壤侵蚀问题，因为它并不能改变土壤的内在性质。因此，人们还需要采取一些生态治理措施，以提升土壤本身对侵蚀的抵抗力。覆盖作物就是一种有效的生态治理方法。覆盖作物可以保护土壤不直接暴露在风雨之下，减少风力和水流对土壤的直接侵蚀。同时，作物的根系可以固定土壤，防止土壤被风吹走或被水冲走。此外，覆盖作物还可以通过光合作用将大气中的二氧化碳转化为有机物质，改善土壤的养分状况，增强土壤的保水保肥能力。更重要的是，在土壤侵蚀问题上，单纯依赖硬防护或者生态治理都是不够的。只有综合应用各种措施才能达到防治土壤侵蚀、保护耕地生产力的目标。这需要研究人员树立科学的理念，充分利用现有的技术和方法，创新思考和实践，从而达到提高耕地资源利用效益的目标。

（二）保持土壤肥力

对于全球的农业生产而言，土壤的肥力状况至关重要，它是保障农业生产稳定与高效的基础。保持土壤肥力能够直接反映在农作物的产量和质量上，并能维护整个农业生态系统的健康状况。其中，化肥和有机肥的合理使用，是提升和维持土壤肥力的一个基本途径。化肥能够快速补充土壤中所需的营养元素，为植物生长提供必要的营养成分。有机肥则可以改善土壤的物理性状，提高土壤的保水保肥能力，并能通过有机物的微生物分解，逐渐释放植物所需的养分，保障农作物的长期稳定生长。

然而在实际操作中，农业生产者要注意避免过度使用化肥，因为这会导致土壤硬化和盐碱化，使土壤肥力下降。硬化的土壤不利于农作物的根系生长和吸收养分，而盐碱化的土壤则会导致植物因无法吸收养分而枯死。因此，使用化肥应遵循"适量"原则，既要满足农作物的养分需求，又要避免对土壤造成负面影响。在保持土壤肥力方面，土壤深松处理就显得非常重要了。土壤深松是通过深层翻动土壤，打破土壤硬化层，改善土壤结构，提高土壤的通气性和水分保持能力的方法。这不仅可以提高土壤的保水保肥能力，使养分更好地被植物吸收，而且可以改善土壤的气体交换条件，有利于有益微生物的生长，能够进一步提高土壤的生物活性，从而提高土壤的肥力。

（三）提高土壤质量

在农业生产活动中，提高土壤质量无疑是实现持续稳定生产，获得高质量农产品的重要因素。如何通过科学的耕作方式优化土壤的物理、化学和生物性质，就成为每一个从事农业生产的人需要关注和深思的问题。在全面提高土壤质量的过程中，改善土壤质量的首要步骤在于选择合理的耕作方式，如轮作制度的实施可以避免单一作物长期连作引起的土壤养分失衡、病虫害增多等问题，通过不同作物的交替种植，充分利用作物对土壤养分的差异性需求，有效平衡土壤养分，且减轻了连作带来的病虫害压力，为提高土壤质量提供了良好的基础。

另外，深翻是一种常用的土地整理方式，通过机械化操作，将土壤深层的矿质营养翻到表层，同时把表层的有机物质翻入土壤下层，从而实现土壤上下层的养分互补，改善土壤的通气性和渗水性，有利于植物根系的生长和养分的吸收。覆盖作物则是一种有效的生态农业耕作方式，种植覆盖作物不仅能够抑制杂草生长，减少水分蒸发，还能通过根系分泌物和残茬的分解，增加土壤的有机质含量，改善土壤的结构，提高土壤的保水保肥能力，同时能有效防止土壤侵蚀，保护土壤环境。这些科学的耕作方式的实施，都需要在土壤特性、农作物种类、气候条件等多方面的考虑基础上进行，以确保每一次的耕作活动，都是在对土壤进行改良、提高其生产力的同时，保护和利用土壤资源。

（四）监管耕地环境

耕地环境的监测主要是通过收集、分析和评价各种信息，了解耕地环境的实时状态。这包括土壤污染、土壤侵蚀、土壤盐碱化等问题的监测。定期收集土壤样品，利用现代化的设备和方法进行测定，可以准确地了解土壤的物理、化学和生物特性，从而判断土壤的质量和肥力状态。

这些监测结果可以为农业生产提供科学的依据，对于决定何时、何地、怎样种植什么作物，以及如何合理使用化肥、农药等有着重要的指导作用。此外，这些监测结果还可以为决定土壤保护和改良措施提供依据，对于防止和治理土壤侵蚀、土壤污染、土壤盐碱化等问题有着重要的作用。可是仅仅进行耕地环境的监测还不够，还需要对农药、化肥等污染源进行严格的管理。农药和化肥的过度使用不仅会对土壤环境造成污染，还会对农产品的质量和食品安全造成威胁。因此，国家必须制定严格的农药、化肥使用标准和管理制度，以保证科学、合理、安全使用农药、化肥等。同时，实施严格的农药、化肥使用标准和管理制度，既可以防止它们对耕地环境造成污染，又可以提高农业生产的效率和农产品质量。这就需要各级农业部门和农民自觉遵守相关规定，强化自我约束，实现农药、化肥的精确施用。

四、推动绿色农业发展

（一）减少化肥和农药的使用

农业生产中的化肥和农药分别在提升产量、防治病虫害方面发挥了积极作用。然而，过度依赖这些物质，忽视其对环境的潜在破坏，会引发一系列环境问题，如土壤质量下降，甚至导致土壤污染，对农产品的安全性构成威胁。因此，农业生产不应只追求高产，更应注重环境友好和可持续。这需要农业生产者对化肥和农药的使用有足够的认识，理解过度使用这些物质可能带来的后果。在实际的农业生产中，这需要农业生产者以科学的态度对待化肥和农药的使用，不盲目追求短期的高产，而应从长期的角度出发，考虑土壤质量的维护，以及农产品的安全性。

推广使用有机肥和生物农药，是解决这个问题的有效途径。有机肥是一种来源于生物的、含有大量有机物质和养分的肥料，其对环境的影响小，而且能有效地提高土壤质量，提高土壤的保水保肥能力，增强土壤的生物活性。生物农药则是利用生物资源，通过生物技术手段研制出来的农药。与化学农药相比，它们更为环保，不会对环境造成污染。有机肥和生物农药的推广需要政府在政策上给予支持和引导。例如，通过制定相关的法规和标准，鼓励和指导农业生产者使用有机肥和生物农药；通过提供相关的培训和技术支持，帮助农业生产者掌握使用有机肥和生物农药的技术；通过给予相关的补贴和优惠，刺激农业生产者使用有机肥和生物农药。

（二）推广生态农业技术

生态农业技术与传统的农业技术相比，更加注重生态环境的保护和提升，生态农业技术的应用能有效地提高农业生产的可持续性。覆盖作物技术就是其中的一种有效的生态农业技术。这项技术的应用能够在农田表层形成一层保护性覆盖物，以降低直接风吹和雨打对土壤的破坏，防止水土流失。这种技术可以在极大程度上维护土壤的自然结构，进而有利于土壤中微生物的生存和繁殖，提高土壤的有机质含量和生物活性，对于增强土壤肥力、改善土壤环境具有显著的效果。

另外，农林复合、种植结构优化等生态农业技术的运用，对于提升土壤质量、维护生物多样性、防止病虫害都具有重要的意义。农林复合模式将农业与林业相结合，不仅可以充分利用土地资源，而且可以在维持产量的同时，提高土壤质量，增强生态环境稳定性。此外，种植结构优化通过合理配置作物种植结构，提升了土壤中的生物多样性，形成了天然的生态防护网，能有效防止病虫害的发生和蔓延，从而减少了农药的使用，减轻了农业生产对环境的影响。此类生态农业技术的推广应用需要全社会的共同努力，需要政策的引导，需要科研机构的科技支撑，需要农民的实际行动。各方应齐心协力，通过科学的农业生产方法，保护和提高土壤质量，增强生物多样性，使得农田形成一个自然、健康的生态系统，从而实现农业生产的可持续发展。生态农业技术的推广不仅对提高农产品质量和农田生产效益有重要的作用，更对保护生态环境，实现绿色农业的目标有着重大的意义。

（三）提高农产品质量和安全性

绿色农业理念的提出，标志着人们对于农业生产方式的重视已经从单纯地追求产量，转向了对质量和安全性的关注。这种理念强调对自然的尊重，致力于通过实施更为环保、健康的农业生产方式，达到提高农产品质量和安全性的目标。关于农产品质量的提升，一种重要的方式就是运用科学的耕作方式。这涉及整个农作物生产过程的每个环节，包括播种、灌溉、施肥、病虫害防治等。播种时要选择适应当地气候和土壤环境的优良品种，这样长出的农作物不仅植株健壮，而且抵抗病虫害能力强。灌溉环节要考虑农作物的水分需求和土壤的保水能力，避免过度灌溉导致的土壤盐碱化。施肥环节除了应用有机肥，还需要注意氮、磷、钾等营养元素的比例，以保证农作物的营养平衡。病虫害防治环节则通过推广生物防治和生物农药，减少化学农药的使用，维护农田生态系统的稳定。

提高农产品安全性，一方面要减少化肥和农药的使用，防止农产品残留农药和重金属，影响食品安全。这也是有机肥和生物农药得以推广的重要原因；另一方面要加强对农田环境的监测和管理，及时发现和解决土壤污染问题，保证农作物生长的土壤环境健康。实践证明，绿色农业理念的推广对提升农产品的质量和安全性有着显著的作用。人们在享受绿色农业带来的物质利益时，也应看到其更为重要的价值——维护地球生态环境，保护人类自身的生存环境。因此，推广绿色农业理念，提高农产品质量和安全性，已经成为全球农业发展的重要任务。

（四）增加农产品的附加值

绿色农业的崛起回应了社会对于食品安全与质量的新期待，也符合环境保护的要求。在经济视角下，绿色农业为增加农产品附加值开启了崭新的途径。在当代社会，消费者的口味和偏好越来越多样化，他们在关注食品口感的同时，也对食品的安全性和营养价值有了更高的要求。于是，绿色农业生产的农产品在市场上得到了广泛的认可，甚至在很多情况下，消费者愿意支付更高的价格购买这些产品，从而让这些产品具有了更高的市场价值。与传统农业相比，绿色农业在保护环境和提高食品安全性方面的积极作用，使得其生产的农产品具有了更强的竞争力和更高的附加值。

而对于农民来说，从事绿色农业生产不仅可以提高其农产品的附加值，从而增加他们的收入，而且可以改善其生活环境。绿色农业的实施有助于改善耕地的质量，提升土壤肥力，降低病虫害的发生率，从而使得农作物的生长环境得到了改善。这不仅可以增加农作物的产量，而且由于减少了农药和化肥的使用，农民也能节约一部分的生产成本。这种模式的运行不仅实现了农民收入的增加，也在一定程度上实现了环境效益的提升。不难发现，实现经济效益和环境效益的双重提升是绿色农业发展的目标。绿色农业在保护环境、提升农产品质量的同时，也需要考虑提高农民的经济收入。只有当绿色农业真正带给农民经济利益的时候，才能真正推动绿色农业的发展，从而实现农业生产的可持续发展。在这个过程中，政府和相关部门需要发挥引导和推动的作用，通过政策支持、技术培训等手段，帮助农民更好地转向绿色农业，从而使得绿色农业真正落地生根，得以在更大的范围内推广和应用。

第四节　耕地资源节约集约利用

一、土地规划和管理

（一）科学制定土地利用规划

制定土地利用规划要求对土地的状况有深入、详尽的了解，包括了解其分布状况和利用程度，以及土地的质量、生态环境、气候条件等各个关键因素。为了获取这些信息，相关人员要开展广泛而深入的土地使用调查。调查的过程是既复杂又系统的，涉及的范围也很广，包括土壤质量、土壤类型、地形、气候条件、水资源等。这些因素都对土地的使用有着直接或间接的影响。

在获取这些信息之后，接下来的任务就是制定一份科学、合理的土地利用规划。规划应基于对当前土地使用状况的理解，同时要考虑未来的发展趋势和需求。这意味着需要根据土地的特性和适用性，对不同类型的土地制定不同的利用策略。例如，高质量的土地应优先用于粮食生产，以最大限度地利用其生产潜力；而条件较差的土地则可以用于林业、草业或其他适宜的用途，这样既保护了环境，又避免了对土地的过度开发。需要强调的一点是，土地规划不仅仅是一次性的工作，而是需要根据实际情况进行动态调整的。随着社会经济的发展和科技的进步，人们对土地的需求和使用方式也会发生变化，因此要定期更新和调整土地规划，以适应这些变化。

（二）建设高效农业园区

建设高效农业园区，采取集约化、规模化的生产方式可以在一定程度上解决土地资源稀缺的问题，同时能满足对农产品日益增长的需求。在建设过程中，农业园区的效率在很大程度上依赖于所采用的农业技术。现代农业技术，如精准农业、智能农业，具有显著提高农业生产效率的潜力。精准农业依赖高科技设备和数据分析，能够精确地测定作物需要的水分、养分，准确采取病虫害防治措施，使得农业生产更加精细化、科学化。而智能农业则利用各种传感器、无人机、人工智能等先进技术，实现农业生产过程的自动化、智能化。

具体而言，通过引进这些先进的农业技术，农业园区可以大幅提高单位面积的农产品产出，这样可以减少对土地资源的需求，从而降低对土地的压力。而且，这种方式还能提高农作物的质量，满足消费者对食品质量和安全的需求。可是，建设高效农业园区并非易事，它需要大量的投入，包括资金、技术、人才等。所以建设高效农业园区需要充分考虑各种因素，找到最合适的方式和技术，以实现高效、可持续的农业生产。同时，政策制定者应鼓励研究和引进各种新的农业技术，以提高农业生产效率和农产品质量，在满足人们食品需求的同时保护好土地资源。

（三）防止非法占用

新型城镇化进程中非法占用耕地的问题已经引起了广泛的关注。如果不加以控制，这种占用会导致耕地资源的严重减少，从而影响食品安全和农业可持续发展。因此，制定和实施严格的土地管理政策，是保护耕地资源的关键。在具体实施过程中，法规的制定和执行是重要环节。政府部门可以通过制定法律，明确规定非农用地的开发范围和数量，从而严格控制非农用地对耕地的占用。这种规定不仅应限制新建工业园区、住宅小区等非农用地的规模，也应对已有的非农用地进行合理的管理和利用，避免无序开发，防止过度占用耕地。

另外，建立和完善土地使用权交易市场也是一个可行的方案。土地使用权的市场交易可以使得土地资源的配置更加合理有效。对于需要开发非农用地的企业或个人，可以通过购买或租赁已有的非农用地来满足需求；而不是占用新的耕地。同时，这可以为农民或农业企业提供额外的收入来源，增加他们的经济收益。与此同时，提高城市土地利用效率也是解决这一问题的有效手段。例如，推广高层建筑，减少对土地的占用；优化城市布局，避免城市无序蔓延；发展公共交通，减少对交通用地的需求；等等。这些措施可以在一定程度上缓解城市对土地的压力，保护耕地资源。提升公众对于土地资源保护的意识也是至关重要的。政府和媒体应积极开展各种形式的宣传教育，增强公众的环保意识，让每一个人都了解土地资源的宝贵和保护土地资源的重要性。

（四）优化土地利用结构

优化土地利用结构涉及土地的多元化利用，包括调整农作物种植结构，推动多功能农业的发展等。这样做的目的是提高土地的经济效益，同时为农民提供更多的发展机会，增强农村经济的活力。具体而言，调整农作物种植结构是一种有效的方法。这需要根据各地的自然条件，如土壤质地、气候条件等，以及市场需求等多方面因素，选择适合的农作物种类进行种植，如适宜种植高效经济作物的地方，可以适当地调整种植结构，种植高产值、高效益的农作物，如果树、茶叶等，以提高单位面积的经济效益。这既能够提高土地的利用效率，也可以提高农民的收入，增强农村经济的发展活力。

推动多功能农业的发展也是优化土地利用结构的重要方向。除农业生产之外，农业与旅游、教育、文化等其他行业相结合，可以实现农业生产的多元化和多功能化。农旅结合就是一个很好的例子，它通过将农田景观、农民生活等作为旅游资源，为游客提供一种独特的体验，也为农民创造新的收入来源。这种方式可以进一步提高土地的利用效率，增加了土地的经济效益，同时丰富了农村的文化内涵，提高了农民的生活质量。在实际操作中，优化土地利用结构需要有明确的目标和策略。这需要政府部门、农业研究机构和农民的共同努力。政府部门应提供必要的政策支持和指导，农业研究机构应提供科学的农业技术和方案，农民则需要通过自身的努力，转变生产观念，学习新的农业技术，积极适应市场变化，提高农业生产的质量和效率。

二、推广节水灌溉技术

（一）提供技术支持和培训

有关部门在推广节水灌溉技术时，首要环节便是技术支持和培训。掌握和理解技术才能保证其在田间得到充分应用，实现节水效果，因此为了让农民理解和掌握节水灌溉技术，全方位的技术支持和培训是必要的。强化技术支持是实现节水灌溉技术普及的核心，该工作涵盖科研成果的发布、技术资料的推广和咨询服务。科学研究的成果应通过各种途径向农民传递，让他们了解最新的科研进展和技术动态。同时，出版和发行相关的技术资料，可以帮助农民了解和掌握节水灌溉技术的具体操作方法和技巧，提升他们的技术水平。在此过程中，有关部门还要提供有效的技术咨询服务，以解答农民在实际操作中遇到的问题，为他们在实际生产中应用节水灌溉技术提供便利。

举办各类培训活动也是推广节水灌溉技术的重要手段。研讨会可以为农民提供一个深入了解和学习节水灌溉技术的平台，通过专家的讲解和交流，使他们了解最新的科研成果和实际案例，激发他们学习和使用新技术的积极性。现场演示则可以让农民亲眼看到节水灌溉技术在实际生产中的应用效果，增强他们对新技术的信心。而视频教学则可以更直观、形象地展示新技术的操作过程，使农民在看的过程中学，提高学习效果。政府部门、农业科研机构和农机公司在推广节水灌溉技术中起着主导作用，他们提供政策支持、科研支持和设备支持，为技术的推广提供保障，而农民则是节水灌溉技术的直接使用者和受益者，他们对新技术的接受和使用情况直接决定了技术推广的效果。因此，四者需要共同合作，共同推进节水灌溉技术的推广工作。

（二）推广先进的灌溉设备

毋庸置疑，全面推广节水灌溉技术离不开新型节水灌溉设备的支持，这些设备包括滴灌系统、喷灌系统、微灌系统等，它们所具有的精准灌溉特性，能够精确地将水分配到作物需要的地方，确保了灌溉水的利用率和利用效率，这不仅有助于提高农田的产量，还能节省宝贵的水资源，减少环境负担。其中，滴灌系统、喷灌系统、微灌系统等新型灌溉设备的设计理念都是以提高水的使用效率为主。滴灌系统通过在田间设置管道，将水滴滴注入土壤，以满足作物对水的需求，减少水分的浪费。喷灌系统则是通过设备将水分散成微小的水滴，类似于雨水一样均匀地洒在农田上，既保证了作物对水的需求，又避免了大量的水资源浪费。微灌系统则结合了滴灌和喷灌的优点，通过微孔灌溉，既能满足作物对水的需求，又能提高灌溉的效率。

虽然这些新型的节水灌溉设备带来的效果显著，但其投入成本相对较高，对于许多农民来说是一个不小的经济压力。对此，政府和相关机构需要发挥作用，制定提供设备补贴、贷款优惠等经济激励政策，降低农民的经济负担，促使他们更愿意采纳和使用这些新型的节水灌溉设备。补贴是一种有效的方式，对购买新型节水灌溉设备的农民给予一定的经济补助，能够缓解他们的经济压力。贷款优惠则可以通过低息或免息的方式，为农民购买新型灌溉设备提供金融支持，降低他们的投入成本。这些政策的实施，需要政府和金融机构的密切合作，将节水灌溉技术真正落地。

（三）改善农田水利设施

强大且完善的农田水利设施不仅可以确保灌溉水的稳定供应，提升灌溉的准确性和灵活性，更为节水灌溉技术提供了基础条件。其中，农田水利设施主要包括灌溉渠道、水库、蓄水池、排水系统等部分。这些设施的科学规划和建设对于提升农田水利工程管理水平，推动农田水利现代化有着重要作用。

灌溉渠道是农田灌溉系统的血脉，负责将水源输送到田间。科学合理的渠道规划和设计可以有效减少水在运输过程中的损失，提高水的利用率。例如，可以采用水泥硬化渠道，或者采用封闭管道进行输水，减少渗漏和蒸发损失。同时，合理布局和设计渠道网络，能够确保水流顺畅快速地到达田间地头，提高灌溉效率。水库和蓄水池则是农田灌溉系统的源头，用于储存和调配水源。合理的水库和蓄水池建设可以有效地调节水源，保证农田在干旱季节或者干旱年份有足够的水源供应；优化水库和蓄水池的设计，也可以减少水的蒸发和渗漏，提高储水效率。排水系统在农田灌溉系统中也起着重要作用。良好的排水系统不仅能够排出农田中多余的水分，保证土壤的良好物理性状，还能够通过排水将土壤中的盐分排出，改善土壤的化学性状，对于保证农作物的生长和提高农田的产量具有重要意义。这些设施的建设和改造需要从全局和长远的角度出发，考虑区域水资源的状况、农田的地形、农作物的生长需求等多个因素，制订科学合理的建设和改造方案。并且，农田水利设施的建设和改造还需要充分利用现代化的技术手段，如 GIS 技术、遥感技术、物联网技术等，提高设施建设和管理的科学性和精确性。

（四）加强节水灌溉技术的研发

灌溉技术在农业生产中起着至关重要的作用，当前的节水灌溉技术尽管取得了一定的进步，但仍有许多需要改进和优化的地方。因此，节水灌溉技术需要持续进行科研开发和技术创新，以便不断完善和优化。研究人员必须认识到灌溉设备的可靠性是一项重要的挑战。灌溉设备的故障或失效会对农田的灌溉造成影响，降低灌溉效率，甚至导致作物的生长受到影响。因此，研究人员要研发更加可靠、耐用的灌溉设备，以减少设备故障带来的影响。这不仅包括提高设备的制造工艺和材料的质量，还需要开发出更加智能化的设备，能够自动检测和处理故障，减少对人工的依赖。

其中，智能化程度的提高是节水灌溉技术发展的另一个关键方向。随着物联网、大数据、人工智能等技术的发展，研究人员可以将这些先进技术应用到灌溉系统中，以提高灌溉的精度和效率。例如，智能化的灌溉控制系统可以根据作物的生长需求和土壤的湿度情况，自动调节灌溉的时间和水量，避免灌溉过度或者不足。同时，研究人员也可以利用大数据和人工智能技术，对灌溉数据进行分析，预测作物的灌溉需求，提前做好灌溉的准备。此外，灌溉技术的适应性也应作为一个重要的研发方向，不同的农田和作物对灌溉的需求是不同的，因此需要研发适应性更强的灌溉技术，使其能够根据不同的农田和作物的特点，进行灌溉方式和水量的调整。这需要对各种作物的生长需求和对水的需求有深入的研究，以及对各种土壤类型和农田条件的研究。

三、加强农业科技创新

（一）鼓励科研投入

农业科技的创新不仅需要引导资金流向，也要关注人力资源的引导和使用。资金和人力资源的投入都能促使农业科技的研发得到质的飞跃。鼓励科研投入的一个具体做法就是设立研发基金。该基金对农业科技创新而言是一种长期、稳定的资金支持，旨在为具有前瞻性的科研项目提供资金保障。这些项目往往有可能改变农业生产方式，如新型农业设备的研发、新品种的培育等，它们需要大量的研发经费和时间，研发基金的存在将极大地降低这些项目的研发风险，为科研机构和企业提供强有力的后盾。同时，人力资源是科研投入的另一重要部分。培养和吸引更多优秀的科研人才参与农业科技创新，既可以提高农业科技研发的质量，也可以提高农业科技研发的效率。人才的引入不仅可以引导科研方向，还可以增加科研深度，使得农业科技创新更具实效性。

科研投入除了资金和人才外，还应关注研发环境的构建。优良的科研环境可以创造出良好的科研氛围，激发科研人员的创新精神和科研热情。新兴的、有前瞻性的农业科技研发项目，应有足够的研发空间和自由度，以鼓励科研人员敢于创新，敢于挑战。农业科技的研发还需要建立完善的科研评估和监督机制，以保证科研投入的有效性和合理性。对科研项目的定期评估可以及时了解项目进展，发现问题并及时解决，确保科研投入的效益最大化。

（二）推广新型农业技术

在现代农业生产过程中，科技的运用越来越成为提高生产效率、保障粮食安全的关键。诸如智能化农业设备、遥感监测、精准施肥等新型农业技术的运用，都有助于提高农业的生产效率，降低生产成本，优化资源配置。然而，这些新型农业技术并非天然就能得到广泛的应用，它们的推广和应用，需要一系列的技术推广和培训活动，使农民能够理解并掌握这些新技术，然后将这些技术应用到实际的农业生产中。

在技术推广的过程中，科技工作者需要以容易理解的语言与农民进行深度的互动和沟通，需要通过实例、实地演示等方式，向农民解释这些新型农业技术的原理、操作方法以及使用效果。例如，对于智能化农业设备，科技工作者需要向农民展示设备的操作界面，解答农民的疑问，通过实地演示，让农民看到设备的实际效果。同时，技术推广需要进行系统的培训。培训课程的设置应该全面、系统，既包括理论知识的讲解，也包括实践操作的指导。通过培训课程，科技工作者可以让农民更深入地理解这些新型农业技术，也可以提高农民的实践操作能力。除了传统的面对面培训，科技工作者还可以利用网络进行在线培训，使更多的农民能够接触到这些新型农业技术。发放培训手册也是技术推广的有效方式，其原因在于培训手册是一种持久、便捷的学习工具，农民可以在任何时间、任何地点通过培训手册学习新型农业技术。培训手册中可以包括技术的操作方法、注意事项等内容，以方便农民随时查阅。

（三）培育抗逆性强的农作物品种

对农作物进行科技创新的目标是使农业生产更高效、更环保，以应对各种环境挑战。其中，培育抗逆性强的农作物品种就是一种有效的方式。在复杂多变的生态环境中，作物经常会遭遇干旱、病虫害等，这些不利因素会对农业生产造成重大影响。因此，利用遗传育种和基因编辑等科学手段，进行品种改良和新品种开发，培育出抗逆性强、产量高、质量优的农作物品种，对于提高农业的稳定性、增强农业对灾害的抵抗能力有着重要的作用。

其中，抗逆性强的农作物品种具有很强的生存优势，它们能够在不利环境中生长、繁衍，不仅可以减轻自然灾害对农业生产的影响，还可以降低农业生产的成本。例如，抗旱性强的农作物可以在干旱条件下生长，大大降低了对灌溉的需求，减少了水资源的使用；抗病性强的农作物可以抵抗各种疾病的侵害，减少了农药的使用，降低了环境污染。利用科技手段进行品种改良和新品种开发，可以提高农作物的产量和质量。科技手段能够精确地调整农作物的基因，使得农作物具有更高的生产力。同时，科技手段能够提高农作物的品质，如提高营养成分、改善口感等。高产量和高质量的农作物，不仅能够满足人民日益增长的食物需求，还能够提高农业的经济效益，增加农民的收入。同时，培育抗逆性强的农作物品种，也符合现代农业发展的要求。现代农业需要在确保食品安全的前提下实现可持续发展。而抗逆性强的农作物品种，能够适应各种环境条件，提高资源利用效率，降低对环境的影响，从而有助于实现农业的可持续发展。

（四）建立农业科技创新平台

农业科技创新平台的建立，是深化农业科技体系，整合多元化资源，促进农业科技快速发展的关键。这样的平台应该汇集科研机构、企业、农民等多方力量，对农业科技进行全方位的推进，覆盖从研发、生产、推广到实际应用等各个环节。这样的平台不仅是信息交流的场所，也是知识创新的源泉。科研机构可以在这里分享最新的研究成果，将理论研究转化为实践，引领农业科技的发展方向。

企业作为农业生产的直接参与者，能够从实践中总结经验，反馈现场问题，为农业科技提供真实的应用场景。农民作为农业生产的主体，了解土地，熟悉作物，他们的实际需求和问题反馈是农业科技创新的重要推动力。而且，农业科技创新平台也能激发多方参与，推动科技成果的快速落地。通过平台，科研机构、企业和农民之间的沟通和合作变得更加顺畅，各方可以根据自身的优势和需求，共同推动农业科技的创新和发展。例如，科研机构和企业可以根据农民的需求，开发适合具体环境的农业技术和设备；农民可以通过平台获取最新的农业科技知识，提高农业生产效率。值得注意的是，建立农业科技创新平台，也有利于发挥政府的引导和规划作用。政府可以通过提供政策支持，引导科研机构、企业和农民参与平台建设，以实现农业科技创新的战略目标。同时，政府也可以通过平台，获取农业科技发展的第一手信息，以便进行科学决策，推动农业科技的健康、可持续发展。

四、实施循环农业

（一）农作物残留物的利用

在以往的农业生产这一庞大体系中，农作物残留物属于被普遍忽视的一环。稻草、玉米秸秆、果壳等在收获后往往被视为农场的废弃物。然而，这些看似无用的废弃物实际上蕴含着丰富的有机质，是资源利用的潜力所在。其中，秸秆的利用一直是科技界关注的重点。通过科技手段，秸秆可以转化为生物质能源，供社会使用。生物质能源作为一种清洁、可再生的能源，它的广泛应用可以极大地推动能源的可持续利用。例如，通过燃烧或者发酵，秸秆能被转化为生物燃料或者生物气体，成为供热、烹饪或者发电的能源。这种能源转换模式，不仅改变了传统的能源利用方式，也为农民提供了新的收入来源，进一步增强了农业生产的经济效益。并且秸秆在农产品生产上也有极高的价值，如秸秆可以作为培养基，用于种植菌类，生产食用菌类产品。这种利用方式，使得原本被视为废物的秸秆成为农业生产的有价值资源，为社会提供了更丰富的农产品种类。秸秆并不是唯一可利用的农作物残留物，果壳等也同样具有极高的价值。通过微生物分解，果壳可以转化为有机肥。这种有机肥既能提高土壤的肥力，有利于农作物的生长，又能减少化肥的使用，从而减轻化肥对环境的影响。这些例子清晰地展示了农作物残留物利用的巨大潜力。将农作物残留物视为宝贵的资源，而不是废物，需要人们树立一种全新的观念。农作物残留物的有效利用，不仅可以为社会提供更多的资源，也可以极大地推动农业的可持续发展，实现农业生产和环境保护的双赢。因此，加大科技研发力度，提高农作物残留物的利用效率，是推动农业科技创新，实现农业可持续发展的重要一环。

（二）农业废弃物的利用

农业生产过程中产生的各种废弃物，包括但不限于牲畜粪便、废弃果蔬等，这些原本被视为无用的，甚至会对环境造成污染的物质，实际上都是宝贵的资源。例如，牲畜粪便，这种在传统农业中被视为无用的废弃物，在现代农业中却具有巨大的价值。通过现代科技的作用，牲畜粪便可以经过酵素分解转化为有机肥。这种有机肥富含各种植物生长所需的营养元素，对农作物的生长起到了至关重要的作用。与此同时，有机肥的使用也能够减少化肥的使用量，从而减轻化肥对环境的影响。这样，原本被视为无用的牲畜粪便，就成了农业生产中不可或缺的重要资源。

再比如废弃果蔬，这些在收获和加工过程中剩余的部分，也是农业生产的一种重要资源。废弃的果蔬经过科技手段的处理，可以发酵用于生产酒、醋等产品。这种方式不仅可以将废弃果蔬转化为具有经济价值的产品，还可以提供丰富的产品种类，满足人们日益多样化的需求。实施循环农业，就是通过科技手段将原本被视为无用的废弃物转化为有用的资源。这种方式不仅可以充分利用资源，提高农业生产的效率，还可以减轻废弃物对环境的影响，实现农业生产和环境保护的双赢。通过这种方式，农业生产就可以实现真正的循环，这既是现代农业发展的需要，也是实现可持续发展的必然选择。总的来说，农业废弃物的处理和利用是实施循环农业的重要举措，对于推动农业的可持续发展具有重要的作用。

（三）推广循环农业理念

理念是行动的指导，理念直接决定了行动的方向。循环农业理念的核心在于利用农业生产过程中的各种资源，通过科学的管理和技术的手段，实现资源的最大化利用，达到提高生产效率和环保效果的双重目标。

如何将这一理念传递给农民，使他们理解并接受这种新的农业模式，是推广循环农业理念的首要任务。这需要借助各种教育和培训的方式，通过举办讲座、培训班等形式，向农民普及循环农业的知识，讲解循环农业的理念和好处，引导他们改变传统的农业生产模式，接受并实践循环农业。

政府和相关部门在推广循环农业理念中也起着举足轻重的作用。其可以通过政策的制定和实施，给予农民在实施循环农业过程中的支持和引导。例如，可以提供设备补贴，帮助农民解决实施循环农业的初期投入问题；也可以提供技术支持，如组织专门的技术人员为农民提供技术指导，解决他们在实施过程中遇到的技术问题。需要特别注意的是，推广循环农业理念，不仅仅是普及知识，更是一种价值观的引导。循环农业不仅仅是一种农业生产模式，更是一种对环境、对社会、对未来的责任。推广循环农业理念，让更多的农民接受并实施循环农业，将有助于形成一种绿色、环保、可持续的农业生产模式，对于实现农业的可持续发展和社会的绿色发展具有重要的推动作用。

（四）建立循环农业体系

循环农业的实施，不仅需要理念的引领和技术的支持，更需要一个系统、完善的循环农业体系作为保障。这个体系涵盖了农业生产，废弃物回收、处理、利用等各环节，形成一个闭环，让农业生产过程中的每一类资源都能得到充分利用，每一种废弃物都能找到自己的归宿，从而实现农业生产的环保和高效。构建这样一个体系需要政府、农业部门、科研机构、企业等各方的共同参与和协作。其中，政府的角色尤为重要。政府需要通过立法、执法和监管等手段，为循环农业体系的运行提供法治保障，确保各环节的顺利运行。例如，可以通过制定相关法规，规范农业废弃物的处理和利用，防止环境污染；可以通过执法和监管，确保相关法规的执行，惩治违法行为。农业部门也需要发挥其专业优势，推动循环农业体系的实施。其可以通过政策引导，鼓励和支持农民实施循环农业；可以通过技术指导，解决农民在实施过程中遇到的问题；也可以通过信息服务，为农民提供农业废弃物处理和利用的相关信息，帮助他们找到最适合自己的处理和利用方式。同样，科研机构的作用也不能忽视。其可以通过科研项目，开发新的农业废弃物处理和利用技术，提高农业废弃物的利用效率；也可以通过科技成果转化，将科研成果应用到农业生产中，推动循环农业的发展。另外，企业作为农业生产的主体，其作用也不可小觑。企业可以通过生产实践，探索和创新农业废弃物的处理和利用方式，提高农业生产的效率和经济效益；也可以通过市场运作，推动农业废弃物的商品化，让更多的人参与到循环农业的实践中来。

第五节　制定并完善耕地保护的政策和法律体系

一、明确耕地保护的目标

（一）进行全面评估

正如在建设楼房之前需要进行土地调查一样，全面评估为后续的耕地保护工作提供基础信息，它涵盖了对耕地资源的深入了解和掌握。对于政策制定者而言，全面评估首要涉及的是对区域内耕地资源的深入理解，即需要深入研究耕地的数量、质量和分布情况，这不仅涉及数量级的判断，更涉及对数据背后含义的深度挖掘。例如，耕地的数量影响地区的粮食安全，耕地的质量又关乎农作物的产量和品质，而耕地的分布情况则影响农业生产效率。

土地质量和气候条件也是全面评估中需要考虑的重要因素。土地质量直接决定了耕地的生产力，如肥沃的土壤可以提供更好的生长环境，而瘠薄的土壤需要进行更多的改良才能达到良好的农业生产效果。气候条件也同样影响着农业生产，如温度、降水量等因素会影响作物的生长周期和产量。并且，未来发展趋势也是全面评估的一部分，这包括人口增长、城镇化进程、气候变化等因素。随着人口的增长，耕地需求会增加；城镇化进程会侵占一部分耕地，而气候变化则会改变耕地的分布和质量。因此，政策制定者需要对这些因素进行预测，并据此预测未来的耕地需求。还有一点不可否认，全面评估不仅是信息的收集和分析，更是对耕地保护工作的深入理解和规划。只有在全面了解耕地资源的基础上，才能为后续的保护工作提供有力的支持，才能更好地制定有效的耕地保护政策。每一处耕地都有其价值和意义，全面评估使这些价值和意义得以显现，从而在后续的保护工作中得到尊重和维护。

（二）设定明确目标

耕地保护作为一种战略决策，需要根据评估的结果，也要考虑资源的实际状况和社会的发展需求。设定明确的保护目标，其核心在于明确未来应该向何处去，从而为耕地保护的各项工作提供明确的方向。例如，政策制定者可以设定耕地的最低保有量。耕地保有量是一种最基本的保护目标，其目的在于保证能够维持最基本的农业生产需求，从而保障地区的粮食安全。设定最低保有量不仅需要考虑当前的耕地资源状况，也需要考虑未来的人口增长和城镇化进程等因素。

另外，设定耕地的最低质量标准也是一种重要的保护目标。这个目标关乎农业的生产力和可持续性。耕地的质量决定了农作物的生长条件，影响产量和效益。设定最低质量标准，旨在保证耕地能够维持基本的农业生产，防止因为过度开发导致耕地质量下降。而且农业生产力的提升，也是保护目标之一。提升农业生产力旨在提高农业的效益，减少对耕地资源的依赖，为保护耕地资源提供更多的空间。这需要引入新的农业技术，改良农业生产方式，实现农业的高效生产。这些保护目标都应具有可衡量性，只有如此，才能在实施过程中对耕地保护工作进行准确的评估和及时的调整。可衡量性可以通过具体的数值、标准或者指标来实现，如保有量的具体数字、质量标准的等级、生产力提升的百分比等。

（三）制订实施计划

设定明确的耕地保护目标后，转化为实际行动便是下一步的工作。为此，制订详细的实施计划是确保行动的准确性和有效性的关键。这一过程意味着要将宏大的保护目标落实为具体的、可操作的步骤，并进行合理的时间安排，以推动目标的有序实现。需要强调的是，实施计划的制订应涵盖多个维度，以确保全面实现保护目标。一种保护措施是设立耕地保护区。将特定的耕地区域划定为保护区，可以有效防止这些耕地被非农业用途侵占，从而保障耕地资源的数量。政策制定者在制订实施计划时，要具体规划保护区的范围、管理制度以及执行的详细措施。

推广农业技术也是实施计划中不可忽视的部分。利用新的农业技术和生产方式，可以在保持或提升农业生产力的同时，减少对耕地资源的依赖，降低对耕地的过度开发和利用。在这一环节，政策制定者需要思考如何推广这些技术，如进行农民教育、提供技术支持、给予经济补贴等。对于实施计划，合理的时间安排能够保证实施计划的有序进行，防止因时间管理不当导致的工作延误或效率低下。时间安排应包括每一项保护措施的开始和结束时间，甚至可以将一项大的措施细化为多个小的步骤，每个步骤都有明确的时间节点。制订实施计划的过程，其实就是将设定的保护目标具体化、行动化的过程。这一过程需要充分考虑实际情况，包括资源、技术、人力等各方面的条件，以确保实施计划的可行性。而一个详尽且可行的实施计划，将有助于更有效、更高效地实现耕地保护目标。

（四）建立评估和调整机制

评估和调整机制的重要性在于，它提供了一个在实施过程中监测、评估和调整的手段。通过此机制，政策制定者能够获取实施过程中的实时数据，如耕地数量和质量的变化、农业生产力的提升情况等，这些都是衡量耕地保护效果的重要指标。对于耕地数量和质量的变化，评估的过程应包括定期的地质勘查和土壤质量检测，以获取最准确的数据，还可以利用现代技术，如遥感和 GIS 等，进行远程监测和评估，这不仅能提高评估的效率，还能提供更全面、更详细的信息。

农业生产力的提升情况是另一项重要的评估内容。农业生产力的提升不仅包括产量的提升，也包括农业生产效率的提升、农业生产对环境影响的减小等。这些方面可以通过收集农作物产量、施肥量、用水量、农业排放等数据进行评估。最后，根据这些评估结果，政策制定者可以发现实施过程中出现的问题和挑战，如耕地质量下降、农业生产力提升不足等。面对这些问题，政策制定者应及时进行调整，包括调整保护措施，如扩大耕地保护区的面积、加大农业技术的推广力度等；也包括调整实施计划，如更换不合适的技术、改进管理方式等。

二、制定具体的耕地保护法规

（一）确定法规内容

确定法规内容，是制定任何法规的首要步骤，耕地保护法规也不例外。这一步骤的重要性在于，它将塑造并指导整个法规的框架和目标。为了准确反映地方特征，并充分考虑当地的实际情况，相关部门在制定法规时，需要全面考虑地区的特定环境。每个地区的土地质量都是不同的，如有些地区拥有肥沃的土壤，适宜种植各种农作物；而有些地区由于土壤缺乏必要的养分，只能种植少数农作物。因此，法规必须考虑土地质量的因素，以确保耕地的健康和持久生产力。气候因素也是必须考虑的一个方面，其原因在于不同的地区，无论是降雨量、温度，还是季节变化，都会对农作物的生长产生直接影响。因此，法规要考虑地方气候对农业生产的影响，并据此做出相应的规定。另外，地区的生态环境保护同样是法规内容不可或缺的一个方面。例如，地方生态的保护、生物多样性、土壤健康等因素都会影响耕地的使用和生产力。因此，法规需要考虑地区生态的特性和需求，以确保在保护耕地的同时能保护地方生态的健康和多样性。

社会经济因素是决定法规可行性和接受程度的重要因素。例如，考虑地区的经济发展水平、农业产值、农户收入等因素，可以做出符合地方经济条件的耕地保护规定，以便在满足保护需求的同时，也能够顾及社区的经济和生活需求。这些法规的内容包括设定耕地的最低保有量。设定耕地的最低保有量，不论在什么情况下都能保证有一定数量的高质量耕地，这不仅有助于保护土地资源，维持农业生产，还能确保粮食供应的稳定。另外，设定耕地最低质量标准也是法规内容的一部分。这是为了确保耕地能够持续、稳定地支持农业生产，无论是现在还是未来都能产出高质量的农产品。同时，明确耕地的使用和转让规则也是较为重要的。这是为了限制非农用途对耕地的占用，保护耕地不受非农业活动的破坏。同时，设定转让条件、手续等，能够在转让过程中保护耕地的权益，防止耕地在转让过程中受到破坏。

（二）明确责任主体

责任主体的确立是落实法规，保护耕地资源，推动农业可持续发展的基础。涉及耕地保护的各方应当明确各自的职责与义务。政府作为公共权力的代表，其职责尤为重大。在耕地保护法规中，政府首要的职责在于制定并执行法规。制定法规不仅要确保法规的公正性、公平性和合理性，还要兼顾各方的利益，同时要科学合理地考虑环境因素和经济发展的需要。一方面，政府要对耕地保护的重要性有清醒的认识，要充分地利用立法权，积极地推行保护耕地资源的政策；另一方面，政府要对耕地保护法规的执行进行监管，对违反法规的行为进行惩罚，从而确保法规得到有效执行。

但仅仅依靠政府的力量，不足以实现耕地保护的目标。政府还要发挥自身的教育功能，通过公共媒体、学校教育、社区宣讲等多种方式，让更多的人了解耕地保护的重要性，从而提高社会公众对耕地保护的认识和参与度。在耕地保护的全过程中，企业和农户作为耕地的直接使用者，其角色也十分关键。企业和农户要严格遵守法规，负责耕地的合理使用和保护。这意味着，企业和农户要遵循农业生产中的各项规定，如遵守耕地的最低质量标准、耕地的使用规则等。同时，企业和农户也要合理使用农业资源，如遵守农药、化肥的使用规定，采用环保的农业生产方式，以保护耕地资源，防止耕地质量的退化。所有这些都是为了实现一个目标，那就是有效地保护耕地。每个责任主体都必须承担起自己的责任和义务，政府、企业、农户等各方要共同协作，以确保耕地保护法规的有效实施，从而实现耕地资源的有效保护和可持续利用。

（三）设立违规处罚机制

要求规范的行为背后，必然存在约束和惩罚的机制，用以抵制和打击违法行为，对规章制度赋予权威和威慑力。不法行为包括但不限于非法占用耕地、破坏耕地、污染耕地等，对此，法规应依据其严重程度设置相应的处罚。对于违规行为的轻重，要有一个明确的判断和衡量标准，如影响范围、程度、恶性级别等因素都应纳入评价指标，再以此为基础设定罚则，这就需要合理地制定罚款金额、没收违法所得、停业整顿等具体规定。

罚款是对违法行为最直接的经济惩罚，是对违法行为的强烈警示和惩戒。其金额的大小应当与违法行为的严重程度和造成的损害相适应，不能偏离实际，从而达到威慑和阻止违法行为的效果。没收违法所得和停业整顿这两种处罚手段更多的是针对违规企业，旨在制止和纠正违法行为，防止违法行为的进一步扩大和恶化。此类处罚手段能有效地消除违法行为的经济动力，通过对企业的生产和经营活动进行严格的约束和控制实现耕地保护的目标。在处罚措施中，行政拘留、刑事责任等更严厉的措施应被视为对更严重违法行为的惩罚。当违法行为的程度达到一定的严重程度，损害公共利益，破坏社会公序良俗时，执法部门便应该启动这些处罚机制，使得违法者得到应有的法律制裁。执法部门在执行罚则的过程中，必须公开、公平、公正地进行，保证每个违法者都能得到公正的审判和处罚，也要尽可能地做到全社会的公开透明，让每个人都能看到法律的威严和不可侵犯，从而形成强大的法治观念，为保护耕地资源、实现农业可持续发展提供强有力的法律保障。

（四）设立法规执行和监督机制

构建一个完整的法规执行和监督机制，其目的就是为法规的实施铺平道路，让各项规定落地生效，从而确保耕地保护的目标得以实现。也就是说应该设立一个专门的机构，负责法规的发布和执行，担任这项工作的机构应拥有必要的权力和资源，对这个机构的定位和权力的设定应是明确的。这样才能确保其在发布和执行法规过程中不会受到其他因素的干扰，从而确保法规能够得到有效的执行。这个机构的人员配置、权力划分、职责明确等问题，都应有明确的规定，避免出现权责不明、职责交叉等问题。

公众监督和举报机制的设立，是法规实施的另一项重要保障。社区的力量是不可忽视的，发动社区的力量，参与耕地保护工作，可以极大地增强法规执行的效果。公众监督机制可以采取多种形式，如设立监督热线、网络平台等，让公众可以方便地举报违法行为，及时向有关部门反映情况，形成全社会共同参与的局面。法规执行情况的定期评估和调整是对法规针对性和实效性的保障。有关部门通过收集和分析相关数据，包括耕地数量和质量的变化、农业生产力的提升情况等，对法规的执行效果进行客观评价，找出存在的问题，有针对性地进行调整和优化。这种定期的评估和调整机制，可以使得法规始终能够保持其针对性和实效性，并随着时代的发展持续适应社会发展的需要。执行和监督机制的构建，需要全面考虑各方面的因素，既要保证法规的严肃性和权威性，又要充分考虑公众的参与和反馈，使得整个机制具有公正、公开、透明的特点。只有这样，才能真正实现耕地保护的目标，确保我国的耕地资源得到有效的保护和合理的利用，为我国的农业发展和粮食安全提供坚实的保障。

三、建立耕地保护的长效机制

（一）设立耕地保护基金

耕地保护工作的广泛性与复杂性意味着它涉及科研、监测、评估、教育宣传等多个领域，这些都需要可持续的资金来支持。耕地保护基金的形成就可以提供稳定的财政支持，成为这些工作的有力保障。耕地保护基金可以来自多个方面。政府的专项预算可以为基金提供稳定的资金来源，社会捐赠则是另一种资金来源，尤其是在环保意识日益提高的当下，公众和企业的捐赠是一笔不小的额外资金。此外，来自对违法经济活动的罚款也可以充实基金，这不仅有助于惩戒违法行为，也可以为耕地保护行动提供额外的资金支持。

但无论资金来源于何处，管理制度的明确与规范至关重要，以确保基金的使用真正服务于耕地保护的各项工作。明确的规定应该包括基金的筹集、管理、使用、审计等各个环节，避免基金被挪用或滥用。此外，制度还应包括对基金使用情况的定期公开和透明的报告，使得社会可以监督基金的使用情况，保证其能最大程度地发挥效益。这样的基金可以保障耕地保护工作的持续进行，为保护行动提供稳定而可靠的资金支持。而透明化的管理机制也有助于提高公众对耕地保护的关注度，提高保护工作的公信力。这样的机制可以为耕地保护提供长久且可靠的支持，推动保护工作的深入进行，让更多的耕地得到有效的保护。

（二）建立专门的监督机构

专门的监督机构的职责是全方位的，覆盖耕地保护工作的各个环节。这些环节不仅包括耕地的使用、转让和保护措施的执行，还包括对违法行为的调查和处理。耕地保护工作是一项综合性的任务，包含一系列相互关联的环节。从耕地的使用、转让到保护措施的实施，每个环节能否顺利进行都直接关系到整个保护工作的成败。因此，专门的监督机构应该全面、系统地监督耕地保护工作的各个环节，确保工作的有效性和连贯性。

违法行为是对耕地保护工作的严重威胁，也是对法规权威性的直接挑战。因此，对违法行为的调查和处理是监督机构的重要职责。监督机构应该有权进行调查，查明事实，然后依法进行处理，确保法规的严肃性和权威性。为了履行这些职责，监督机构应该具备足够的权力和手段。行政处罚权和法律诉讼权是其重要的权力之一。有了这些权力，监督机构可以对违法行为进行有效的打击，从而防止任何形式的违法行为的发生。

（三）制订长期的保护计划

长期的耕地保护计划是实现耕地保护目标的基础，这正如地图引导人们前行，长期的保护计划可以明确指导耕地保护工作的方向和目标。在地方发展的过程中，保护计划的存在保证了对耕地保护原则和目标的坚持。无论经济如何发展，无论社会如何变化，只要有了长期的保护计划，耕地保护就不会被忽视，不会被遗忘。

研究人员需要深刻意识到耕地保护不仅是环保的问题，也是经济的问题，更是社会的问题。因此，相关部门在制订长期的保护计划时，需要全面考虑各方面的因素。地理环境、社会经济发展和农业技术进步等都是影响耕地保护的重要因素。而且地理环境是耕地保护的自然基础，因为不同的地理环境决定了不同的耕地类型，也对耕地保护提出了不同的要求。所以在制订保护计划时，必须充分考虑地理环境的因素，才能确保计划的可行性。除此之外，以下三个方面需要高度重视：第一，社会经济发展是耕地保护的社会背景。经济发展会带来耕地使用的变化，而这些变化又会影响耕地的保护。因此，在制订保护计划时，必须对社会经济发展进行深入分析，才能确保计划的实效性。第二，农业技术进步是耕地保护的技术保证。技术的进步可以提高耕地的使用效率，也可以提供更多的保护方法。因此，在制订保护计划时，必须考虑农业技术的最新进展，才能确保计划的前瞻性。第三，长期的保护计划，不仅可以明确指导耕地保护工作的方向和目标，也可以保证在地方发展的过程中，始终坚持耕地保护的原则和目标。全面考虑地理环境、社会经济发展、农业技术进步等因素，可以使保护计划更加科学、更加可行，从而更有效地实现耕地保护的目标。

（四）建立社会参与机制

公众是社会的组成部分，是形成强大的社会舆论力量的源泉。鼓励公众参与耕地保护工作，无疑将为保护工作注入更多的活力和创新动能。其中，志愿活动是让公众接触、理解和关心耕地保护工作的有效途径。通过参与实际的保护活动，公众可以亲身感受保护耕地的重要性，也能够提升自身的环保意识。这种参与性的活动更能让公众实际参与耕地保护的行动，使得保护工作更加人性化，更加富有情感色彩。举报热线和网络平台等参与方式，使公众可以在第一时间反馈发现的违法行为，有效增强了法规的执行力度。这不仅可以及时发现和纠正违法行为，更能够震慑潜在的违法者，形成从源头上保护耕地的机制。而公众的参与和反馈，也为耕地保护提供了一个多角度、多层次的观察视角，使得保护工作更加全面和深入。公众的参与不仅仅是对耕地保护的实质性贡献，更重要的是能够借此增强全社会的环保意识，形成保护耕地的良好氛围。

公众的参与可以引发更多人的关注，这种关注会带动更多人的参与，形成良性循环。社会的参与不仅能促进政策的执行，更能推动政策的改进和完善。在实施耕地保护的过程中，社会力量的引导和利用是不可忽视的一环。无论是志愿活动，还是举报机制，都能有效地引导公众参与保护工作，形成全社会的力量。这种力量不仅能够实质性地推进耕地保护的实施，更能够引导全社会形成保护耕地的共识，使得保护工作得以持续、深入地开展下去。

第六章　新型城镇化背景下区域耕地资源可持续利用展望

第一节　数字化赋能区域耕地资源可持续利用

一、基于虚拟现实技术的农业模拟

（一）精确预测和策略制定

基于虚拟现实技术的农业模拟对精确预测和策略制定的影响是巨大的，它的优势在于能够准确地分析和处理大量农业数据，这得益于人工智能和机器学习的技术进步。在新型城镇化背景下，农业发展所面临的一个挑战是如何有效地利用有限的耕地资源满足日益增长的食品需求。在这种情况下，基于虚拟现实技术的农业模拟可以发挥重要的作用。基于虚拟现实技术的农业模拟可以对各种种植策略、天气条件等多种变量进行分析，以此预测它们对农业产量的影响规律。例如，它可以分析不同种植策略在不同天气条件下的表现，以此预测各种组合对农业产量的影响。通过这种分析，农民就可以在实际种植前制定最优的种植策略。利用这种方法，农民可以依据基于虚拟现实技术的农业模拟的结果，精确预测农作物的生长情况和产量。例如，农民可以根据模拟结果调整种植时间、种植种类、施肥方法等，以此优化农业生产。这种科学的预测和决策方式可以最大限度地提升农业的经济效益，同时降低了农业生产的风险。

（二）教育和培训

随着新型城镇化进程不断加快，农业从业者面临着巨大的挑战，他们需要拥有更广泛的现代农业技术知识和农业管理技能，以适应不断变化的农业环境。这就凸显了教育和培训的重要性。其中，基于虚拟现实技术的农业模拟作为一种独特的教育和培训工具，正得到越来越广泛的应用。在没有实地操作的情况下，基于虚拟现实技术的农业模拟提供了一个独特的平台，使农业从业者有机会了解和掌握现代农业技术和知识。这种模拟环境具有强大的可视化功能，使得农业从业者能够清晰地观察到各种农业生产活动的结果，进一步理解农业生产的原理，并熟悉农业生产的全过程。

例如，在基于虚拟现实技术的农业模拟的环境中，农业从业者可以看到施肥量、灌溉量、种植密度等因素是如何影响农作物生长的。他们可以通过对这些因素的操控，看到不同的操作会带来怎样的结果。这不仅可以帮助他们理解农作物生长的规律，也可以让他们理解不同的农业管理决策将如何影响农作物的生长。这种方式使得农业从业者在实际农业生产中遇到问题时，可以根据基于虚拟现实技术的农业模拟的经验解决问题，进而提高农业生产的成功率。他们不再需要通过猜测或试错进行农业生产决策，而是可以根据基于虚拟现实技术的农业模拟的结果进行科学的决策。

（三）试错和优化

基于虚拟现实技术的农业模拟为试错和优化过程提供了一个安全而

有效的平台，让农民在不产生实际损失的情况下，尝试不同的种植策略，找到最优的种植方案。农民可以通过不断地在虚拟环境中调整种植策略，观察各种策略的执行结果，通过对这些结果的分析和比较，找到最符合预期的种植策略。这个过程尽管只是在虚拟的环境中进行，所得到的结果却能为农民提供实际操作的参考。例如，农民可以在虚拟环境中测试各种不同的种植策略，看看哪种策略能够取得最好的产量。如果在模拟中发现某种策略的表现不佳，那么农民就可以避免在实际操作中使用这种策略，以免产生不必要的损失。这种方法既可以节约农民的时间和精力，又可以避免无效的试错，提高农业生产的效率。

另外，这种试错和优化的过程还能为农民提供宝贵的经验和教训。农民可以通过观察和分析模拟结果，了解农作物生长的各种规律，明白各种操作对农作物生长的影响。这些都是农民在实际农业生产中难以得到的经验和教训，但在基于虚拟现实技术的农业模拟中，农民可以轻易地获取这些宝贵的信息。基于虚拟现实技术的农业模拟作为一种新型的农业技术，可以帮助农民进行有效的试错和优化，提高农业生产的效率，降低农业生产的风险。它将虚拟和现实相结合，为农民提供了一个全新的农业生产平台。农民可以通过这个平台，更加准确地了解农业生产的各种规律，找到最适合自己的种植策略，提高农业生产的效果。

（四）发展精准农业

在现代农业生产中，精准农业已经成为重要的发展趋势。基于虚拟现实技术的农业模拟的出现，使得精准农业发展的可能性得以大幅提升。通过模拟预测，农民可以以更精确的方式满足作物的需求，进而科学地进行施肥、灌溉和管理，提高了农业生产的效率和质量。对于资源的使用，基于虚拟现实技术的农业模拟带来了更高的精准度。在资源越来越紧张的今天，减少资源浪费的重要性不言而喻。而通过模拟预测，农民可以对作物需求有更精确的了解，从而科学合理地进行施肥和灌溉，避免了不必要的资源浪费。并且通过基于虚拟现实技术的农业模拟,农民还能提高作物的生长质量和产量。例如,通过模拟,农民可以知道某种作物在什么样的土壤、气候条件下生长得最好,从而在实际种植中选择最合适的地点和时间。这不仅能确保作物的生长条件,提高作物的生长质量,也能增加作物的产量,提高农业生产的效率。

对环境的保护也是基于虚拟现实技术的农业模拟带来的一个重要优点。在进行农业生产的过程中,过度的施肥和灌溉往往会对环境造成重大的负担,对土壤和水资源造成严重的污染。而通过模拟预测,农民可以更科学合理地进行施肥和灌溉,避免了对环境的污染,有利于实现农业生产的可持续发展。在农业生产的实践中,基于虚拟现实技术的农业模拟为农民提供了一个重要的参考依据。通过模拟,农民可以了解不同施肥和灌溉方法对作物生长的影响,从而在实际种植中选择最优的施肥和灌溉方法。这不仅能提高农业生产的效率,也能提高作物的生长质量,有利于提高农业生产的经济效益。

二、远程操作和自动化

(一)无人驾驶农机装备

在新型城镇化的背景下,无人驾驶农机装备的发展展现出其对现代农业的重大影响。这种发展不仅是由人工智能的无人驾驶技术和全球定位系统(GPS)支持的,而且其进步在于它能帮助农业工作达到全自动化的境地,而无须人力干预。自动化带来的便利在很多方面都有所体现。首要的优势在于提升农业作业的精确度和效率。借助无人驾驶农机装备,农业作业不再受限于人力、天气等多种因素,而能根据预设的种植方案,精确地完成种植、施肥、收割等一系列农业作业。这样不仅避免了人工操作带来的误差,还大幅提升了农业生产效率。这已经在全球多个地区得到了证实,如在美国的一些大型农场,无人驾驶的农机装备已经替代了人工操作，实现了精确种植和收割，大幅提升了生产效率。此外，在中国，农业机器人和无人驾驶农机的广泛应用，不仅在提升农业效率上有所突破，也在很大程度上减轻了农民的劳动强度。

（二）智能灌溉系统

借助物联网的连接性和人工智能的智能性，灌溉系统已经不再是简单地根据时间进行定时灌溉，而是可以通过实时监测土壤湿度、天气状况等数据，自动调整灌溉量和时间。这不仅可以节省大量的水资源，也能够确保农作物得到最适宜的水分供应，进而促进农作物生长。例如，以色列的滴灌技术就是利用传感器检测土壤湿度，再配合天气预报，通过智能控制系统自动调整灌溉方案，最大限度地提高了水资源的利用效率。同时，这种灌溉系统还能根据不同作物的生长需求，自动调整灌溉策略，避免了由于过度灌溉或者灌溉不足引发的问题，为农作物提供了最适合的生长环境。

（三）远程监控和管理

在全球农业现代化的进程中，远程监控和管理的概念逐渐变得至关重要。随着无线通信技术和云计算的发展，这些技术已经为现代农业的管理方式提供了全新的可能性。农民可以在家中，甚至在千里之外，通过智能设备，如手机或电脑实时监控农田情况，从土壤肥力、病虫害到作物生长状况等各方面的信息都能够轻易获取。这种远程监控和管理方式的实施，大大提高了农业工作的便捷性和效率。农民不再需要亲自去田间巡查，既节省了时间和劳动力，又能更准确地掌握农田情况，及时调整农业生产方案。这种方式可以说是一个较大的突破，因为它使农业生产变得更为智能化，管理更为精细化。同时，无线通信和云计算技术的应用还带来了数据化管理。通过对大量农田数据的分析，如过往的产量数据、气候数据等，农民可以更科学地制订种植方案，从而提高农业生产效率。这种数据驱动的决策方式，可以帮助农民对农田进行更为精确的管理，避免过度或不足的投入，从而实现资源的最大化利用。

（四）智能病虫害预警系统

大数据和人工智能技术在农业领域的一项重要应用就是智能病虫害预警系统。这个系统蕴含着革命性的变化，它能将农业生产中的风险降低，使种植者在获取更大收益的同时，也能够保证农作物的安全。这个系统的运作原理是对大量历史数据进行深度分析，以此识别并预测农田可能发生的病虫害。这种精准的预测和识别能力，让农业生产者有了提前防治的机会，减少了农作物因病虫害而带来的损失，提高了农业生产效益。科研人员可以根据过去的病虫害发生情况，利用机器学习算法，预测未来一段时间内，某一地区可能出现的病虫害种类和数量。预测结果通过智能病虫害预警系统及时传达给农业生产者，让他们能够提前采取防治措施。

有了这个系统的帮助，农业生产者不再是被动应对，而是主动防治。他们可以在病虫害发生前就制定应对策略，预备必要的药品和设备，从而大大减少了农作物的损失，提升了农业的整体运营效率。智能病虫害预警系统不仅改变了传统农业生产的方式，更推动了农业生产效率的提升。更为重要的是，它赋予了农业生产者对农业生产的更多掌控权，让他们在面对不确定的自然条件时，有了更多的确定性和主动性。而且这个系统也将有助于农业生产者更有效地使用农药，减少农药对环境和人体健康的影响。当病虫害预警系统发出预警信号时，农业生产者可以根据预警信息精确地使用农药，避免了过量使用农药对环境和人体健康的影响。

三、实时监测和预警系统

（一）环境影响评估

环境元素，如气候变化、水源状况等对农田的影响是深远的，它们直接决定了耕地资源的可持续性。实时监测和预警系统可以持续追踪这些环境变化，对它们的影响进行评估，为农业生产提供实时、准确的参考信息。例如，当气候变化，如温度、湿度、降雨量等变量发生变化时，农民可以通过实时监测和预警系统了解这些变化对农作物生长的影响，及时调整种植计划和农业管理策略。同样，通过监测水源状况，如水质、水量等，农民可以确保农田的水分供应，避免因水源问题导致的农作物损失。环境影响评估不仅限于上述的气候和水源监测，还包括土壤质量、农田生态环境、农业输入（如肥料、农药使用量）等多个方面。例如，通过实时监测土壤的养分含量、pH、含水量等，农民可以更精确地掌握土壤状况，适时调整施肥方案，提高肥料利用率，减少对环境的污染。对农田生态环境的监测，如农田生物多样性、农田环境微气候等，可以帮助农民了解农田生态环境的健康状况，提高农田生态系统的稳定性和韧性，更好地应对自然灾害和气候变化带来的挑战。农业输入的监测，如肥料、农药的使用量、使用效果等，可以帮助农民合理使用农业输入，既保障农业生产，又减少对环境的影响。在新型城镇化背景下，区域性环境因素对农田的影响越来越显著，如城镇化进程对水资源的影响、城市扩张对耕地资源的占用、城市污染对农田环境的影响等。对这些因素的实时监测和预警，对维护区域耕地资源的可持续利用具有重要意义。实时监测和预警系统的使用，使得环境影响评估更加精准、及时，对农业生产和耕地资源的可持续利用起到了积极的推动作用。

（二）数据分析与优化

系统通过物联网设备收集的大量实时数据，可以提供丰富的信息，用于深入分析和研究，并利用机器学习和人工智能技术，从这些数据中提取有价值的信息，为农田管理和农作物生长提供预测模型和优化建议。例如，通过对历年的产量数据、气候数据等信息的深入分析，可以预测未来一段时间的农作物产量，帮助农民科学制订种植方案。又如，通过对病虫害数据的深入研究，可以预测未来可能出现的病虫害种类和数量，为病虫害防治提供参考。这些数据的分析和优化可以让农民更高效、更科学地管理他们的耕地和农作物，从而实现区域耕地资源的可持续利用。数据分析与优化不仅可以对农业生产进行预测和规划，也能对农业生产过程进行深入的洞察和理解。例如，通过数据分析，研究人员可以了解农田环境变化对农作物产量的具体影响，甚至可以找出农作物产量变化的关键影响因素，为农田管理提供有力的依据。而且，通过对历年数据的对比和分析，研究人员还可以了解和评估不同农业管理策略的效果，如不同的施肥方案、灌溉方案、种植结构调整等对农作物产量和农田环境的长期影响。这些分析结果可以为农业生产的可持续性提供科学的指导和建议。另外，实时监测和预警系统所收集的大数据，也为农业科研提供了丰富的资源。科研人员可以利用这些数据进行各种科研活动，如研究气候变化对农业的影响，研究不同农业管理方式对农田环境的影响，研究农作物的生长模式和生理机制等。这些科研成果既可以推动农业科技的发展，也可以指导农业生产，提高农业生产效率和农田资源的可持续利用水平。

四、全链条数字化管理

（一）数字化种子采购

种子是农业生产的起点，对农作物的产量和质量起到了直接的影响。

因此，选用合适的种子对农业生产至关重要。全面数字化的种子采购不仅能为农民提供方便快捷的购买方式，还能通过大数据技术分析农民的购买记录和种植需求，推荐最适合的种子类型和品种。种子采购的全面数字化将能够通过精准的种子推荐和自动化的购买流程，大大降低农民选种的时间成本和风险。例如，基于大数据分析的种子推荐系统可以根据农民的种植历史、农田环境参数、市场需求等多方面的数据，为农民推荐最适合的种子品种，这对于农民来说不仅省去了寻找种子、比较种子优劣的时间，也大大降低了选种失败的风险。数字化的种子采购平台还可以实时更新种子信息，包括种子的价格、供应量、新品种发布等，让农民能够第一时间了解市场的最新变化，从而做出最优的购买决策。此外，数字化种子采购平台更能为农民提供种子评价系统，让农民可以查看其他农民对某种种子的评价和种植经验，为自己的种子选择提供更多的参考信息。

（二）数字化种植管理

在当今这个科技高度发达的时代，数字化技术在农业生产的种植环节发挥着至关重要的作用。农民可以采用各种传感器和物联网设备监控农田状况，实时收集农田的环境数据，从气候条件、土壤状况到作物生长状况，无一不被精准地捕捉和记录。这些宝贵的数据可以被输入 AI 算法中，生成优化的种植策略，进而提高农作物的产量和质量。具体而言，这些传感器和物联网设备无时无刻不在进行农田状况的监控工作。监测内容包括气候条件、土壤湿度、光照强度，甚至包括病虫害情况等多方面的数据。在物联网技术的辅助下，这些数据会被实时传输到农民的智能设备上。农民无须亲自到田间地头，就可以清晰地掌握农田的状况。在获取这些信息的基础上，农民可以迅速做出相应的决策，如是灌溉、施肥，还是进行病虫害防治。

　　值得一提的是，这些数据不仅方便了农民对农田状况的实时掌握，也为 AI 算法学习和训练提供了极其宝贵的"食粮"。AI 算法通过对这些数据的处理和分析，可以生成最优化的种植策略。以气候数据为例，AI 算法通过对历史气候数据的学习，能够预测未来一段时间的气候变化。这样，农民就能根据预测结果，制订合适的灌溉和施肥计划，最大限度地提升农作物的生产效益。对于病虫害数据，AI 算法可以分析其规律和趋势，预测病虫害的发生概率。通过这样的预警信息，农民可以提前做好病虫害的防治准备，减少因病虫害引起的农作物损失。

（三）数字化收割储存

收割和储存阶段是农业生产链的重要环节，数字化技术的应用在这一阶段显现出极大的重要性。数字化技术不仅可以提高收割效率，减少人力成本，而且能够保证农产品的质量和新鲜度，大大减少农产品在收割和储存过程中的损失。在收割过程中，使用自动化收割设备和无人机的效率和精度已经得到了广泛的认可。举例来说，自动化收割设备能够根据预设的程序，在无人操作下进行收割作业。这样大大节省了人力成本，更能通过精确的机器操作，提高收割的效率和质量，降低对农作物的损伤。无人机的运用使收割效率得到极大的提升，尤其在大面积农田中，它能迅速、准确地完成收割任务。无论是在空旷的平原，还是在地形复杂的山区，无人机都能发挥出巨大的作用，提高农业生产效率，降低生产成本。

在农产品的储存环节，实时监测和调整储存条件变得至关重要。只有维持最佳的储存状态，才能够保证农产品的质量和新鲜度，降低在储存过程中的损失。为此，智能存储设备的应用就显得极为重要。这类设备通过内置的传感器，实时监控储存条件，如温度、湿度等。一旦发现储存条件有所偏离便会自动进行调整，以维持农产品的最佳储存状态。这种智能化的储存方式极大降低了农产品在储存过程中的损失，保证了农产品的最佳品质，而这一切都离不开数字化技术的推动和应用。数字化技术让农业生产更加智能化、精准化，提高了农业生产效率，降低了生产成本，使农产品的质量和新鲜度得到了更好的保障。可以说，数字化技术的应用为农业生产带来了巨大的革命性改变。

（四）数字化产品销售

对于现代农业来说，数字化平台在农产品销售和分销环节的作用不可或缺。它为农民提供了一个无比广阔的市场，并且能够通过大数据技术对市场需求进行分析，使农民能够更加精准地掌握市场的脉搏，从而制定更加科学、更加合理的销售策略。通过数字化销售平台，农民可以接触各类丰富的市场信息，包括消费者对各类农产品的需求、各类农产品的价格走势，以及市场上新兴的消费趋势等。这些信息不仅可以帮助农民预测市场的需求，制订更有针对性的生产计划，也可以帮助他们制定最佳的销售策略，包括如何定价、何时上市、怎样宣传等，以最大限度地提高农产品的销售收入。

数字化平台可以提供追溯系统。这是一种能够对每一份农产品进行独立标识的系统，每一份农产品都有一个唯一的追溯码，消费者只需要扫描这个码，就能够得到这份农产品的详细信息，包括生产者的信息、生产过程的详细描述，以及使用的农药和肥料的种类和数量，甚至还包括生产环境的情况，以及是否符合各类食品安全标准等。这样的追溯系统对于消费者来说无疑提供了极大的便利。它使消费者能够清楚地了解农产品的来源和生产过程，这无疑大大增加了消费者对农产品的信任度，也提高了消费者的购买意愿。对于农民来说，这也是一种值得欢迎的趋势，因为这样的追溯系统可以让他们的农产品得到更好的宣传，也可以使他们的努力得到更直接的回报。

第二节　旅游业引导区域耕地资源可持续利用

一、旅游科技应用

（一）虚拟农场体验

对于现代社会中的大多数人来说，农业生产活动既遥远又陌生，然而，这并不意味着不能让更多的人了解农业、感受农业。事实上，有一种名为虚拟农场体验的方法，会成为一个重要的解决方案。这是一种依赖于先进的 AR/VR 技术的体验方式，它们能够在虚拟的世界中生成一个生动逼真的农场环境，让每一位游客仿佛置身于真实的农田之中。在这个虚拟的农场中，游客有机会亲身体验种植和收获作物的整个过程。游客能够亲手播种，看到种子在土壤中慢慢发芽，然后破土而出，渐渐长大，最终结出丰硕的果实。每一个环节都仿佛就在眼前，让游客有机会感受种子发芽、作物成熟的喜悦。除了种植和收获，游客还可以在虚拟农场中看到不同季节、不同气候条件下农田的景象。比如，在炎热的夏季，游客可以看到稻田中的水稻摇曳生姿；在寒冷的冬季，游客可以看到白雪覆盖的农田。

这种虚拟农场体验无疑是一种极富吸引力的互动体验。它把每一位游客都变成了一位"农夫"，让他们在娱乐的同时，也能体验农业生产的辛劳，理解农民的生活。这不仅是一种生动有趣的体验，更是一次富有意义的教育过程，让游客对可持续农业有了更深的理解和尊重。借助 AR/VR 技术，游客可以穿越时间与空间，亲身体验种植和收获的全过程。他们可以体会农民对于生活的热爱和对自然的尊重。这不仅对于提升游客的旅游体验有着重要的作用，对于推动社会对农业的理解和尊重，以及推动可持续农业的发展也有着重要的意义。

（二）5G 赋能的实时交互

在科技不断进步的今天，5G 技术的出现和应用为现代农业打开了新的天地。其中，实时交互作为一种全新的体验方式，受到了广大游客的热烈欢迎。5G 技术高速、大带宽、低延迟的特性，不仅使得 VR 设备和智能手机能够实时加载高清的虚拟农场画面，还为交互体验的流畅性和多样性提供了有力的保障。

使用 5G 技术的虚拟农场，带给游客的是一种身临其境的体验。这是因为 5G 技术能够让 VR 设备和智能手机实时加载高清的虚拟农场画面，仿佛把游客带入真实的农场之中。全方位、多角度的视角让游客可以体验农场的各个环节，如同亲身参与其中。在交互体验上，5G 的高速传输能力也大幅提升了虚拟农场的流畅性。游客可以在虚拟环境中与各种元素进行即时交互，这种互动体验就如同置身于真实的农场之中。无论是拾取果实，还是种植作物，都能做到即时反应，没有任何延迟。与此同时，5G 的大带宽和低延迟特性也使得虚拟农场可以实现更丰富的交互方式。例如，除了传统的触摸交互之外，游客还可以通过语音交互、手势交互等方式，与虚拟农场进行交互。这种交互方式更加自然、直观，使得游客能够更加自如地体验虚拟农场，进一步提高了体验的真实感和沉浸感。5G 技术的应用还为虚拟农场带来了更多可能性。例如，借助 5G 技术，虚拟农场可以进行大数据分析，为每个游客提供更加个性化的推荐。这样，每个游客在虚拟农场中都能找到自己喜欢的体验，进一步提升了游客的满意度和体验感。

（三）教育引导

借助现代科技的力量，AR/VR 技术的应用使得可持续农业的理念和实践能够以一种更加直观和形象的方式呈现在游客的眼前。举例来说，游客可以在虚拟的农场中看到那些采用可持续农业技术的农田如何展现更加肥沃的土壤、更为繁茂的作物，以及更加和谐的生态环境。在这里，每一块农田都宛如一个微型生态系统，充满了生机与活力。通过 AR/VR 技术，人们可以直接观察到，农民在这些农田中不仅种植着各种作物，而且致力于保护生态环境，使得这片土地充满了生机。这种方式对于游客来说，不仅让他们更为直观地理解和感受到可持续农业的实践，更使他们对这种农业生产方式产生了深深的认同。

在 AR/VR 技术的引导下，游客可以深入探究可持续农业的实践如何提高农田的产量，如何保护环境，如何促进生态平衡。他们可以在虚拟的农场中观察到生态与农业之间的微妙关系，感受到人与自然的和谐共存。此外，他们也能够看到，通过科学的管理和合理的利用，农田不仅可以创造物质财富，更能够为维持生态平衡做出重要贡献。借助这种形象、直观的教育方式，游客可以真切地感受到可持续农业带来的益处。他们可以看到，采用可持续农业技术的农田不仅产量高，对环境的影响也最小。他们也能看到，农民通过自然和科学的方式如何让土地发挥出最大的价值，又保护了土地的生态环境。通过这种直观的方式，游客可以更深入地了解可持续农业的重要性和价值，也能明白每个人都能为推广可持续农业做出贡献。

（四）联动线下活动

科技在旅游业中的应用并不只是停留在虚拟的世界，还能巧妙地与现实的农场活动相结合。如 DIY 种植、农场游戏等种种实际体验，使游客有机会真切地参与到农业生产的过程中，亲手触摸农作物，了解农业的生产环节，感受种植农作物所带来的乐趣。旅游科技和现实农场活动的联动，以这种寓教于乐的方式，让游客从多个角度去理解、去感受、去尊重农业。

这种结合虚拟体验和实际操作的方式，无疑极大地增强了游客对农业的认知。游客可以在虚拟农场里通过模拟种植的方式了解农作物的种植技术。而当他们从虚拟世界回到真实的农场，亲手操作，实际种植时，那种满足感、成就感会让他们更深入地理解农业生产的全过程，感受到农业的无尽魅力。不仅如此，这种方式也让游客有机会深度体验农业生产的复杂性。他们可以了解到，农业生产不仅仅是播种和收获那么简单，每一个环节都需要精细的计划和操作。他们可以亲身经历农业工作的艰辛，理解农民辛勤劳作的不易。这种深度的体验，会让他们更加尊重农民的劳动，更加理解和支持可持续农业的发展。而这种深度的体验也会对游客产生深远的影响。他们会更加珍惜食物，更加理解农业的价值。他们会因为了解了农业的复杂性而更加尊重农民的工作。他们会因为亲身体验农业生产的乐趣而对农业产生兴趣，甚至愿意在未来投身农业行业。而这一切都是旅游科技与线下农场活动相结合所带来的美好影响。

二、智能导览系统

（一）个性化推荐

对于个性化推荐，智能导览系统通过采集并分析游客的偏好、历史行为和兴趣点，可以创造一种非常个性化的游客体验。例如，对于对可持续农业有着高度兴趣的游客，系统可以根据他们的这一特点，为他们推荐那些实施有机种植、节水灌溉、水土保持等可持续农业技术的农场。这种推荐不仅可以满足游客的个性化需求，还能帮助他们了解更多的农业生态知识，提升他们的环保意识。

借助推荐系统，旅游区管理部门可以引导游客发现和体会可持续农业的价值，使他们更愿意参与和支持可持续农业，进一步推动农地资源的可持续利用。另外，根据游客的实时反馈，系统还能持续调整和优化推荐策略，提高推荐的准确性和有效性。此外，对于那些没有明确旅游目的地的游客，系统也可以根据他们的兴趣和喜好，推荐他们可能感兴趣的农业旅游项目，引导他们探索和发现新的农业生态体验。通过这种方式，智能导览系统不仅可以提高游客的旅游满意度，还可以拓宽他们的视野，让他们从不同的角度和层面了解农业生态和农地资源的管理。

（二）动态路线规划

随着科技的发展，动态路线规划技术的应用在旅游中得以显现。智能导览系统可以在导览过程中实时分析游客的位置和行动轨迹，再结合实时的交通信息和人流分布情况，动态调整和优化游览路线。这种适时的调整与优化不仅大大提高了游客的旅游效率，更使得游览的过程顺利进行。动态路线规划的一个显著特点是能够有效引导游客避开人流密集的地区。通过智能导览系统的实时分析与判断，游客可以绕开拥挤的区域，从而避免因人流过多造成的混乱甚至是安全事故。这种方法的运用使得游客均匀分布，从而减小了对农田的人为压力。当人流得以分散，农田面临的压力自然也就降低了。

保护农田资源，减少对农田的破坏，是动态路线规划技术所能起到的作用。通过引导游客走人流较少的路线，农田中的生态环境受到保护，减少了人为因素对农田的破坏，有利于农田资源的保护和利用。对于保护农田资源，保持农田生态环境的平衡，这无疑起到了至关重要的作用。与此同时，智能导览系统还能提供实时的交通信息，让游客了解目前的交通状况，避免因交通堵塞而浪费时间，使游客的旅行效率得到提高。这无疑使游客的体验感大大提高，让游客在享受旅行的过程中不再因交通问题而困扰。

（三）实地解说

对于游客而言，亲身体验并了解农业知识是一种十分有意义的方式，而智能导览系统就以其独特的方式，结合 AR 技术，使得游客在农田中就能获得相应的农业知识解说。游客只需将手机或其他设备对准农田或农作物，便能获取相关的详细信息，这无疑为游客的农田游览提供了极大的便利。其中，这些信息包括但不限于农田的种植历史、农作物的生长特性、农作物的种植技术等，这些对于游客了解农业生产有着非常重要的意义。游客可以在游览农田的同时，对农业知识有一个全面深入的了解，这种实地的解说，无疑可以使游客的知识储备得到提升，从而提高他们的认知水平，让他们更加了解农业。

实地解说的另一个优势在于可以提高游客的参与度，当游客可以直接通过智能设备了解农田的相关信息时，他们自然会对农业产生更浓厚的兴趣，愿意接触并了解农业。这种接触和了解有助于提高游客对农业生产和农地资源管理的理解，这对于农业的发展有着重要的推动作用。而且这种实地解说的方式也让游客能更直观地了解农业生产的实际情况，使游客可以直接看到农作物的生长过程，了解农田的种植历史，对农作物的种植技术有一个深入的认识。这种直观的了解可以让游客感受到农业生产的魅力，增加他们对农业生产的认同感和参与感。

（四）反馈收集

在旅游业中，智能导览系统在提供详尽的信息和导览服务的同时，亦能通过收集和分析游客的反馈来改善旅游服务和优化旅游体验。对农业旅游来说，反馈收集尤其重要，因为游客对于农业景点的满意度、对旅游服务的评价，以及对可持续农业的认知和态度，都能直接影响旅游体验。智能导览系统有很多方式可以收集游客的反馈。例如，可以设置在线调查问卷，让游客在游玩结束后填写；也可以通过社交媒体等平台，直接收集游客的评论和建议。这些反馈信息包含了游客对农业旅游的真实感受和认知，它们是旅游从业者了解游客需求和优化旅游服务的重要依据。

对这些反馈信息的深入分析，可以帮助旅游从业者更好地了解游客在农业旅游过程中遇到的问题，以及他们对旅游服务的评价。例如，如果有游客反映某个景点的解说内容不够详细，那么旅游从业者就可以及时调整和完善这个景点的解说内容，以提高游客的满意度。同样，如果有游客对旅游服务提出了怀疑或者建议，那么旅游从业者也可以根据这些反馈，改进和优化旅游服务，以提升游客的体验。而游客的认知和态度也是旅游从业者十分关心的。如果能够了解游客对于可持续农业的认知和态度，以及他们对农地资源管理的期望和建议，那么旅游从业者就可以有针对性地进行教育和宣传，以增强游客的环保意识和行动。同时，这些信息也可以为农地资源管理的改进提供重要的参考，从而推动农业的可持续发展。最后，这些反馈信息还可以帮助旅游从业者更好地理解游客的需求和期望，从而提供更符合游客需求的旅游产品和服务。这种方式不仅可以提升游客的满意度，也能提升旅游业的经济效益，进一步支持农地资源的可持续利用。

三、智能农业设备

（一）科技农业体验

在农业旅游项目中，对各种智能农业设备的引入，如无人机、自动化农业机器人等，构成了一种全新的科技农业体验。这些设备将现代科技的力量引入农业领域，以其独特的操作方式和工作原理，为游客创造独特的体验机会，使得游客能亲自参与并体验现代化农业生产的过程。

无人机这种飞行速度快、操作灵活的智能设备，已经在农业生产中被广泛应用，如用在农田的病虫害监测和农药喷洒等工作中。游客可以亲自操控无人机，在体验科技带来的便捷的同时，也能更深入地了解农业生产中的病虫害防治等关键环节。这种参与性的体验可以让游客真实感受到现代科技对于农业生产的影响，更深入地理解农业生产的复杂性。另一方面，农业机器人以其精准的作业和自动化的工作流程，也为游客带来了全新的体验。游客可以直接观察到农业机器人在播种、收割等作业过程中的精准操作，这种观察让游客能更直观地了解现代农业的工作方式和流程，从而对农业生产有更深的理解。这种亲身参与和体验的方式，无疑极大地提升了游客的参与感。游客不再仅仅是旁观者，而是变成了参与者，这种参与不仅让游客体验了科技的力量，也让他们更深入地理解和欣赏现代农业技术。并且，这种体验也使得游客能够意识到现代农业技术对于区域耕地资源可持续利用的重要性，从而更加重视和支持农业的可持续发展。

（二）环保农业展示

环保农业展示环节作为农业旅游的一个重要组成部分，显露出了现代农业生产中智能农业设备的威力和魅力，如精准灌溉、自动施肥等系统，它们在大幅度减少环境污染和资源浪费上发挥了不可替代的作用。实地展示这些设备，可以让游客有机会更直观地了解这些设备在农业生产中的实际应用，切身体会科技如何帮助人们大幅度减少环境污染和资源浪费。精准灌溉系统就是一个很好的例子，它以科技含量高、操作精确的特点，为农田提供了更合理的灌溉方案。精准灌溉系统能够根据农田的实际需要，通过高科技的传感器和计算设备，以更科学、更精确的方式，控制灌溉的时间和水量。这样既能保证农田获得充足的水分，满足农作物的生长需求，又能最大程度地节约水资源，避免浪费。

这种智能设备的实地展示，让游客直接观察到科技如何在农业生产中发挥作用，如何在提升农业生产效率的同时做到环保和节约资源。这样的体验不仅让游客感受到了科技在农业中的应用，也让他们明白了科技在环保农业中的重要性。而且环保农业展示环节还可以进一步强调科技在区域耕地资源可持续利用上的重要性。通过直观的展示，游客可以更清楚地理解科技不仅能够提高农业生产的效率，也能大幅度减少对环境的影响，达到保护资源的目的。这种理解让游客对农业生产有了更深的认同感和尊重。

（三）农业科普教育

农业科普教育作为农业旅游的一个重要项目，旨在让游客更深入地了解现代农业生产过程和可持续农业实践。利用智能农业设备，能够以直观、生动的方式展示农田的精准管理和高效作业过程，让游客深度了解现代农业的魅力。无人机在现代农业中的应用就是一个极好的例子。无人机以其独特的飞行能力和高科技的装备，已经成为农业生产中的得力助手。通过展示无人机在农田中监测病虫害的过程，游客可以了解现代农业中的病虫害防治方式。无人机可以快速、精准地完成农田的病虫害监测，为病虫害的防治提供了科学的依据。这种防治方式不仅可以减少农药的使用，保护农田环境，也能提高农业生产效率。

另一个引人注目的例子就是智能农业设备，如自动化种植、施肥和收割设备。这些设备以其精准、高效的作业能力，大大提高了农业生产效率。它们可以根据农田的实际情况，精准地进行种植、施肥和收割，既节约了资源，又提高了生产效率。展示这些设备的工作过程，可以让游客看到现代农业生产中的高效作业，也可以让他们了解科技如何帮助人们提高生产效率，节约资源。这种方式的农业科普教育可以让游客更深入地理解农业生产过程。他们看到的不仅是科技设备的工作过程，更重要的是科技如何改变农业生产，如何帮助国家实现可持续农业。这种理解可以让游客对农业有更深的认知，也可以让他们对可持续农业的理念和实践有更深切的体会。

（四）游客参与度提升

一个好的旅游体验，不仅需要有丰富的视觉和听觉享受，更需要让游客亲自参与，让他们身临其境地体验和感受。这就是为什么引入智能农业设备，让游客在观赏和体验高科技农业生产的同时，还能通过基于虚拟现实技术的农业模拟等方式参与农业生产活动，增加游客的参与度和体验感。

基于虚拟现实技术的农业模拟是一种很好的体验方式。它不仅可以让游客身临其境地体验农业生产的全过程，也能让他们更深入地了解农业生产中的难题和挑战。在这个系统中，游客可以模拟农田的种植、施肥、收割等全过程，体验农田生产的乐趣和挑战。这种虚拟模拟可以让游客在体验中了解现代农业生产中的难题和挑战，以及如何通过科技手段解决这些问题，提高生产效率。这样的体验不仅可以增强游客的体验感，还能让他们更深入地了解农业生产。同时，智能农业设备的操作和工作流程也是一种很好的体验方式。游客可以亲身体验如何通过科技手段精准作业，提高作业效率，节约资源。他们可以亲手操作智能农业设备，体验科技的魅力，感受科技对农业的影响。这种体验不仅可以增强游客的体验感，还能让他们更深入地理解科技对于区域耕地资源可持续利用的重要性。

四、数据分析

（一）游客行为分析

游客行为分析是理解并满足游客需求的关键。在每次旅游过程中，从选择路线、停留时间到参与活动等，游客会留下丰富的行为数据。这些数据在经过大数据和 AI 技术的深度挖掘后，能呈现出游客的具体偏好和需求，为旅游业提供更精准的定向服务。例如，数据揭示出大多数游客对具有环保特性的农业活动有着独特的兴趣。这类数据反馈能使管理者投入更多的资源，进一步推广和发展此类活动，从而满足游客的期望。同时，游客行为数据的分析也能揭示那些被忽视或低效利用的旅游资源。例如，某些景点或活动虽然具有一定的吸引力，但由于某种原因并没有得到足够的关注。通过数据分析，管理者可以找到这些问题并及时进行改进和优化，使得每一种资源都能得到充分的利用，提高整个旅游系统

的效率。在更大的视野下，游客行为分析实际上是在为更个性化的服务
提供数据支持。不同的游客有着不同的需求和偏好，一些人可能喜欢宁
静的乡村景色，一些人则可能对参与农事活动更感兴趣。这种差异性使
得个性化服务变得尤为重要。通过对游客行为的深度分析，旅游服务提
供者可以更准确地了解每个游客的需求，从而提供更满意的服务，提升
游客体验。

（二）资源分配优化

农业旅游项目的管理者面临着一项重要任务，即如何在资源有限的
情况下实现最优化的资源分配。这不仅需要提高资源的使用效率，提升
旅游项目的经济效益，也需要确保每个游客都能得到满意的体验。这是
需要认真思考的，其中对游客行为数据的分析起着重要的指导作用。农
业旅游项目中的资源和设施各不相同，有些会受到游客的热烈欢迎，有
些则相对较少被使用。管理者通过对游客行为数据的分析，可以更好地
理解游客的需求和喜好，从而进行更精准的资源分配和优化。这是一个
既科学又实用的方法，能够最大限度地提高资源的利用效率。

以农业体验活动为例，如果数据显示某一种活动的参与率一直很低，
那么就需要对这个活动进行改进。改进的方式包括调整活动内容，使其
更符合游客的兴趣；也包括优化活动的组织方式，使其更方便游客参与。
另外，如果改进后的活动仍然没有达到预期的效果，那么也可以考虑将
资源转移到更受欢迎的活动上。这种基于数据的决策不仅能够提高资源
的使用效率，还有利于提升旅游项目的经济效益。而且，资源分配优化
也可以帮助提升整体的旅游效率。在资源有限的情况下，如何合理地分
配资源，使得每个游客都能得到满意的体验，是一种需要仔细考虑的艺
术。对此，数据分析可以提供重要的指导。例如，管理者可以通过数据
分析，了解游客在项目中的活动路径和时间分配，从而对项目的组织结
构和流程进行优化。如果数据显示大部分游客在某个时间段会集中在某

个地点，那么就要调整其他地点的活动安排，以避免人流的拥堵。如果数据显示游客在某些活动中的停留时间过长，那么就要增加这些活动的资源投入，以满足游客的需求。这种基于数据的资源分配优化，既可以提高项目的运行效率，也可以提升游客的体验质量。管理者通过合理的资源分配，可以保证每个游客都能在有限的时间和空间内得到满意的体验。

（三）环保导向的产品开发

在新型城镇化的大背景下，环保正在成为越来越多人的自觉行为。无论在何处，无论是何种活动，大众对环保的关注度都在日益提升。不仅如此，环保意识的提升也反映在消费选择上，游客在决定旅游产品和服务时，往往更加青睐那些符合可持续发展理念的选项。这样的消费观念和行为趋势为农业旅游带来了新的机遇。因此，瞄准游客对环保的偏好，农业旅游可以开发更多符合可持续发展理念的产品和服务。例如，环保农产品、以可再生能源驱动的交通工具等，这些都是可以考虑的方向。借助数据驱动的方式，管理者可以更加精准地瞄准市场需求，进行产品和服务的设计和优化。

环保农产品通过生态友好的种植、养殖方式，实现对土地、水资源等的有效保护，降低对环境的破坏，满足消费者对健康食品的需求。而以可再生能源驱动的交通工具，如太阳能驱动的观光车，既能满足游客的出行需求，又能降低对环境的污染。这些都是符合可持续发展理念的产品和服务，既能满足游客的需求，又有利于推动区域耕地资源的可持续利用。开发环保产品不仅是满足市场需求，更是承担起企业的社会责任。环保产品的开发和推广不仅可以降低对环境的破坏，更重要的是倡导和传播环保理念。环保并不仅仅是口号，而是要落实到生活的每一个细节中，这就需要有更多的环保产品进入市场，让消费者在使用的过程中更好地理解和实践环保。环保产品的推广还能使更多的人认识到环保的重要性。在体验过程中，游客可以看到原来环保并不遥远，而是离生活非常近。他们可以看到环保产品不仅可以带来高质量的生活体验，还能保护环境，实现可持续发展。这样，他们就会更积极地参与环保活动，成为环保的推动者和实践者。

（四）旅游策略优化

在今天这个数据驱动的时代，数据分析已经成为许多行业持续优化其运营策略的重要工具。对于旅游行业来说，基于数据的分析和理解可以让从业者洞察游客的行为和需求，从而制定更为精准和有效的旅游策略。这些策略包括但不限于旅游路线的调整、服务内容的改进以及价格策略的优化等。数据分析可以揭示游客对各种旅游路线的喜好和行为模式。例如，如果数据显示某一条旅游路线的游客流量一直低于预期，那么就可以考虑调整这条路线，改变其中的景点组合，或者调整行程的安排，使其更符合游客的偏好和需求。只有真正了解游客的需求和喜好，才能有效地调整和优化旅游路线，提升游客的满意度。

与此同时，数据分析还可以帮助人们了解各种服务项目的效益。如果有关数据显示某个服务项目的评价一直不高，就需要重新审视该服务项目，考虑是否需要改进服务内容或方式，以提升游客的满意度。例如，可以增加游客的参与度，让游客在享受服务的同时，也能有所收获；或者改变提供服务的方式，让服务更贴近游客的需求。改进服务内容可以提升游客的满意度，让他们更愿意推荐和再次选择来此地旅游。当然，价格策略的优化也是旅游策略的重要组成部分。数据分析可以提供游客的消费数据，包括他们在哪些项目上花费最多，他们对于价格的敏感度如何等。根据这些数据，从业者可以制定更为精准的价格策略，使得价格既能吸引游客，又能保证经济效益。合理的价格策略可以让游客感觉物有所值，也可以让旅游从业者获取稳定的收入，实现可持续发展。

参考文献

[1] 黄凤兰.耕地资源可持续利用的时间模型及政策模拟研究 [M].南宁：广西民族出版社，2009.

[2] 中国土壤学会.土壤科学与社会可持续发展（中）：土壤科学与资源可持续利用 [M].北京：中国农业大学出版社，2008.

[3] 双文元.基于功能冲突权衡的泉州市建设用地与耕地资源协调共生研究 [M].北京：经济日报出版社，2020.

[4] 杨子生，刘彦随，赵乔贵，等.基于耕地资源利用的区域粮食安全评估原理、方法及其在云南的实践 [M].北京：中国科学技术出版社，2008.

[5] 融安县农业局.广西县域耕地地力评价丛书：融安县耕地地力评价 [M].南宁：广西科学技术出版社，2017.

[6] 聂艳，于婧.耕地质量评价理论与实践 [M].广州：世界图书出版广东有限公司，2014.

[7] 袁天凤.基于粮食生产能力的耕地质量评价研究：以重庆市农用地分等为例 [M].北京：中国大地出版社，2008.

[8] 李艳.耕地质量与生态环境管理 [M].杭州：浙江大学出版社，2018.

[9] 谢俊奇.中国坡耕地 [M].北京：中国大地出版社，2005.

[10] 袁启.中国耕地质量等级调查与评定：安徽卷 [M].北京：中国大地出版社，2010.

[11] 韩炳利. 山东寿光 浅析新型城镇化背景下的耕地保护和土地节约利用 [J]. 中国农业综合开发，2023（2）：26-28.

[12] 葛秋颖，杨莲娜，曹冲. "促进"抑或"约束"：虚拟耕地资源之于农业经济增长及新型城镇化进程的影响 [J]. 财贸研究，2022，33（5）：86-95.

[13] 朱润苗，陈松林. 耕地集约利用与新型城镇化的耦合关联研究：以福建省为例 [J]. 农业现代化研究，2021，42（4）：600-609.

[14] 李丹，吴彪，王雪，等. 黑龙江省新型城镇化与耕地利用耦合协调时空分异特征研究 [J]. 中国农业资源与区划，2022，43（5）：143-155.

[15] 韩洪显. 新型城镇化背景下耕地保护问题及对策建议 [J]. 农村经济与科技，2020，31（8）：8-9.

[16] 陈苗苗. 新型城镇化背景下耕地保护问题及对策建议 [J]. 绿色科技，2019（22）：261-263.

[17] 卢艳荣. 新型城镇化背景下耕地保护制度与政策创新应用策略 [J]. 乡村科技，2019（19）：17-18.

[18] 范辉. 新型城镇化进程中农地资源保护研究：基于伦理学的视角 [J]. 国土资源科技管理，2018，35（1）：43-53.

[19] 曹俊. 新型城镇化背景下粮食安全问题探讨 [J]. 山西农业科学，2016，44（5）：711-714.

[20] 刘彦随，乔陆印. 中国新型城镇化背景下耕地保护制度与政策创新 [J]. 经济地理，2014，34（4）：1-6.

[21] 李子瑞，姜博，张余，等. 东北三省新型城镇化与耕地集约利用协调性评价与预测 [J]. 水土保持研究，2021，28（6）：260-267.

[22] 相海余，杨慧利. 新型城镇化背景下浙江耕地面积变化及驱动力分析 [J]. 浙江农业科学，2020，61（6）：1254-1257.

[23] 庞善民. 浅谈内蒙古新型城镇化背景下的耕地保护 [J]. 西部资源，2018（6）：181-182.

[24] 曹春艳. 耕地集约利用与新型城镇化耦合协调发展研究：以江苏省为例 [J]. 中国农业资源与区划，2018，39（6）：67-73.

[25] 赵丽，张蓬涛，许皞，等.新型城镇化背景下耕地多功能价值测算及动态变化研究：以河北省定州市为例 [J].湖北农业科学，2018，57（5）：35-40，63.

[26] 郭宸.山西省新型城镇化背景下土地资源配置研究 [J].现代经济信息，2017（24）：493，495.

[27] 卢阳禄，王红梅，胡月明，等.新型城镇化与耕地集约利用协调发展时空演变研究：以广东省为例 [J].农业现代化研究，2016，37（5）：831-839.

[28] 关侠.吉林省新型城镇化背景下耕地保护研究 [J].现代商贸工业，2016，37（1）：20-21.

[29] 王秋菊.浅谈新型城镇化下的耕地保护 [J].经贸实践，2015（14）：332.

[30] 陈笑媛，吴贵洪，唐华娇，等.毕节市新型城镇化进程中耕地保护研究 [J].安徽农学通报，2014，20（6）：1-3，42.

[31] 陈波，马向平.潍坊市耕地资源可持续利用评价及预测 [J].湖北农业科学，2019，58（13）：56-59.

[32] 田年钊.水土保持及耕地资源的可持续利用 [J].黑龙江水利科技，2013，41（8）：183-184.

[33] 曾志勇.粮食生产技术效率视角下耕地可持续利用的实证研究 [J].江苏农业科学，2018，46（23）：454-458.

[34] 江瑶.耕地资源合理配置与可持续利用的对策措施 [J].农业开发与装备，2018（5）：39，76.

[35] 杨晓红.贵州省耕地资源现状与可持续利用对策 [J].贵州农业科学，2017，45（9）：129-132.

[36] 贾效花.发展生态农业实现耕地资源的可持续利用 [J].农业与技术，2014，34（3）：213.

[37] 孙若梅.中国耕地利用的可持续性研究：基于耕地粮食生产率的分析 [J].生态经济，2016，32（12）：110-114.

[38] 任远辉，郭雯，陈伟强，等.基于"压力-状态-响应"模型的河南省耕地资源可持续性研究 [J].中国农学通报，2016，32（16）：117-122.

[39] 于婉婷,林一鸣.大庆市耕地资源可持续利用评价[J].测绘与空间地理信息,2016,39（4）：182-185.

[40] 孔令苏.沈阳市新型城镇化进程中耕地保护研究[J].现代农业科技,2015（8）：342-344.

[41] 丁铁成,张兴昌,高照良.现阶段中国耕地资源持续利用的基本原则及途径分析[J].产业与科技论坛,2009,8（4）：38-44.

[42] 黄英,杨静,娄昭.耕地资源利用的区域差异及可持续利用研究：以安顺市为例[J].贵州教育学院学报,2009,20（12）：16-20.

[43] 杨帆,任明玄,刘兆军.黑龙江省耕地资源现状及可持续利用对策研究[J].农业与技术,2016,36（4）：136,163.

[44] 丁微.加强耕地资源保护 促进经济可持续发展[J].中国资源综合利用,2016,34（2）：47-48.

[45] 程美娟.黄山市徽州区耕地资源可持续利用现状与建议[J].现代农业科技,2016（3）：244-245.

[46] 刘小宁.加强黑土耕地资源保护 实现可持续发展[J].奋斗,2015（12）：35-36.

[47] 周健民.浅谈我国土壤质量变化与耕地资源可持续利用[J].中国科学院院刊,2015,30（4）：459-467.

[48] 王正文.开发临时性耕地资源 实现农业可持续发展[J].中国农业信息,2013（11）：205.

[49] 赵永志.推进耕地"红线"管理 确保耕地资源可持续利用[J].中国农技推广,2014,30（11）：40-41.

[50] 李阳.城市化进程中的耕地资源保护[J].西北水电,2014（2）：107-110.

[51] 侯占领,牛银霞,苗小红.许昌市耕地资源可持续利用的对策与建议[J].中国农业信息,2013（9）：252.

[52] 李国民.水土保持与耕地资源可持续利用[J].北京农业,2013（3）：131.

[53] 姚树密.约束我国耕地资源可持续利用的相关机制探析[J].教育教学论坛,2012（27）：276-277.

[54] 刘文锋. 黔东南州耕地资源状况及可持续利用对策 [J]. 耕作与栽培，2011（5）：11–12.

[55] 昌远兰，刘成武. 近 60 年来湖北省耕地资源变化特征分析 [J]. 安徽农业科学，2011，39（17）：10660–10662，10676.

[56] 刘恩财，陈英敏，李哲，等. 建昌县耕地资源可持续利用问题探讨 [J]. 农业经济，2011（5）：70–71.

[57] 托合提，艾则孜，卡米力. 耕地资源可持续利用分析：以新疆为例 [J]. 中国集体经济，2011（4）：51–52.

[58] 康涌泉. 耕地资源可持续利用途径的创新研究 [J]. 河南工业大学学报（社会科学版），2010，6（4）：13–16，27.

[59] 杨锦伟，谢丽明. 平顶山市耕地资源变化趋势预测和可持续发展研究 [J]. 安徽农业科学，2010，38（34）：19671–19673.

[60] 王新民，尤晓妮，王红意. 静宁县耕地利用现状及可持续利用对策 [J]. 热带农业工程，2010，34（5）：61–64.

[61] 谢红梅. 贵阳市耕地资源可持续利用的分析与评价 [J]. 贵州农业科学，2010，38（8）：239–241，253.

[62] 黄英. 喀斯特区域耕地资源可持续利用研究：以贵州省安顺市为例 [J]. 安徽农业科学，2010，38（9）：4751–4753.

[63] 王国文. 河间市耕地资源可持续利用评价及障碍因子分析研究 [D]. 保定：河北农业大学，2022.

[64] 魏露露. 贵州省新型城镇化对耕地多功能性的影响研究 [D]. 贵阳：贵州财经大学，2022.

[65] 吕舒珵. 吉林省耕地可持续利用水平评价研究 [D]. 长春：吉林大学，2020.

[66] 彭维. 新型城镇化背景下耕地集约节约利用：以宜春市为例 [D]. 南昌：南昌大学，2020.

[67] 程帆. 黑龙江省耕地资源可持续利用评价研究 [D]. 哈尔滨：东北农业大学，2018.

[68] 折晓婷. 城镇化进程中耕地可持续利用研究：以成都各区（市）县域为例 [D]. 成都：四川师范大学，2016.

[69] 杨桃 . 重庆市沙坪坝区中梁镇耕地资源可持续利用研究 [D]. 成都：四川农业大学，2014.

[70] 吉珍珍 . 马鞍山市新型城镇化背景下的高标准基本农田建设研究 [D]. 合肥：安徽农业大学，2014.

[71] 王芳 . 新型城镇化进程中耕地资源保护研究 [D]. 太原：山西农业大学，2013.

[72] 蒋菁 . 桂阳县新型城镇化进程中耕地资源保护研究 [D]. 长沙：湖南师范大学，2011.